O SEMINÁRIO
DE JACQUES LACAN

Campo Freudiano no Brasil

Coleção dirigida por Judith (*in memoriam*) e Jacques-Alain Miller

Assessoria brasileira: Angelina Harari

Jacques Lacan

O SEMINÁRIO

livro 23

o sinthoma

Texto estabelecido por
Jacques-Alain Miller

11ª reimpressão

ZAHAR

Tradução autorizada da primeira edição francesa, publicada em 2005
por Éditions du Seuil, de Paris, França, na coleção Le Champ Freudien,
dirigida por Jacques-Alain e Judith Miller

Cet ouvrage, publié dans le cadre du programme d'aide à la publication,
bénéficie du soutien du Ministère français des Affaires Etrangères.

Este livro, publicado no âmbito do programa de ajuda à publicação,
contou com o apoio do ministério francês das Relações Exteriores.

*Grafia atualizada segundo o Acordo Ortográfico da Língua Portuguesa de 1990,
que entrou em vigor no Brasil em 2009.*

Título original
Le Séminaire de Jacques Lacan
Livre XXIII: Le sinthome (1975-1976)

As figuras das p.217-8 foram retiradas do livro *Nœuds*,
de Alexei Sossinsky, publicado em 1999 por Éditions du Seuil,
e reproduzidas com a gentil autorização do autor.

CIP-Brasil. Catalogação na fonte
Sindicato Nacional dos Editores de Livros, RJ

Lacan, Jacques, 1901-1981
L129s O Seminário, livro 23: o sinthoma, 1975-1976 / Jacques Lacan; texto estabelecido por Jacques-Alain Miller; [tradução Sergio Laia; revisão André Telles]. – 1ª ed. – Rio de Janeiro: Zahar, 2007.

(Campo freudiano no Brasil)

Tradução de: Le Séminaire de Jacques Lacan, Livre XXIII: Le sinthome (1975-1976).
Anexos
ISBN 978-85-7110-987-2

1. Joyce, James, 1882-1941. 2. Sintoma (Psicanálise) – Discursos, conferências, etc. 3. Psicanálise – Discursos, conferências, etc. I. Miller, Jacques, Alain, 1944-. II. Título. III. Título: O sinthoma. IV. Série.

CDD: 150.1952
07-0923 CDU: 159.964.2

EDITORA SCHWARCZ S.A.
Praça Floriano, 19, sala 3001 – Cinelândia
20031-050 – Rio de Janeiro – RJ
Telefone: (21) 3993-7510
www.companhiadasletras.com.br
www.blogdacompanhia.com.br
facebook.com/editorazahar
instagram.com/editorazahar
twitter.com/editorazahar

livro 23

o sinthoma

1975-1976

Tradução:
Sérgio Laia

Revisão:
André Telles

Sumário

Para Concluir

Anexos

O Espírito dos Nós

I

Do uso lógico do sinthoma[1] ou Freud com Joyce

Joyce, esse pobre-diabo [2]
sobrecarregado de pai
O corpo: o dizer e a forma
O pai é um sinthoma
Do nó borromeano de quatro
De uma arte que desfaz a verdade do sinthoma

Figuras colocadas no quadro

Sinthoma é uma maneira antiga de escrever o que posteriormente foi escrito *sintoma*.

---

[1] No original, *sinthome*, grafia antiga para a palavra *symptôme* ("sintoma"), datada de 1503 (cf. *Le Robert. Dictionnaire alphabétique et analogique de la langue française*. Paris, Societé du Nouveau Littré, 1974). (N.T.)

[2] No original *hère*, traduzível como "miserável", "pobre-diabo", "joão-ninguém". A opção por "pobre-diabo" visa tirar proveito das associações possíveis entre a figura do diabo e a do herético, uma vez que mais adiante, nesta mesma lição, Lacan irá se valer das ressonâncias, irreproduzíveis em português, entre *hère* e *hérétique* ("herético"). (N.T.)

Essa maneira marca uma data, aquela da injeção do grego no que eu chamo de minha *lalíngua*[3], a saber, o francês. De fato, se me permiti essa modificação da ortografia, é porque Joyce, no primeiro capítulo de *Ulisses*, almejava *hellenise*, injetar, da mesma forma, também a língua helena, mas em quê? Não se sabe, pois não se tratava do gaélico, ainda que se tratasse da Irlanda.

Joyce devia escrever em inglês, sem dúvida, mas, como foi dito em *Tel Quel*, por alguém que, espero, esteja neste auditório, Philippe Sollers, ele escreveu em inglês de uma tal maneira que a língua inglesa não existe mais.

Essa língua já tinha, certamente, pouca consistência, o que não quer dizer que seja fácil escrever em inglês, mas, pela sucessão de obras que escreveu em inglês, Joyce acrescentou esse algo que faz o mesmo autor dizer que seria necessário escrever *l'elanguas*[4]. Suponho que, assim, ele procura designar alguma coisa como essa elação que, dizem-nos, está no princípio de não sei qual sinthoma que, em psiquiatria, chamamos de mania.

A mania é, de modo efetivo, o que se assemelha à última obra de Joyce, *Finnegans Wake*, aquela que ele segurou por muito tempo para atrair-lhe a atenção geral.

É a propósito dessa obra que me deixei ser levado a inaugurar Joyce a título de um simpósio, a partir de uma ardorosa solicitação de Jacques Aubert, aqui presente e igualmente ardoroso. Foi também por isso que, por fim, me deixei desviar do projeto, que lhes anunciei o ano passado, de intitular o Seminário deste ano como *4, 5, 6*. Contentei-me com o quatro, e me alegro com isso porque, com o *4, 5, 6*, eu teria sucumbido.

O que não quer dizer que o quatro do qual se trata seja menos pesado para mim.

---

[3] Tradução adotada, a partir da publicação de *Outros escritos* (Zahar, 2002), para o termo "lalangue", criado por Lacan a partir da junção do artigo *la* ("a") com o substantivo *langue* ("língua"). (N.T.)

[4] No original *l'élangues*, palavra criada por Sollers e retomada por Lacan, na qual o termo plural *langues* ("línguas") funde-se a *l'élan* ("o elã", "o movimento súbito e espontâneo", "o impulso", "a expansividade"). (N.T.)

1

Herdo de Freud, muito à minha revelia, por ter enunciado de modo propício o que podia ser extraído com boa lógica da lengalenga daqueles que ele chamou de seu bando, e que não tenho necessidade de nomear. Trata-se daquela cambada que acompanhava as reuniões de Viena, e da qual se pode dizer que ninguém seguiu a via por mim chamada de boa lógica.

Para ser curto e grosso, direi que a natureza se especifica por não ser una. Daí, para abordá-la, o procedimento lógico. Pelo procedimento de chamar de *natureza* o que vocês excluem pelo simples fato de ter interesse em alguma coisa, alguma coisa que se distingue por ser nomeada, a natureza não se arrisca a nada senão a se afirmar como uma miscelânea de *fora-da-natureza.*

Esse enunciado tem a seguinte vantagem: se vocês acham, e mesmo esperam, que o chamado *homem* se coloque acima do que parece ser a lei da natureza na medida em que não há para ele relação naturalmente sexual – esse *naturalmente*, portanto, com restrições –, é porque tal enunciado lhes permite afirmar logicamente que este não é um privilégio do homem, o que acaba por se verificar.

Entretanto, cuidado para não dizerem que o sexo não tem nada de natural. Tentem antes saber o que se passa em cada caso, da bactéria ao pássaro, uma vez que eles têm nomes. Já fiz alusão tanto a um quanto a outro.

Observamos de passagem que na Criação, dita divina apenas por se referir à nomeação, a bactéria não é nomeada. Ela tampouco é nomeada quando Deus, bufoneando o homem suposto original, propõe-lhe começar por dizer o nome de cada bestíola.

Dessa primeira bobagem, temos apenas a pista para concluir que *Adam*, como a pronúncia inglesa de seu nome suficientemente o indica – alusão à função de índice de Peirce – era uma *Madam*, de acordo com o *joke* que Joyce justamente faz sobre isso.

É preciso com efeito supor que Adão só nomeou os animais na língua daquela que chamarei de *Evida.* Tenho direito de chamá-la assim, posto que em hebreu, se é que o hebreu seja mesmo uma língua, seu nome quer dizer *a mãe dos vivos.* E a Evida logo soltou bem essa língua uma vez que, depois do suposto nomear empreendido por Adão, será a primeira a se servir dela para falar com a serpente.

A Criação dita divina se reduplica, portanto, pelo falatório do que já chamei de *falasser*[5], pelo qual a Evida faz da serpente o que vocês me permitem chamar de *tranca-bunda* [*serre-fesses*], posteriormente designado como falha ou, melhor, falo – posto que de fato é necessário um para dar o *passo-em-falso*, o *necessário-passo*, o *necessário-não*[6].

Trata-se da falta, o *sin*, e é uma vantagem que meu *sinthome* comece com ele. Em inglês, quer dizer pecado, a falta primordial. Daí a necessidade de que não cesse a falha que sempre aumenta, exceto ao sofrer o *cessa* da castração como possível.

Esse possível, eu disse tempos atrás que é *o que cessa de se escrever.* Ao vê-los assim tão numerosos, acho que inclusive há alguns que já estão acostumados a ouvir o que invento. Mas de modo algum notaram, e sequer eu mesmo o fiz, que é preciso colocar uma vírgula. O possível é *o que cessa*, vírgula, *de se escrever.* Ou, melhor, que cessaria, de tomar o caminho de se escrever, no caso em que adviria, enfim, o discurso que evoquei, o tal discurso que não seria da ordem do semblante.

É impossível a verdade tornar-se um produto do *savoir-faire*[7]? Não. Mas ela, então, será apenas meio-dita, e encarnando-se em um significante de índice 1 ali onde é preciso pelo menos dois para que, assim, apareça a única *A-Mulher* – mítica, no sentido de que o mito a faz singular, trata-se de Eva, de que falei há pouco – por jamais ter sido incontestavelmente possuída, uma vez que pôde provar do fruto da árvore proibida, a árvore da Ciência.

A Evida, portanto, não é mais mortal que Sócrates. A-mulher da qual se trata é um outro nome de Deus, e é por isso que, como eu disse muitas vezes, ela não existe.

Nota-se, aqui, o lado sagaz de Aristóteles, que não quer que o singular figure em sua lógica. Ora, ao contrário do que ele admitia na sua tal lógica, convém dizer que Sócrates *não é* homem, posto que aceita

---

[5] No original *parlêtre*, palavra criada por Lacan a partir da junção de *parler* ("falar") e *être* ("ser"). (N.T.)

[6] Em francês, essas três expressões podem ser extraídas do substantivo composto *faut-pas*, criado por Lacan e que homofonicamente remete a *faux pas* ("passo em falso"), mas também "necessário-passo" e "necessário-não", respectivamente porque *faut* é a conjugação do verbo *falloir* ("ser preciso", "ser necessário") na terceira pessoa do singular e *pas* é um advérbio de negação. (N.T.)

[7] Expressão francesa, datada de 1617, formada por *savoir* ("saber") e *faire* ("fazer"), para designar a habilidade, o jeito para se obter êxito graças a ações que são, ao mesmo tempo, maleáveis e precisas. (N.T.)

morrer para que a cidade viva. Ele aceita isso, é um fato. Além disso, é necessário dizer que, nessa ocasião, ele não quer ouvir sua mulher falar. Daí, minha fórmula sobre a mulher, e que renovo, se posso dizer assim, para uso de vocês, servindo-me desse *mê pantes* que é a oposição, descartada por Aristóteles, ao universal do *pan*, destacada por mim no *Organon*.

Não consegui reencontrá-la, mas certamente eu a li nesse livro, a ponto de que minha filha, aqui presente, o notou e há pouco me jurava que a reencontraria. A mulher só é toda sob a forma pela qual o equívoco toma de nossa alíngua o que ela tem de picante, sob a forma do *mas isso não*, tal como se diz *tudo, mas isso não*. Essa era efetivamente a posição de Sócrates. O *mas isso não* é o que introduzo sob meu título desse ano como *sinthoma*.

Por um instante, pela instância da letra tal como esboçada até agora – e não esperem nada melhor, pois o que será mais eficaz não fará nada melhor do que deslocar o sinthoma ou mesmo, como já o disse, multiplicá-lo –, pela instância presente, há o sinthoma *masdiaquino*[8] que escrevo como quiserem.

Vocês sabem que Joyce babava por esse sant'homem. No que se refere à filosofia, jamais se fez nada melhor, é preciso dizermos bem as coisas – nada mais verdadeiro do que isso. Ainda assim, Joyce não tira muito proveito dessa coisa a que ele atribui um alto preço, ou seja, ao que ele chama de Belo. Consultem, sobre isso, o trabalho de Jacques Aubert, e vão ver que há no *sinthomasdiaquino* um não sei o quê chamado por ele de *claritas*, substituído por Joyce por alguma coisa como *o esplendor do Ser*, e é bem esse o ponto fraco do qual se trata.

Será uma fraqueza pessoal? O esplendor do Ser não me atinge. E é de fato daí que Joyce faz decair o sinthoma de seu *masdiaquinismo*.

Ao contrário do que pode parecer à primeira vista, o distanciamento de Joyce quanto à política produz o que chamarei de *sint'home rule*[9]. Esse *Home rule*, o *Freeman's Journal* o representava como o sol nascendo atrás do Banco da Irlanda. Joyce, como por acaso, o faz nascer no

---

[8] No original, *sinthome madaquin*, homófono de *Saint Thomas d'Aquin* ("São Tomás de Aquino"). Lacan, a seguir, extrai outras versões dessa homofonia. (N.T.)

[9] Transcrito tal como no original, trata-se de uma junção de *sint* (parte do termo "sinthoma") com *home rule*, expressão que, em inglês, significa "governo próprio", "autonomia", mas que também pode aludir, por se tratar de Joyce, à luta pela independência da Irlanda frente ao domínio inglês. (N.T.)

noroeste, o que não é comum para um nascer do sol. Mesmo considerando como esse tema range em Joyce, trata-se, ainda assim, do *sinthoma que rola*, o sinthoma com rodinhas que Joyce junta com o outro.

É certo que esses dois termos podem ser nomeados de outro modo. Eu os nomeio assim em função das duas vertentes que se ofereciam à arte de Joyce, do qual nos ocuparemos este ano em razão do que há pouco disse, introduzi e não pude fazer nada melhor que nomear com o nome que ele merece, que lhe é conveniente, deslocando-lhe a ortografia.

Mas é um fato que Joyce faz uma escolha e, nisso, como eu, é um herético. Pois *haeresis*[10] é realmente o que especifica o herético. É preciso escolher a via por onde tomar a verdade. Ainda mais porque a escolha, uma vez feita, não impede ninguém de submetê-la à confirmação, ou seja, de ser herético de uma boa maneira.

A boa maneira é aquela que, por ter reconhecido a natureza do sinthoma, não se priva de usar isso logicamente, isto é, de usar isso até atingir seu real, até se fartar.

2

Joyce fez isso, mas, é claro, no olhômetro, pois pior do que ele nós não podíamos começar.

Ser nascido em Dublin, com um pai bêbado de carteirinha e mais ou menos *Feniano*, isto é, fanático, de duas famílias, pois é assim que acontece com todos quando se é filho de duas famílias, e quando se crê macho porque se tem um pedacinho de pau. Naturalmente, perdoem-me por esse termo, é preciso mais que isso. Mas como ele tinha o pau um pouco mole, se assim posso dizer, foi sua arte que supriu sua firmeza fálica. E é sempre assim. O falo é a conjunção do que chamei de *esse parasita*, ou seja, o pedacinho de pau em questão, com a função da fala. E é nisso que sua arte é o verdadeiro fiador de seu falo.

Afora isso, digamos que se tratava de um pobre-diabo, e mesmo de um pobre-diabo-herético [*pauvre-hérétique*]. Só na Universidade há joyciano que goza de sua heresia. Mas foi Joyce quem deliberadamen-

---

[10] Termo em latim derivado do grego *háiresis* que designa a ação de fazer uma escolha e se traduz por "heresia". (N.T.)

te quis que essa corja se ocupasse dele. O incrível é que ele o conseguiu, e de um modo fora de série. Isso dura, e ainda vai durar. Ele o queria, nomeadamente, por trezentos anos. Ele disse – *Quero que os universitários se ocupem de mim por trezentos anos* –, e os terá, conquanto Deus não nos pulverize.

Esse pobre-diabo [*ce hère*] – o *h* de *hère*, por ser aspirado em francês, não permite dizer *cet hère*, mas, sim, *ce hère*, o que chateia todo mundo e é por isso que se diz *le pauvre hère* –, esse pobre-diabo é concebido como um herói. *Stephen Hero* foi o título dado expressamente para o livro em que ele prepara *A Portrait of the Artist as a Young Man*.

Bem que queria mostrar para vocês pelo menos a edição que se deve ter, mas o chato é que eu não trouxe o livro. É difícil encontrá-lo, por isso especifico-lhes a maneira como devem insistir. Nicole Sels, aqui presente, me enviou uma missiva – uma carta, tal como se diz – extremamente precisa na qual me explica em duas páginas que é impossível, agora, encontrar esse texto seguido de seu aparato crítico realizado por um certo número de pessoas, todas universitárias. Escrever sobre Joyce é, aliás, um modo de entrar na Universidade. A Universidade absorve os joycianos, confere-lhes graus, eles já se encontram em bom lugar. Em suma, vocês não vão encontrar o... – não sei como pronunciar, é Jacques Aubert quem vai me dizê-lo. Será *Beebe* ou *Bibi*?

— *Normalmente, diz-se* Beebe.

Ele abre a lista com um artigo sobre Joyce particularmente caprichado, em seguida vocês têm Hugh Kenner que, a meu ver, fala bastante bem de Joyce, talvez por causa do tal são Tomás de Aquino, e há outros. Lamento que não possam dispor desse livro.

Na verdade, é o caso de dizer que, de minha parte, é uma mancada diminuir assim os caracteres dessa notinha. Seria preciso que vocês combinassem com Nicole Sels para ela lhes fazer uma série de fotocópias. Como penso que, entre vocês, não há muitos que estejam preparados para falar inglês, sobretudo aquele de Joyce, poucos vão se interessar por isso, mas, evidentemente, haverá emulação, uma emulação, meu Deus, legítima.

Um retrato do artista. O artista, deve-se escrevê-lo enfatizando o *o* que se encontra em *do. The*, com certeza, não é exatamente para nós o nosso artigo definido. Mas podemos confiar em Joyce. Se ele diz *the*, é certamente porque pensa que, de artista, ele é o único, que, aqui, ele é singular.

As a Young Man. É muito suspeito. Em francês, *as* poderia ser traduzido por *comme* [*como*]. Dito de outra forma, trata-se do *como-mente*.

O francês indica isso. Quando falamos e usamos um advérbio, quando dizemos *real-mente, mental-mente, heroica-mente*, o acréscimo desse *mente* já é, em si, indicativo de que mentimos. Há mentira indicada em todo advérbio. Não é por acaso que ela está aí. Ao interpretarmos, devemos prestar atenção nisso.

Alguém que não está muito longe de mim comentava que a língua, na medida em que designa o instrumento da fala, que era também a língua que continha as papilas ditas gustativas. Pois bem, eu lhe retorquirei: não é à toa que *o que se dizcondimente* [*ce qu'on dit ment*].

Vocês têm a bondade de achar isso divertido, mas não é engraçado porque, afinal de contas, temos apenas o equívoco como arma contra o sinthoma.

Acontece que me dou ao luxo de *supervisionar*, como se diz, um certo número de pessoas que se autorizam por si mesmas, segundo minha fórmula, a ser analistas. Há duas etapas. Há aquela em que elas são como o rinoceronte. Fazem mais ou menos qualquer coisa, e sempre dou-lhes minha aprovação. Com efeito, sempre têm razão. A segunda etapa consiste em tirar proveito desse equívoco que poderia liberar algo do sinthoma.

Com efeito, é unicamente pelo equívoco que a interpretação opera. É preciso que haja alguma coisa no significante que ressoe.

É surpreendente que isso não tenha ocorrido aos filósofos ingleses. Eu os chamo assim porque não são psicanalistas. Acreditam ferreamente que a fala não tem efeito. Estão errados. Imaginam que há pulsões, e isso quando se dispõem a não traduzir *Trieb* por *instinct*. Não imaginam que as pulsões são, no corpo, o eco do fato de que há um dizer.

Esse dizer, para que ressoe, para que consoe, outra palavra do *sinthoma masdaquino*, é preciso que o corpo lhe seja sensível. É um fato que ele o é. Porque o corpo tem alguns orifícios, dos quais o mais importante é o ouvido, porque ele não pode se tapar, se cerrar, se fechar. É por esse viés que, no corpo, responde o que chamei de voz.

O embaraçoso é que, certamente, não há apenas o ouvido, e que o olhar lhe faz uma eminente concorrência.

More geometrico, por causa da forma, cara a Platão, o indivíduo se apresenta como troncho, como um corpo. E esse corpo tem uma potência tal de cativação que, até certo ponto, os cegos deveriam ser invejados. Como um cego, ainda que saiba braile, pode ler Euclides?

O espantoso é que a forma só libera o saco ou, se vocês quiserem, a bolha, pois é alguma coisa que incha.

O obsessivo é mais apegado a isso que qualquer outro, porque, como eu disse em algum lugar e me lembraram disso recentemente, ele é como a rã que quer ser tão gorda quanto o boi. Graças a uma fábula, já sabemos os efeitos disso. Sabemos que é particularmente difícil arrancar o obsessivo dessa ascendência do olhar.

O saco, tal como configurado na teoria dos conjuntos fundada por Cantor, manifesta-se, ou mesmo demonstra ser – se toda demonstração é sustentada para demonstrar o imaginário que ela implica – merecedor de ser conotado por uma mistura de 1 e de 0, único suporte adequado ao que confina o conjunto vazio que se impõe nessa teoria. Daí nossa inscrição S_1, cuja leitura especifico como S índice 1. Ela não constitui o um, mas o indica como podendo nada conter, como podendo ser um saco vazio.

Nem por isso um saco vazio permanece um saco, ou seja, isso que só é imaginável pela ex-sistência e pela consistência que o corpo tem, de ser pote. É preciso apreender essa ex-sistência e essa consistência como reais, posto que apreendê-las é o real. É o que a palavra *Begriff* quer dizer.

O imaginário mostra aqui sua homogeneidade com o real, e essa homogeneidade apenas é apreendida porque o número é binário, 1 ou 0. Isso significa que ele suporta o 2 somente porque o 1 não é o 0, porque ele ex-siste ao 0, mas disso consiste para nada.

É por isso que a teoria de Cantor deve retomar o par. Mas, então, o conjunto lhe é terceiro. Do conjunto primeiro ao que é o Outro, a junção não se faz. Com efeito, é por isso que o símbolo a remete ao imaginário.

O símbolo tem o índice 2, indicando que faz um par, isto é, introduz a divisão no sujeito, qualquer que seja, pelo que se enuncia aí de fato. Pois esse fato permanece suspenso ao enigma da enunciação, que é apenas fato fechado em si – o fato do fato, como se escreve, o fastígio do fato ou o fato do fastígio, como se diz. Esses fatos são de fato iguais. Equívoco e equivalente, o fato é, por isso, limite do dito.

O inaudito é que os homens viram muito bem que o símbolo só podia ser uma peça quebrada, e isso, se assim posso dizer, desde sempre. Mas o inaudito é também que eles não tenham visto na época, na época desse *desde sempre*, que isso comportava a unidade e a reciprocidade do significante e do significado – e, como conseqüência, originariamente, o significado não quer dizer nada, é apenas o signo de arbitragem entre dois significantes para a escolha deles – signo de arbitragem e, por isso, não do arbitrário.

Para dizê-lo em inglês, e é assim que Joyce o escreve, só há *umpire* a partir do império, do *imperium* sobre o corpo, como tudo que carrega essa marca desde o ordálio.

O 1 confirma aqui sua separação com relação ao 2. Ele constitui o 3 apenas por forçamento imaginário, aquele que impõe a uma vontade sugerir que um moleste o outro, sem estar ligado a nenhum deles.

3

Para que fosse expressamente estabelecida a condição de que, a partir de três anéis, fizéssemos uma cadeia tal que o rompimento de apenas um, o do meio, se posso dizer de modo abreviado, tornasse os outros dois, quaisquer que sejam eles, livres um do outro, foi preciso que percebêssemos que isso estava inscrito no brasão dos Borromeus.

Portanto, o nó dito borromeano já estava lá sem que ninguém tratasse de tirar conseqüência disso.

É de fato aí que jaz o que incita ao erro de pensar que esse nó seja uma norma para a relação de três funções que só existem uma para outra em seu exercício no ser que, ao fazer nó, julga ser homem. A perversão não é definida porque o simbólico, o imaginário e o real estão rompidos, mas, sim, porque eles já são distintos, de modo que é preciso supor um quarto que, nessa ocasião, é o sinthoma.

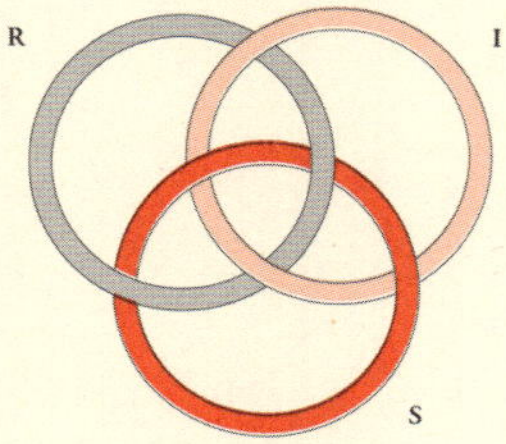

O nó borromeano

Digo que é preciso supor tetrádico o que faz o laço borromeano – perversão quer dizer apenas *versão em direção ao pai*[11] –, em suma, o pai é um sintoma, ou um sinthoma, se quiserem. Estabelecer o laço enigmático do imaginário, do simbólico e do real implica ou supõe a ex-sistência do sintoma.

A configuração seguinte, à esquerda, esquematiza o imaginário, o simbólico e o real como separados uns dos outros. Vocês têm a possibilidade de ligá-los. Com o quê? Com o sinthoma, o quarto.

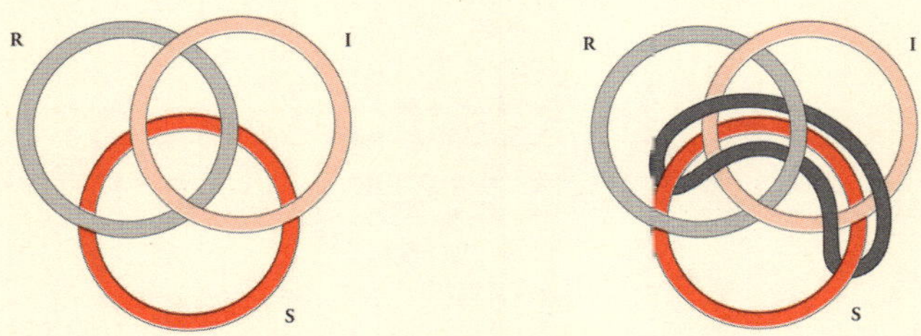

Os três anéis separados e, depois, ligados pelo sinthoma, o quarto

A partir de quatro, vocês têm a seguinte relação: sejam aqui, por exemplo, o imaginário, o real, o sintoma, que noto com um sigma, e o simbólico. Todos são cambiáveis de um modo que, espero, vai lhes parecer simples. Dito expressamente, 1 a 2 pode ser invertido em 2 a 1, enquanto 3 a 4 pode ser invertido em 4 a 3.

---

[11] A palavra francesa *perversion* ("perversão") admite homofonias com *père* ("pai"), *vers* ("em direção a") e *version* ("versão"). (N.T.)

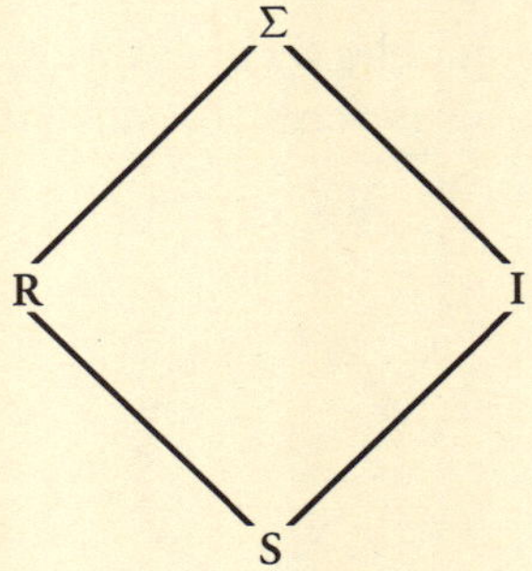

I R Σ S
1 2 3 4
2 1 4 3

Combinatória I R Σ S

Encontramo-nos na situação em que o laço de 1 com 2, e mesmo de 2 com 1, tem no seu meio, se assim posso dizê-lo, o 3 e o 4, isto é o Σ e o S. Como o sintoma e o símbolo acabam presos entre o real e o imaginário? Eu o mostro para vocês com esta simples configuração:

Nó borromeano de quatro,
configurando sintoma e símbolo entre real e imaginário

Vocês vêem, à esquerda, quatro fios esticados pelo R maiúsculo, ao passo que, à direita, o I se combina com eles de certa maneira, passando sobre o símbolo e sob o sintoma. Dito de outra maneira, os dois do meio, sintoma e símbolo, apresentam-se de tal modo que um dos dois termos extremos os toma em seu conjunto, enquanto o outro extremo passa sobre aquele que está em cima e sob aquele que está embaixo. É sob essa forma que é apresentado o laço que expressei pela oposição do R ao I.

Acrescento aqui ainda uma figura diferente, simétrica, que vocês obtêm regularmente tentando fazer o nó borromeano de quatro.

Configuração simétrica do nó borromeano de quatro

O complexo de Édipo é, como tal, um sintoma. É na medida em que o Nome-do-Pai é também o Pai do Nome, que tudo se sustenta, o que não torna o sintoma menos necessário.

O Outro do qual se trata manifesta-se em Joyce, uma vez que ele, no final das contas, é sobrecarregado de pai. Na medida em que esse pai, como se verifica em *Ulisses*, para subsistir, deve ser sustentado, Joyce, através de sua arte – essa arte que, desde o recôndito dos tempos, aparece-nos sempre como nascida do artesão –, não apenas faz sua família subsistir, como vai torná-la, se podemos dizer assim, ilustre. Ele torna ilustre, nesse mesmo viés, o que chama em alguma parte de *my country*, ou, melhor, *a alma incriada de minha raça*, tal como encontramos no final de *Um retrato do artista*. É essa a missão que Joyce se dá.

Nesse sentido, anuncio o que será minha interrogação deste ano sobre a arte.

Em que o artifício pode visar expressamente o que se apresenta de início como sintoma? Em que a arte, o artesanato, pode desfazer, se assim posso dizer, o que se impõe do sintoma? A saber, a verdade.

4

Configurei a verdade em meus dois tetraedros:

Nesse caso, onde está a verdade? Disse que, no discurso do mestre, ela estava como que suposta no sujeito, S barrado. Este, como dividi-

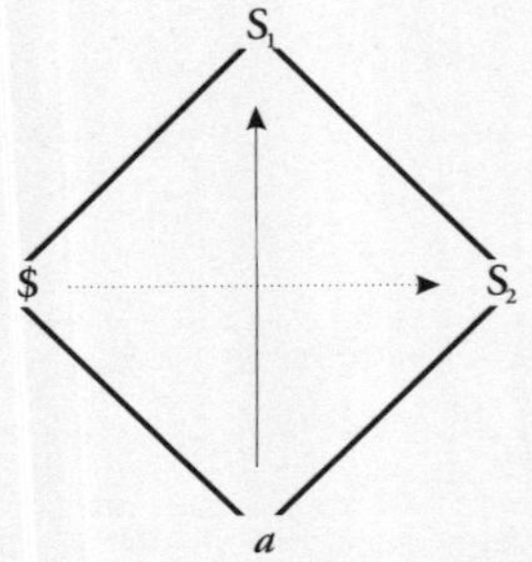

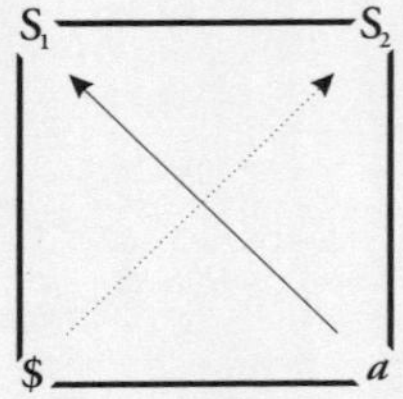

Esquemas tetraédricos do discurso do mestre

do, está ainda sujeito à fantasia. É em S barrado, no nível da verdade, que devemos considerar o meio-dizer.

Nessa etapa, o sujeito só pode se representar pelo significante índice 1, S_1. Quanto ao significante índice 2, S_2, aí é o artesão que, por meio da conjunção de dois significantes, é capaz de produzir o que chamei de objeto pequeno *a*.

Há pouco, ilustrei esse S_2 pela relação com o ouvido e o olho, e mesmo evocando a boca fechada. Mas configurei-o igualmente pela duplicidade do símbolo e do sintoma.

É na medida em que o discurso do mestre reina que o S_2 se divide. A divisão em questão é aquela do símbolo e do sintoma. Essa divisão, se posso dizer assim, é refletida na divisão do sujeito. Porque o sujeito é o que um significante representa para um outro significante, temos necessidade, por sua insistência, de mostrar que, no sintoma, um desses dois significantes tem seu suporte no simbólico.

Nesse sentido, na articulação do sintoma com o símbolo, direi que há apenas um falso furo.

Supor a consistência de qualquer uma dessas funções – simbólico, imaginário e real – como fazendo um círculo supõe um furo. Mas, no caso do símbolo e do sintoma, é de outra coisa que se trata.

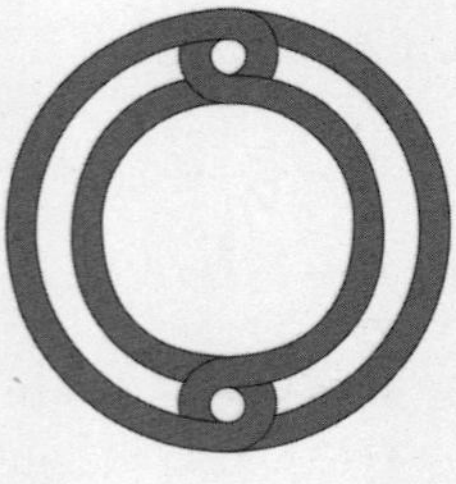

O falso furo do símbolo e do sintoma

O que faz furo aqui é o conjunto de um desses dois círculos dobrado sobre o outro. Mas isso é um falso furo. Para que tenhamos alguma coisa que possa ser qualificada como furo verdadeiro, é preciso enquadrar, cingir um desses círculos por alguma coisa, uma consistência que os faça ficar juntos, parecida com uma bolha de ar [*soufflure*], o que, em topologia, chamamos de toro. Pierre Soury – para chamá-lo por seu nome, não sei se ele está aqui – o configurou muito bem.

Furo verdadeiro obtido a partir do falso furo ao se cingir um dos círculos dobrados

Isso é o mesmo que dizer que, para que o furo subsista, se mantenha, basta simplesmente imaginar aqui uma reta, conquanto seja infinita. Ela fará o mesmo papel.

Furo verdadeiro obtido pela adjunção de uma reta infinita

Ao longo do ano, teremos de retomar o que é esse infinito. Teremos de falar de novo do que é uma reta, em que ela subsiste, em que ela é, se é possível dizer assim, parente de um círculo.

Certamente vou precisar voltar ao círculo. Ele tem uma função bem conhecida da polícia. Serve para circular. É por isso que a polícia conta com um apoio que não data de ontem. Hegel viu muito bem sua função. Para a polícia, trata-se simplesmente de girar em círculos. Essa forma, certamente, não é o que está em questão.

Paro, hoje, neste fato: apenas uma adjunção de uma reta infinita ao falso furo faz esse furo subsistir borromeanamente.

18 de novembro de 1975

II

Do que faz furo no real

A quarta rodinha
Uma geometria interdita ao imaginário
O encontro com Chomsky
Nenhuma esperança de sair da debilidade
De uma arte que substancializa o sintoma

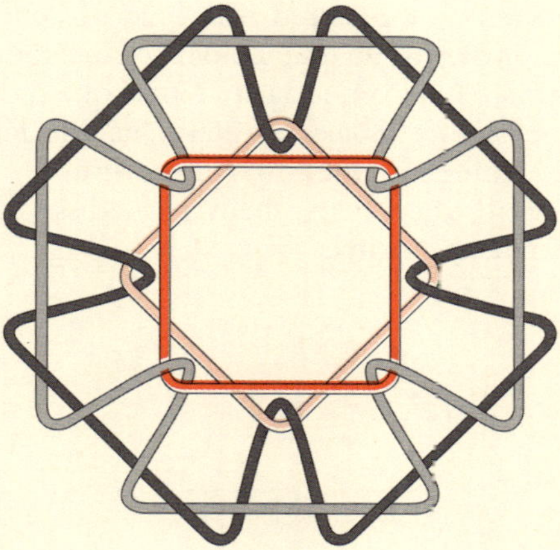

Figura do nó de quatro

Assim, isso não vai durar, vocês são muito numerosos. Enfim, espero obter de vocês ainda assim o que obtive do público dos Estados Unidos, onde acabo de passar quinze dias.

Lá, pude me dar conta de um certo número de coisas e, em particular, se entendi bem, de uma certa lassidão que é sentida principalmente pelos analistas.

Meu Deus, só posso dizer como fui muito bem tratado lá, o que não quer dizer grande coisa, não é mesmo? Para empregar um termo do qual me sirvo para me referir ao homem, lá me senti sobretudo sugado [*humé*]. Ou, ainda, se preferirem, lá eu fui aspirado – aspirado em uma espécie de turbilhão que só encontra seu correspondente no que evidencio pelo meu nó.

1

Aqueles que já estão aqui há algum tempo, puderam ver ou, melhor, ouvir que não foi por acaso, mas pouco a pouco, passo a passo, que acabei por exprimir pela função do nó o que de início antecipei como o tríplice do simbólico, do imaginário e do real.

O nó é feito no espírito de um novo *mos*, modo ou costume, *geometricus*. Continuamos, com efeito, a princípio, cativados por uma geometria que qualifiquei na última vez como comparável ao saco, isto é, à superfície.

Pensar no nó, coisa que acontece mais comumente com os olhos fechados, podem tentar, é muito difícil. Não nos encontramos. Assim, não estou muito certo de tê-lo colocado corretamente diante de vocês, embora haja, a meu ver, toda aparência que o fiz.

Parece-me que há uma falha. Com efeito, há uma falha aqui. É isso mesmo. O erro é também o que convém suprimir.

Esse nó de quatro, vocês bem sabem, parte disso. Em um nó borromeano, vocês têm esta forma:

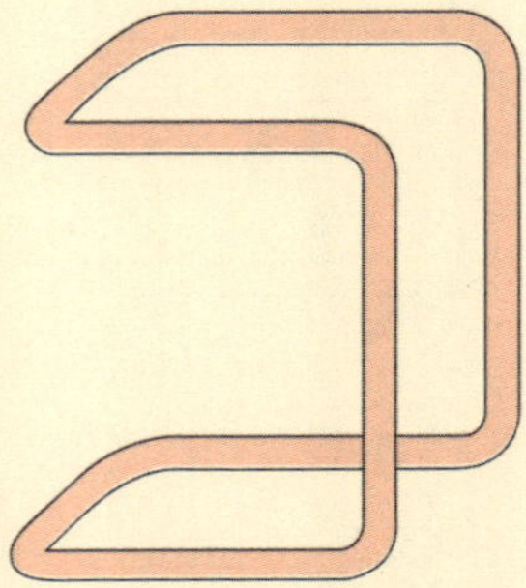

Forma dobrada no nó de quatro

Eventualmente, ela se duplica:

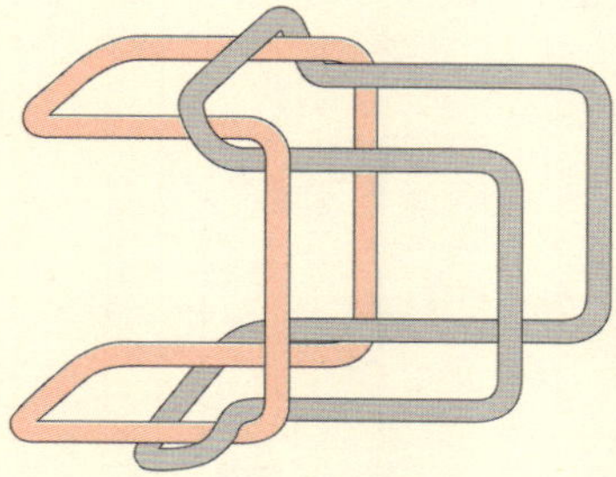

Forma dobrada duplicada

Vocês devem, então, completá-la com duas outras rodinhas:

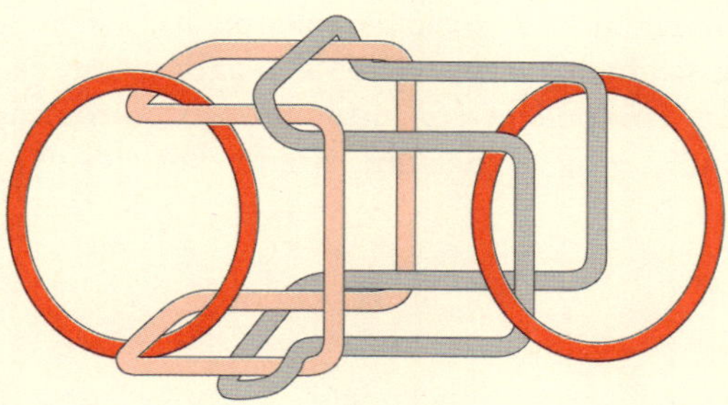

Segunda figura do nó de quatro

Há uma outra maneira de desenhar e de duplicar essa forma dobrada, fazendo com que as duas se enganchem uma na outra:

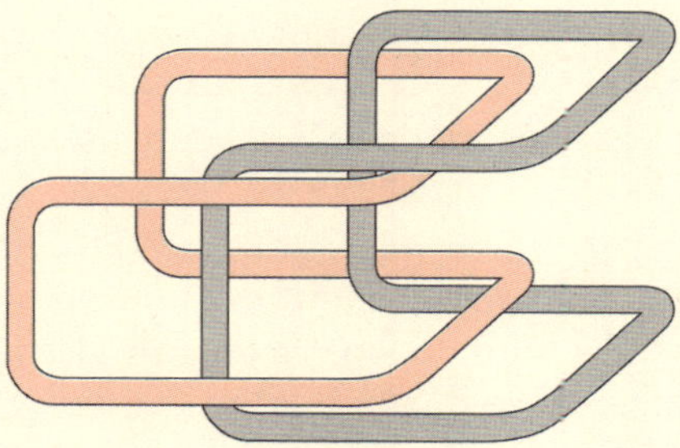

Outra configuração da forma dobrada duplicada

Há uma terceira maneira em que se usa isso, tal como já lhes mostrei eventualmente uma vez, e que não deixa de constituir por si um círculo fechado.

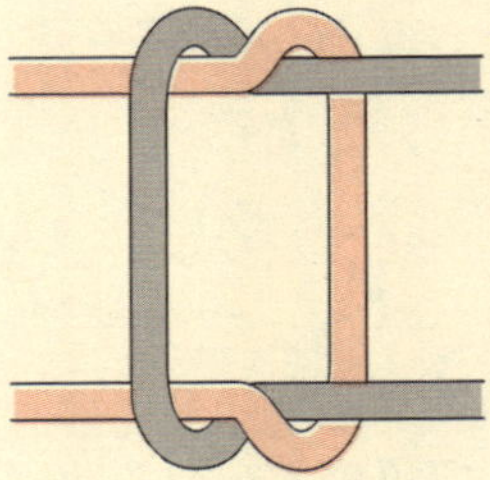

Terceira configuração da forma dobrada

Em compensação, sob as duas formas que lhes apresentei anteriormente, os dois circuitos do meio são manipuláveis de uma tal maneira que um pode se liberar do outro. Por isso, os dois círculos desenhados aqui em vermelho podem constituir um nó borromeano, ou seja, aquele em que a secção de qualquer um libera todos os outros.

2

A análise, em suma, é a redução da iniciação à sua realidade, isto é, ao fato de que, propriamente falando, não há iniciação. Em análise, todo sujeito conta o seguinte: ele é sempre e nada mais do que uma suposição.

Contudo, a experiência demonstra-nos que essa suposição está sempre entregue ao que chamarei de uma ambigüidade. Quero dizer que, como tal, o sujeito sempre é não somente duplo, mas dividido. Trata-se de dar conta do que, dessa divisão, instaura o real.

A esse respeito, convém retomar Freud, uma vez que ele foi o grande desbravador dessa apreensão.

Na quarta capa do último volume de Erich Fromm publicado pela Gallimard, pode-se ler o que se enuncia como *a psicanálise apreendida através de seu "pai"*. Portanto, em que Freud, se li corretamente, um burguês, e um burguês repleto de preconceitos, atingiu alguma coisa que constitui o valor de seu dizer, e que não é certamente pouca coisa, uma vez que se trata da perspectiva de dizer a verdade sobre o homem?

Daí eu ter feito essa correção, o que não foi para mim sem algum custo, sem dificuldade: só há verdade na medida em que ela apenas pode ser dita pela metade, tal qual o sujeito que ela comporta. Para exprimi-lo conforme o enunciei, a verdade só pode se meio-dizer.

Parto de minha condição, aquela de trazer para o homem o que a Escritura enuncia não como uma ajuda *para* ele, mas como uma ajuda *contra* ele. Por essa condição, tento me balizar, e é o que verdadeiramente me conduz, de um modo que valeria notar, à consideração do nó.

Esta é constituída por uma geometria que podemos chamar de interdita ao imaginário, pois só é imaginada através de todos os tipos de resistências, e mesmo de dificuldades. É isso que substantifica o nó na medida em que ele é borromeano.

Uma das coisas que mais me impressionou quando estava na América foi meu encontro, de minha parte totalmente intencional, com Chomsky. Fiquei embasbacado, e lhe disse isso. O que me fez perceber toda a distância a que estava dele foi que ele simplesmente afirmou no meu ouvido uma idéia da qual me dei conta de que era a sua. Não posso dizer que seja refutável, pois se trata da idéia mais comum, mas ela me parece precária.

Essa idéia parte da consideração de alguma coisa que se apresenta como um corpo, concebido como dotado de órgãos. Essa concepção implica que o órgão seja um instrumento, instrumento de captura ou de apreensão, e não há nenhuma objeção de princípio a que o instrumento se apreenda ele mesmo como tal. É assim que a linguagem, entre outras coisas, é considerada por Chomsky como determinada por um fato genético. Em suma, a linguagem é, ela mesma, um órgão. Foi nesses termos mesmo que ele se expressou para mim.

Parece-me absolutamente instigante – e o exprimi pelo termo *embasbacado* – que se possa retornar com a linguagem sobre ela mesma como órgão. Com efeito, para mim, a menos que se admita essa verdade de princípio – que a linguagem está ligada a alguma coisa que no real faz furo –, não é simplesmente difícil, mas impossível considerar seu manejo. O método de observação não poderia partir da linguagem sem que ela aparecesse como fazendo furo no que pode ser situado como real. É por essa função de furo que a linguagem opera seu domínio sobre o real.

Não é fácil para mim impor-lhes essa convicção com todo o peso que ela tem. Ela me parece inevitável, uma vez que não há verdade possível como tal, exceto ao se esvaziar esse real. Aliás, a linguagem come o real.

Para falar como Chomsky, vejam o que diz respeito ao real genético. A linguagem permite abordá-lo em termos de signos ou, dito de outra forma, de mensagens. O gene molecular foi reduzido ao que deu renome a Crick e Watson, ou seja, a essa *dupla hélice* de onde se supõe partir esses diversos níveis de organização do corpo através de um certo número de etapas: de início, a divisão, o desenvolvimento, a especialização celular, depois, a especialização a partir de hormônios, que são igualmente elementos sobre os quais se veiculam outros tipos de mensagens para a direção da informação orgânica. Há toda uma subutilização do que diz respeito ao real, no que concerne a tais mensagens.

Entretanto, isso ainda é apenas um véu lançado sobre o que constitui a eficácia da linguagem, isto é, sobre o fato de que a linguagem não é, ela mesma, uma mensagem, mas que se sustenta apenas pela função do que chamei de furo no real.

Por isso, há a via de nosso novo *mos geometricus*, isto é, da substância que resulta da eficácia própria da linguagem, e que é suportada pela função do furo.

Para exprimi-lo nos termos desse famoso nó borromeano em que me fio, digamos que ele repousa inteiramente sobre a equivalência de uma reta infinita com um círculo.

3

O esquema do nó borromeano é o que se encontra à esquerda. Ele é tão borromeano quanto meu desenho mais conhecido, à direita.

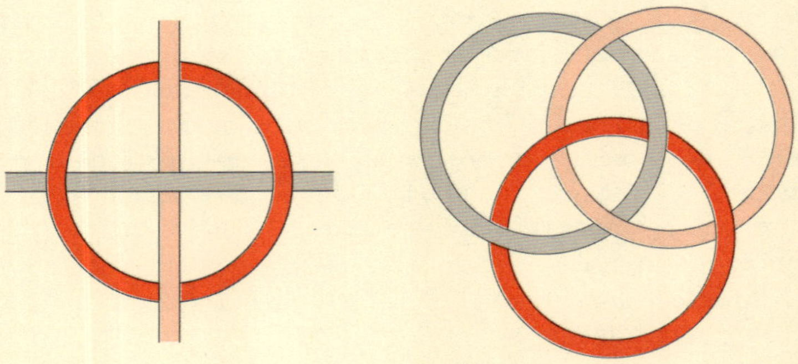

Duas configurações do nó borromeano

É igualmente verdadeiro para o desenho seguinte:

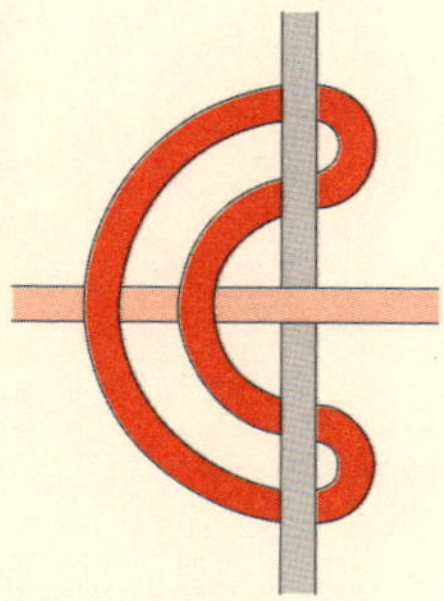

Outra configuração do nó borromeano

Assim, parece que obtemos o mesmo nó borromeano quando substituímos os três círculos pelo par formado por duas retas supostas infinitas e um círculo.

Para dar conta corretamente do nó borromeano, convém portanto sublinhar que é a partir de três que sua exigência especialmente se origina. A cifra três é o limiar, se posso dizer assim, da exigência própria do nó.

Com uma manipulação muito simples, é possível tornar paralelas essas três retas infinitas. Para isso, bastará tornar maleável o que é próprio do círculo já dobrado, o círculo vermelho.

Retas infinitas paralelas

A partir de três, precisamos definir o ponto no infinito da reta como não se prestando a falhar de modo algum no que podemos chamar de concentricidade delas. Coloquemos aqui os três pontos no infinito completando as retas:

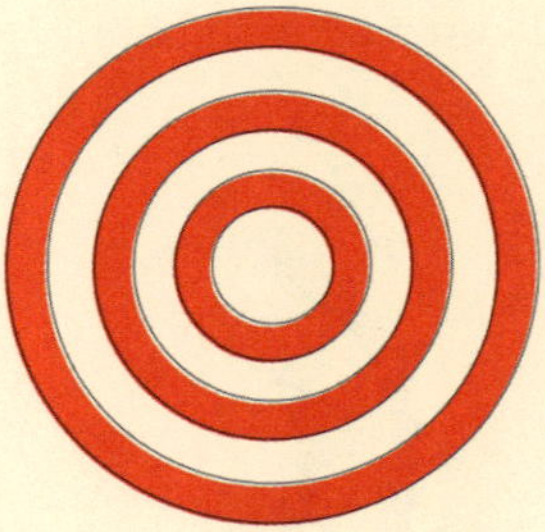

Retas infinitas completadas por seus pontos no infinito

Podemos igualmente inverter essas posições e fazer com que essa primeira reta no infinito envolva as outras em vez de ser envolvida. A característica desse ponto no infinito é, como poderíamos exprimir, não poder ser situado de nenhum lado.

Mas, a partir do número três, é exigível o seguinte, configurado de um modo imajado. Vocês vêem bem as razões pelas quais eu tive de traçar aqui os círculos com uma cor diferente, ao passo que antes eu colocara em vermelho as três retas completadas por seu ponto no infinito:

Outra configuração do nó borromeano

Quanto a esses círculos, não há um que, ao ser envolvido por um outro, não acabe envolvendo o outro. É o que constitui a propriedade do nó borromeano, com a qual eu os familiarizei muitas vezes. Na terceira dimensão, se podemos dizer assim, o nó borromeano consiste nessa relação que faz com que o que é envolvido com relação a um desses círculos acabe envolvendo o outro.

Por isso é exemplar essa figura que comumente vocês vêem sob a forma da esfera armilar, usada para os sextantes. Para traçá-lo de maneira clara, o círculo cinza-claro irá sempre se ajustar da seguinte maneira em torno do círculo que, aqui, desenhei em rosa, enquanto o círculo vermelho, segundo o ajuste da distância que separa os eixos dos dois outros, deve estar assim:

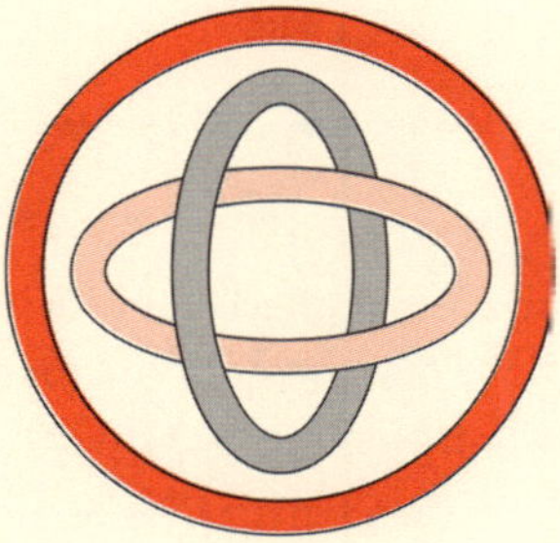

Esquema da esfera armilar

Há uma diferença entre essa disposição comum em toda manipulação da esfera armilar e a disposição que se segue. O círculo cinza-claro, que aparece aqui no meio, não poderá ser ajustado, porque ele envolve o círculo vermelho e é envolvido pelo círculo rosa.

Nó borromeano errado

Vou desenhar de novo, pois esse desenho está errado. Vejam como o círculo rosa se encontra situado em relação ao círculo cinza-claro e ao círculo vermelho.

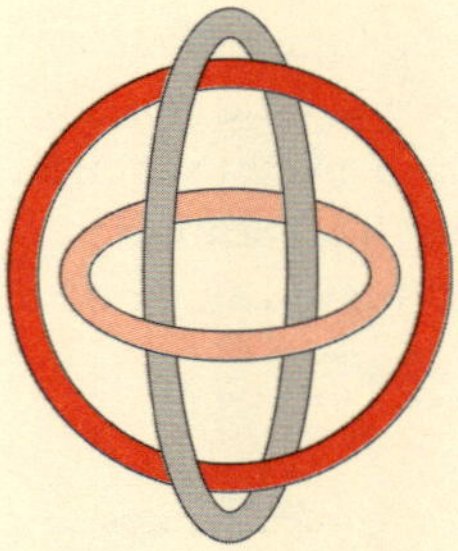

Nó borromeano correto

Mesmo minhas hesitações aqui são significativas. Elas manifestam a falta de jeito com a qual é necessariamente manipulado o que diz respeito ao nó borromeano, típico mesmo do nó.

O caráter fundamental dessa utilização do nó é ilustrar a triplicidade que resulta de uma consistência que só é afetada pelo imaginário, de um furo como fundamental proveniente do simbólico, e de uma ex-sistência que, por sua vez, pertence ao real e é inclusive sua característica fundamental.

Esse método, posto que se trata de método, apresenta-se como sem esperança – sem esperança de romper de maneira nenhuma o nó constituinte do simbólico, do imaginário e do real. Desse ponto de vista, falemos de maneira lúcida, esse método recusa o que constitui uma virtude, e mesmo uma virtude dita teologal. É nesse aspecto que nossa apreensão analítica do que diz respeito ao nó é o negativo da religião.

Não se crê mais no objeto como tal. Por isso, nego que o objeto possa ser apreendido por algum órgão.

Quando o órgão é ele mesmo percebido como um instrumento, um instrumento separado, ele é, por isso, concebido como um objeto. Na concepção de Chomsky, o objeto não é abordado senão por um objeto. Em contrapartida, pela restituição do sujeito como tal, na medida em que ele mesmo só pode ser dividido pela operação da linguagem, a análise encontra sua difusão.

A análise encontra sua difusão em função de questionar a ciência como tal – ciência na medida em que faz de um objeto um sujeito, enquanto é o sujeito que é, em si, dividido.

Não cremos no objeto, mas constatamos o desejo e, dessa constatação do desejo, induzimos a causa como objetivada.

O desejo de conhecer encontra obstáculos. Para encarnar esse obstáculo, inventei o nó. Com o nó, é preciso dar duro. Quero dizer que apenas o nó é o suporte concebível de uma relação entre o que quer que seja e o que quer que seja. Se, por um lado, o nó é abstrato, ele deve, entretanto, ser pensado e concebido como concreto.

Se vocês me vêem hoje bastante cansado devido a essa experiência americana, fui, entretanto, recompensado, como lhes disse, pois pude provocar o que chamarei de *agitação* e *emoção*, com essas figuras que vocês vêem aqui mais ou menos substancializadas pelo escrito, pelo desenho. Apesar disso, o *sentido* [*senti*] como *mental*, o sentimental, é débil, porque sempre é, por algum viés, redutível ao imaginário.

A imaginação de consistência vai diretamente ao impossível da fratura, mas é por isso que a fratura pode sempre ser o real – o real como impossível. Nem por isso ele é menos compatível com a dita imaginação, e inclusive a constitui.

Como ponto de partida, assinalo que não espero de maneira alguma sair da debilidade. Como qualquer um, saio dela apenas na medida dos meus recursos. Isto é, como certo-de-não-sair-do-lugar[1] – o *certo* desse lugar não sendo assegurado por nenhum progresso verificável, exceto com o passar do tempo.

De maneira fabulatória, afirmo que, tal como eu o penso [*je le pense*] em meu leve *penso* [*pen-se*], real, mentindo efetivamente, não aparece sem comportar realmente o furo que nele subsiste, na medida em que sua consistência não passa daquela do conjunto do nó que ele faz com o simbólico e o imaginário.

Esse nó, qualificável de borromeano, é insolúvel sem que se dissolva o mito do sujeito – do sujeito como não suposto, isto é, como real – que ele não torna mais diverso do que cada corpo que assinala o falasser, cujo corpo só tem estatuto respeitável, no sentido comum da palavra, graças a esse nó.

---

[1] Tradução criativa para *sur-place*. Em francês, *sur-place* significa simplesmente "no lugar", mas Lacan, logo em seguida, vai destacar a consonância da primeira sílaba desse termo (*sur-*) com o substantivo *sûr* ("certo"), para jogar com o que se faz presente na sua concepção de debilidade: a rigidez e o imobilismo com relação ao que é considerado certo. (N.T.)

4

Joyce acaba por ter visado por sua arte, de maneira privilegiada, o quarto termo chamado de sinthoma. Retomarei meu discurso na próxima vez abordando esse ponto.

Esse quarto termo, vocês o vêem configurado de diversas maneiras, seja na segunda figura do nó borromeano, pela rodinha vermelha encontrada bem no final à direita, ou igualmente também pela rodinha preta ou ainda do seguinte modo:

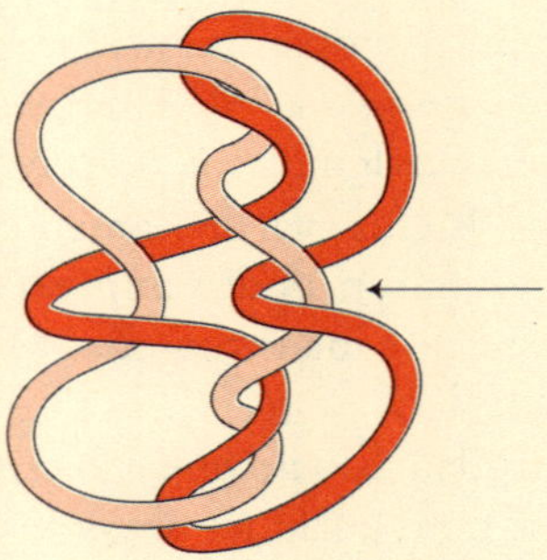

Nova configuração do círculo dobrado

É sempre o mesmo círculo dobrado. Aqui, ele se encontra em uma posição especial, a saber, duas vezes infletido, isto é, preso quatro vezes, se a gente pode dizer assim, a ele mesmo.

Na segunda figura do nó de quatro, por duas vezes um ou outro dos círculos extremos encaixam a argola configurada por um ou outro dos círculos dobrados. Em toda a primeira figura, em compensação, por quatro vezes o círculo rosa ou o círculo cinza-claro encaixam o círculo vermelho ou o preto, posto que, com certeza, é de encaixe que se trata essencialmente.

Em todo caso, é a partir de Joyce que abordarei esse quarto termo, uma vez que ele completa o nó do imaginário, do simbólico e do real.

O problema todo reside nisto – como uma arte pode pretender de maneira divinatória substancializar o sinthoma em sua consistência, mas também em sua ex-sistência e em seu furo?

Esse quarto termo, a respeito do qual eu simplesmente quis lhes mostrar hoje que é essencial ao nó borromeano, como alguém pôde visar por sua arte a restabelecê-lo como tal, a ponto de estar o mais próximo possível dele?

5

Depois dessa tentativa extenuante, uma vez que hoje estou muito cansado, espero de vocês o que recebi mais facilmente na América do que em outro lugar, a saber, que alguém me faça uma pergunta, qualquer uma, a propósito de hoje.

Portanto, espero que uma voz se levante, qualquer uma.

Então, o que pôde lhes parecer passível de discussão no que apresentei hoje?

W. — O que o levou a crer que encontraria alguma coisa em Chomsky? É uma coisa que jamais me passaria pela cabeça.

Foi exatamente por isso que fiquei embasbacado, com certeza. Mas a gente sempre tem esse tipo de fraqueza, um resto de esperança, não é? Como Chomsky lida com a lingüística, eu podia esperar encontrar nele uma pitada de apreensão do que mostro com relação ao simbólico, isto é, que este conserva alguma coisa do furo, mesmo quando esse furo é falso.

É impossível, por exemplo, não qualificar de falso furo o conjunto constituído pelo sintoma e pelo simbólico. Mas, por outro lado, é por estar enganchado na linguagem que o sintoma subsiste, ao menos se julgamos poder modificar alguma coisa no sintoma pela manipulação dita interpretativa, isto é, jogando com o sentido.

Mais precisamente, o que me deixou embasbacado foi Chomsky assimilar o real a alguma coisa que, a meu ver, é da ordem do simbólico, isto é, confundir o sintoma e o real.

W. — Era uma questão, talvez, inútil.

Desnecessária?

W. — Obrigado. Sendo americano...

Sim, você é americano. E lhe agradeço. Simplesmente constato, mais uma vez, que não existe senão um americano para interrogar.

Enfim, não posso dizer o quanto me senti mimado, se assim posso dizer, porque na América encontrei pessoas que, de algum modo, me testemunharam que meu discurso não era vão.

W. — Parece-me impossível alguém conceber que Chomsky, educado na recente tradição nascida da lógica matemática que ele apreendeu com Quine e Goodmann em Harvard...

Mas Quine não é nada bobo!

X. — A propósito dessa alternância do corpo com a fala. Como você falou durante uma hora e meia, e depois manifestou o desejo de ter um contato mais direto com alguém, perguntei-me se, de um modo mais geral, não há uma alternância do discurso e do corpo na vida de um sujeito. Sem a linguagem, será que esse furo não existiria em virtude de um engajamento físico direto com esse real? Estou falando do amor e do gozo.

É exatamente disso que se trata. Ainda assim, é muito difícil, nesse caso, não considerar o real como um terceiro. Digamos que o que posso solicitar como resposta é da ordem de um apelo ao real não como ligado ao corpo, mas como diferente. Longe do corpo, existe a possibilidade do que chamei, na última vez, de ressonância, ou consonância. É no nível do real que essa consonância pode ser achada. Em relação a esses pólos que o corpo e a linguagem constituem, o real é o que faz acordo.

X. — Há pouco o senhor disse que Chomsky fazia da linguagem um órgão, e que isso lhe deixou embasbacado. Eu me perguntava se isso não aconteceu porque, no seu caso, é da libido que o senhor faz um órgão. Penso no mito da lamela. Pergunto-me se esse não é o viés pelo qual ainda se pode captar que há alma. Mesmo uma defasagem entre linguagem e órgão só pode ser recuperada no sentido de uma arte se o órgão for cortado no nível em que o senhor o coloca, no da libido.

A libido, como seu nome indica, só pode fazer parte do furo, bem como de outros modos sob os quais o corpo e o real se apresentam. É evidentemente por meio disso que tento retomar a função da arte. Está de certo modo implicado com o que ficou em branco como quarto termo. Quando digo que a arte pode atingir inclusive o sintoma, é o que vou tentar substancializar. Foi muito apropriado evocar o tal mito da lamela. O tom é este mesmo, e eu lhe agradeço. É nesse fio que espero continuar.

Y. — Quando o senhor falou da libido no texto da lamela, disse que ela é assinalável por um trajeto de invaginação de vai-e-volta. Ora, essa imagem me parece hoje poder funcionar como aquela da corda, tomada em um fenômeno de ressonância, que ondula, que forma uma barriga que abaixa e levanta, e constitui nós.

Não, mas não é à toa que, em uma corda, a metáfora advenha do que faz nó. O que tento é descobrir a que se refere essa metáfora. Se há uma corda vibrante de barrigas e de nós, é na medida em que nos referimos ao nó. Quero dizer que usamos a linguagem de um modo que vai mais longe do que o que é efetivamente dito. Sempre reduzimos o alcance da metáfora como tal. Ou seja, ela acaba reduzida a uma metonímia.

Y. — Quando o senhor passa do nó borromeano de três para o de quatro, em que o sintoma é introduzido, o nó borromeano de três, como tal, desaparece.

É exatamente isso. Não há mais um nó. É sustentado apenas pelo sintoma.

Y. — Nessa perspectiva, a esperança de tratamento no que concerne à análise parece ser problemática.

Não há nenhuma redução radical do quarto termo, mesmo na análise, posto que Freud pôde enunciar, não se sabe por qual via, que há uma *Urverdrängung*, um recalcamento que jamais é anulado. É da natureza mesma do simbólico comportar esse furo. É esse furo que viso, e onde reconheço a própria *Urverdrängung*.

Y. — O senhor fala do nó borromeano dizendo que ele não constitui um modelo. Pode esclarecer isso?

O nó borromeano não constitui um modelo na medida em que tem alguma coisa diante da qual a imaginação diminui. Quero dizer que ela resiste, como tal, à imaginação do nó. A abordagem matemática do nó na topologia é insuficiente.

Ainda assim, posso lhes contar minhas experiências nessas férias.

Nó de três, chamado nó de trevo

Isso constitui um nó, mas não um nó entre dois elementos, pois há apenas um só. É o nó mais simples, aquele que vocês podem fazer com qualquer corda. É o mesmo nó que o nó borromeano, ainda que não tenha o mesmo aspecto.

Obstinei-me a pensar no que eu havia, digamos, achado. A saber, que se pode demonstrar que, com esse nó, tal como ele é mostrado, ex-siste um nó borromeano.

Basta pensar que vocês podem colocar o mesmo nó em uma superfície subjacente e em uma superfície sobrejacente a essa dupla superfície sem a qual não poderíamos escrever nada concernente aos nós. É muito fácil, através de uma escrita, fazer passar a cada etapa um nó homólogo sob o nó subjacente e sobre o nó sobrejacente, realizando, com facilidade, um nó borromeano. Isso é fácil de imaginar, ainda que não seja imaginado de repente, posto que foi necessário que eu fizesse esse achado.

Mas haveria possibilidade de realizar, com esse nó de três, um nó borromeano com quatro nós de três? Passei quase dois meses quebrando a cabeça com esse objeto. E é assim mesmo que ele deve ser nomeado.

Não consegui demonstrar que ex-siste um modo de enodar quatro nós de três de uma maneira borromeana. Pois bem, isso não prova nada. Não prova que ele não ex-siste.

Ainda ontem à noite, só pensava em conseguir demonstrar-lhes que ele ex-siste. O pior é que não encontrei a razão demonstrativa de que ele não ex-siste. Eu, simplesmente, fracassei.

Que eu não possa mostrar que o nó com quatro nós de três, como borromeano, ex-siste, nada prova. Seria preciso que eu demonstrasse que ele *não pode* ex-sistir, e assim, por esse impossível, um real seria assegurado. Tratar-se-ia do real constituído por não haver nó borromeano que se constitua com quatro nós de três. Demonstrá-lo, seria tocar um real.

Para lhes dizer o que penso disso, sempre com meu modo de dizer que é meu *penso*, creio que esse nó ex-siste. Quero dizer que não é aí que toparemos com um real.

Portanto, não me desespero para encontrá-lo, mas é um fato que não posso lhes mostrar nada dele. Assim, a relação entre mostrar e demonstrar está nitidamente separada. Uma vez que isso fosse demonstrado, seria fácil mostrá-lo para vocês.

Z. — Há pouco, o senhor disse que, na perspectiva de Chomsky, a linguagem pode ser um órgão, e o senhor falou da mão. Por que essa palavra mão? Há sob essa palavra a referência a um objeto que ainda não é técnico no sentido cartesiano do termo? Ou seja, uma técnica que ignora a linguagem? A mão está aí para mostrar a necessidade de uma outra teoria da técnica diferente da de Chomsky?

Sim, apesar da existência dos apertos de mão, a mão, no ato de apertar, não conhece a outra mão. Esse é o meu propósito.

9 de dezembro de 1975

III

DO NÓ COMO SUPORTE DO SUJEITO

Soury e Thomé
Nó e nó
Personalidade e paranóia
Sinthoma e inconsciente
Sentido e gozo

Se as análises fossem levadas tão a sério quanto me dedico a preparar meu Seminário, isso, sim, seria muito melhor, e certamente elas dariam melhores resultados.

Para tanto, seria necessário que tivéssemos na análise – como eu, mas é da ordem do sentimental de que falava outro dia – o sentimento de um risco absoluto.

1

Nó de três (forma circular)

Outro dia lhes falei do nó de três, que desenho assim, e vocês vêem que ele é obtido do nó borromeano ao se juntar às cordas nesses três pontos que acabo de marcar. Disse-lhes que havia feito o achado de que três nós de três se enodam entre si borromeanamente.

Disse-lhes também, através de uma explicação, como isso era plenamente justificável. Em seguida, disse que me empenhei, durante dois meses, em fazer ex-sistir, para esse nó mais simples, um nó borromeano de quatro nós de três. Disse-lhes, enfim, que o fato de não ter conseguido fazê-lo ex-sistir não provava nada senão minha falta de jeito. Lembro-me de lhes ter dito, para terminar, que acreditava que esse nó devia existir.

À noite – era tarde, pois saí um pouco atrasado, devido a meus compromissos –, tive a boa surpresa de ver aparecer à minha porta aquele a que chamam de Thomé, para dizer seu nome, que vinha me trazer – e lhe agradeço imensamente – a prova, fruto de sua colaboração com Soury, de que o nó borromeano de quatro nós de três de fato existe.

Lembrem-se desses nomes, Soury e Thomé.

Isso certamente justifica minha obstinação, mas não torna menos lastimável minha incapacidade. Contudo, não foi com sentimentos mistos – misto de lástima pela minha impotência e de satisfação pelo sucesso obtido – que recebi a notícia da resolução desse problema. Meus sentimentos foram pura e simplesmente de entusiasmo, e creio ter mostrado algo assim para eles quando os encontrei algumas noites depois.

Não conseguiram me contar como fizeram aquele achado. Porque foi um achado, e espero não ter errado ao transcrever o fruto desse achado nesse papel que está no quadro. O que eles elaboraram foi reproduzido por mim, devo dizer, quase textualmente. No plano, o trajeto é ligeiramente diferente. Se está assim como lhes apresento, é para que percebam, talvez um pouco melhor que na figura mais completa, como ele é feito.

Considerando essa figura, cada um pode ver que, elidido o nó de três preto, os três outros nós de três estão livres. Com efeito, como o nó de três rosa está sob o nó de três vermelho, basta retirá-lo do vermelho para que o nó de três cinza-claro mostre-se igualmente livre.

Estive com Soury e Thomé durante muito tempo. Eles não me revelaram a maneira como obtiveram esse nó. Penso, aliás, que não há apenas uma única maneira. Talvez, da próxima vez, eu lhes mostre como é possível obtê-lo de outra maneira.

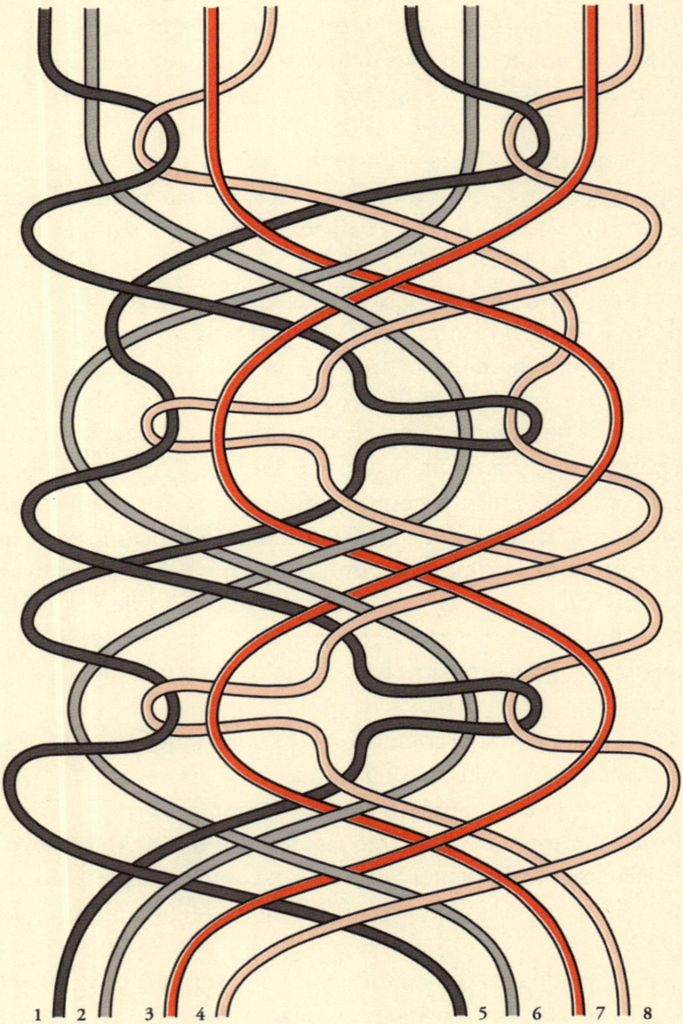

O nó borromeano de quatro nós de três

Antes de lhes dizer por que eu buscava esse nó, gostaria de comemorar um pouco mais esse pequeno acontecimento, que, aliás, de pequeno não tem nada.

Não creio que o suporte dessa pesquisa seja aquela inquietante estranheza abordada por Sarah Kofman em um artigo notável intitulado "Abutre vermelho" e que não tem outra referência senão os *Elixires do diabo* celebrados por Freud. É uma referência que ela retoma depois de já tê-la mencionado uma vez em *Quatro romances analíticos*, livro integralmente assinado por ela enquanto esse artigo está, juntamente com os de cinco outros colaboradores, em um livro intitulado *Mimesis* e que vale a pena ser lido. Na verdade, li apenas o primeiro, o terceiro e o quinto artigos, uma vez que, devido à preparação deste Seminário, tinha outras coisas a fazer. O primeiro, referente a Wittgenstein e ao barulho provocado por seu ensino, é realmente notável e o li de cabo a rabo.

A inquietante estranheza, incontestavelmente, provém do imaginário, e a geometria específica, original, que é a dos nós, tem como efeito exorcizá-la. Mas que haja alguma coisa que permita exorcizá-la é certamente, em si mesma, estranho.

Onde vou colocar aquilo de que se trata? Para especificá-lo no esquema que lhes forneci o ano passado, é em algum lugar por aqui:

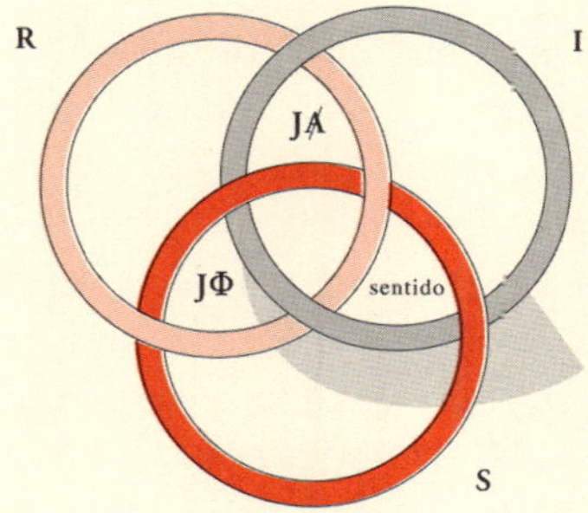

Esquema RSI

Nesse esquema, o imaginário desdobra-se segundo o modo dos dois círculos, o que pode ser notado com um desenho. Direi que um desenho nada nota, na medida em que, ao ser planificado, fica enigmático. Portanto, indico aqui, na articulação do imaginário do corpo, alguma coisa como uma inibição específica que se caracterizaria especialmente pela inquietante estranheza. Eis onde me permitirei notar, pelo menos provisoriamente, o lugar da tal estranheza.

A cogitação dessa nova geometria faz com que a imaginação experimente uma resistência que me impressiona por tê-la eu mesmo experimentado. Ouso dizer, embora no final das contas não tenha o testemunho de Soury e Thomé, que eles foram especialmente cativados pelo que, em meu ensino, me levou a explorar o nó, e mesmo o impôs a mim sob o impacto da conjunção do imaginário, do simbólico e do real. Se eles foram pegos por essa minha elucubração, certamente não foi por acaso. Digamos que são dotados para isso.

O estranho – e, a esse respeito, permito-me trair o que eles me confidenciaram – é que avançam falando um com o outro. Isso me surpreendeu, considerando o que vocês sabem a respeito do que profiro sobre o diálogo. Não lhes fiz logo essa observação porque, na verdade, essa confidência me parecia muito preciosa. É certo que não é comum pensar a dois.

O fato entretanto é que, falando um com o outro, eles chegam a resultados que não são notáveis apenas por esse sucesso, pois o que eles compõem sobre o nó borromeano há muito tempo me parece mais que interessante. É um trabalho, do qual esse achado certamente não é o coroamento, pois eles farão outros. Não acrescentarei o que sobretudo Soury pôde me dizer sobre o modo como ele pensa o ensino. Trata-se de uma questão que, a seguir meu exemplo citado há pouco, acho que se resolverá, certamente tão bem quanto posso fazê-lo, do mesmo modo escabroso.

O fato de que um achado possa, portanto, ser conquistado no diálogo – aliás, não sei se este especialmente o foi –, o fato de que o diálogo se verifique especialmente fecundo nesse domínio confirma-se por ele ter me faltado. Quero dizer que, durante os dois meses em que quebrei a cabeça para achar o quarto nó de três e a maneira como ele podia se enodar borromeanamente aos outros três, eu procurei sozinho, contando apenas com minha cogitação.

Pouco importa. Não insisto. É hora de dizer em que essa busca era importante para mim.

2

Essa busca era extremamente importante para mim pela seguinte razão.

Os três círculos do nó borromeano são, como círculos, todos três equivalentes, constituídos de alguma coisa que se repete nos três. Isso não pode deixar de ser considerado.

Entretanto, não é por acaso, mas como resultado de uma concentração que seja no imaginário que eu coloque o suporte do que é a consistência, assim como faço do furo o essencial do que diz respeito ao simbólico e o real sustentando especialmente o que chamo de a ex-sistência.

Do fato de que dois estejam livres um do outro – trata-se da própria definição do nó borromeano –, que sustento a ex-sistência do terceiro e, especialmente, daquela do real em relação à liberdade do imaginário e do simbólico. Ao sistir [*sistir*] fora do imaginário e do simbólico, o real colide, movendo-se especialmente em algo da ordem da limitação. A partir do momento em que ele está borromeanamente enodado aos outros dois, estes lhe resistem. Isso quer dizer que o real só tem ex-sistência ao encontrar, pelo simbólico e pelo imaginário, a retenção.

Claro que não é um mero acaso eu formular isso dessa forma, mas é espantoso, uma vez que convém dizer a mesma coisa para os outros dois. É igualmente na medida em que ex-siste ao real que o imaginário encontra o que lhe detém e que, nesse caso, é mais perceptível. Por que, então, coloco essa ex-sistência precisamente onde ela pode parecer mais paradoxal? Porque preciso mesmo distribuir esses três modos, e é justamente por ex-sistir que o pensamento do real é suposto.

Mas que resulta daí senão precisarmos conceber esses três termos articulando-se entre si? Se são tão análogos, para empregar esse termo, não podemos supor que seja em razão de uma continuidade? Eis o que nos leva diretamente a fazer o nó de três. Com efeito, da maneira como esses três se equilibram, se superpõem, não é preciso muito esforço para unir os pontos da sua planificação e que lhes darão continuidade.

Mas para que alguma coisa, que é preciso dizer que seja da ordem do sujeito – uma vez que o sujeito é apenas suposto –, encontre-se, em suma, sustentada no nó de três, será que basta que o nó de três se enode, ele mesmo, borromeanamente a três? Minha questão incidia justamente nesse ponto.

Não nos parece que o mínimo em uma cadeia borromeana é sempre constituído por um nó de quatro?

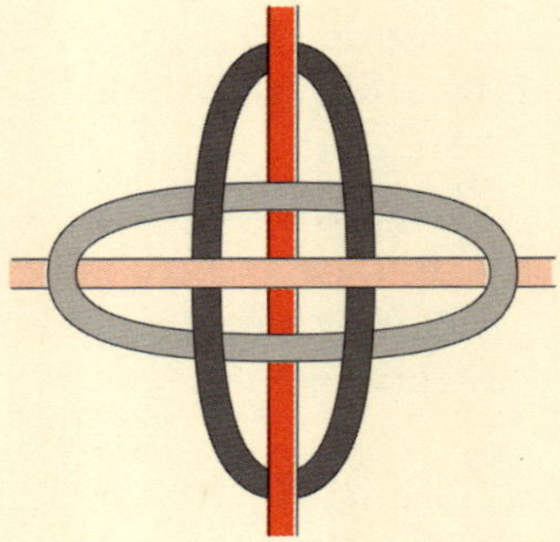

Relação borromeana de 1 com 3

Quero dizer que basta puxar essa corda rosa para que vocês percebam que o círculo preto, aqui enodado pela corda vermelha, manifestará, sendo puxado pela corda cinza-claro, a forma visível de uma cadeia borromeana.

Com efeito, parece que, para atingirmos a cadeia borromeana, o mínimo é essa relação de 1 com 3 outros.

Ora, já temos a prova de que quatro nós de três como este – pois este, ao se apresentar sob uma forma aberta, nem por isso deixa de ser um nó de três – vão se compor borromeanamente uns com os outros.

Forma aberta do nó de três

Assim, partiremos, do seguinte: é sempre em três suportes, que nesse caso chamaremos de subjetivos, isto é, pessoais, que um quarto vai se apoiar. Se vocês se lembrarem do modo com que introduzi esse quarto elemento em relação aos três elementos, cada um deles supostamente constituindo alguma coisa de pessoal, o quarto será o que enuncio este ano como o sinthoma.

Não é à toa que escrevi essas coisas em uma certa ordem, a saber, RSI, SIR, IRS. É justamente a isso que meu título do ano passado respondia, RSI.

R S I
S I R
I R S

---

sinthoma

Esquema 3 + 1

3

Os mesmos Soury e Thomé ressaltaram que, a partir do momento em que o nó borromeano é orientado e colorido, dois deles são de natureza diferente.

Essa dualidade do nó borromeano, à qual fiz uma alusão expressa nesse Seminário, já pode ser ressaltada no plano.

Serei breve, indicando-lhes somente em que sentido faço a experiência disso.

Expus-lhes a equivalência das três rodinhas de barbante. É notável que a dualidade do nó só aparece se nenhuma dessas rodinhas tiver sua identidade marcada. Marcar a identidade de cada uma, cada uma como tal, seria marcá-las com a primeira letra. Assim, dizer R, I e S já é intitular cada um como real, imaginário e simbólico. Mas o fato notável é que a orientação das rodinhas só é eficaz para situar a distinção dos nós se a diferença dessas rodinhas for marcada pela cor.

O que se marca assim pela cor não é a diferença de uma em relação à outra, mas sua diferença, se assim posso dizer, absoluta, na medida em que é a diferença comum às três. Somente se alguma coisa for introduzida para marcar a diferença entre as três, e não a diferença das rodinhas tomadas duas a duas, é que surgirá, como conseqüência, a distinção de duas estruturas de nó borromeano.

Qual desses dois nós é o verdadeiro, no que concerne à maneira pela qual se enodam o imaginário, o simbólico e o real, quanto ao que é suporte do sujeito? A pergunta merece ser colocada. Reportem-se às minhas precedentes alusões à dualidade do nó borromeano para apreciá-la, pois hoje só posso evocá-la rapidamente.

Considerando agora o nó de três, é notável constatar que ele não comporta vestígio algum dessa diferença. Mas, dado que ele homogeneíza o nó borromeano, isto é, que nós o coloquemos em continuidade o imaginário, o simbólico e o real, não surpreende que vejamos que há apenas um só.

Espero que muita gente esteja tomando nota, pois isso é importantíssimo para estimulá-los a verificar do que se trata, a saber, explicitamente, que, do nó de três, há apenas uma espécie.

Será isso verdadeiro? Sim, se introduzirmos a cor. Não, se introduzirmos a orientação. Todos sabem que há dois nós de três, uma vez que ele é dextrógiro ou levógiro. Portanto, coloco-lhes um problema – qual é o laço entre as duas espécies de nós borromeanos e as duas espécies de nós de três?

Se o nó de três, qualquer que ele seja, é de fato o suporte de toda espécie de sujeito, como interrogá-lo? Como interrogá-lo de modo que se trate efetivamente de um sujeito?

Houve uma época, antes de eu enveredar pela análise, em que eu avançava por um caminho determinado, o da minha tese *Da psicose paranóica em suas relações*, eu dizia, *com a personalidade*. Se por muito tempo resisti que ela fosse novamente publicada foi simplesmente porque a psicose paranóica e a personalidade não têm, como tais, relação, pela simples razão de que são a mesma coisa.

Na medida em que um sujeito enoda a três o imaginário, o simbólico e o real, ele é suportado apenas pela continuidade deles. O imaginário, o simbólico e o real são uma única e mesma consistência, e é nisso que consiste a psicose paranóica.

Se admitirmos o que enuncio hoje, poderíamos deduzir que a três paranóicos poderia ser enodado, a título de sintoma, um quarto termo que seria situado como personalidade, precisamente na medida em que seria distinta em relação às três personalidades precedentes, e o sintoma delas.

Isso significa que ela também seria paranóica? Nada indica isso no caso – mais que provável, certo – em que é por um número indefinido de nós de três que uma cadeia borromeana pode ser constituída. Quanto a essa cadeia que, portanto, não constitui mais uma paranóia a não ser que ela seja comum, a possível floculação terminal de quatro termos nessa trança que é a trança subjetiva nos dá a possibilidade de supor que, na totalidade da textura, haja alguns pontos eleitos que se revelam como o fim do nó de quatro. E é de fato nisso que consiste, propriamente falando, o sinthoma.

Trata-se do sinthoma não na medida em que é ele personalidade, mas na medida em que, em relação aos três outros, se especifica por ser sinthoma e neurótico. Dessa forma, temos um panorama do que é da ordem do inconsciente.

É na medida em que o sinthoma o especifica que há um termo que, mais especialmente, vincula-se a ele. O termo que tem uma relação privilegiada com o que é da ordem do sinthoma é o inconsciente.

No esquema precedente de quatro nós de três enodados borromeanamente, vocês vêem que há uma resposta particular do vermelho ao cinza-claro e que, do mesmo modo, há uma resposta particular do rosa ao preto. Acontece a mesma coisa nesse esquema do nó borromeano de quatro rodinhas.

Dois pares no borromeano de quatro

A cor, para retomar o termo do qual me servia há pouco, permite distinguir, nesse conjunto de quatro, dois vermelhos, cada um pareado com uma cor. Temos, à esquerda, um par vermelho-rosa, à direita, cinza-claro-vermelho.

Existe par na medida em que há um laço do sinthoma com alguma coisa de particular.

É na medida em que o sinthoma volta a se ligar ao inconsciente e o imaginário se liga ao real que lidamos com alguma coisa da qual surge o sinthoma.

4

Essas foram as coisas difíceis que eu queria enunciar hoje para vocês.

Elas merecem seguramente um complemento que lhes indique a razão que me fez dar há pouco, ao nó de três, uma forma aberta, que não é a que eu tinha desenhado primeiro como circular.

Retornemos, em primeiro lugar, ao esquema do ano passado, em cujo centro há três campos e um deles eu já havia notado como JA̸, ou seja, *gozo do Outro barrado.*[1] O que significa isso?

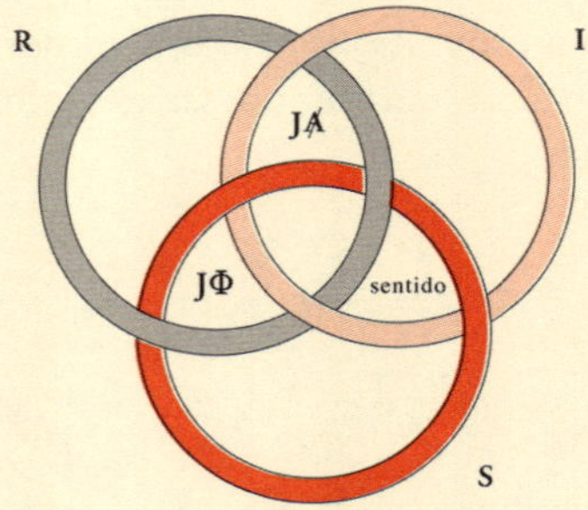

Os três campos centrais do esquema RSI

Esse A barrado quer dizer que não há Outro do Outro, que nada se opõe ao simbólico, lugar do Outro como tal. Por conseguinte, tampouco há gozo do Outro. JA̸, o gozo do Outro do Outro, não é possível pela simples razão de que não existe.

Logo, daí resulta que restam apenas os dois outros termos. Há, por um lado, o sentido, que se produz na articulação do campo planificado do círculo do simbólico com o círculo do imaginário. Há, por outro lado, o gozo dito do falo, na medida em que ele sai da relação do simbólico com o real.

O gozo dito fálico não é certamente, em si mesmo, o gozo peniano.

---

[1] Em francês, *gozo é jouissance* e, portanto, é a letra J que designa esse termo. Considerando o valor de "fórmula" dessas notações de Lacan – tão presentes em seus "matemas" e "grafos" –, foram mantidas as mesmas letras, até nos casos em que há diferença entre elas e as palavras que lhes são correspondentes em português: JA̸, *jouissance de l'Autre barré,* refere-se, então, a "gozo do Outro barrado". (N.T.)

O gozo peniano advém a propósito do imaginário, isto é, do gozo do duplo, da imagem especular, do gozo do corpo. Ele constitui propriamente os diferentes objetos que ocupam as hiâncias das quais o corpo é o suporte imaginário. O gozo fálico, em contrapartida, situa-se na conjunção do simbólico com o real. Isso na medida em que, no sujeito que se sustenta no falasser, que é o que designo como sendo o inconsciente, há a capacidade de conjugar a fala e o que concerne a um certo gozo, aquele dito do falo, experimentado como parasitário, devido a essa própria fala, devido ao falasser.

Portanto, inscrevo aqui o gozo fálico contrabalançando o que concerne ao sentido. É o lugar do que é em consciência designado pelo falasser como poder.

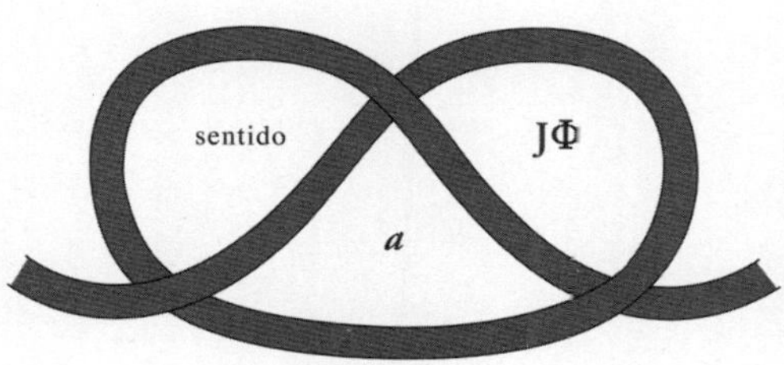

Esquema sentido-gozo

Concluo com alguma coisa cuja leitura lhes sugeri.

O que prevalece é o fato de que as três rodinhas participam do imaginário como consistência, do simbólico como furo, e do real como lhes sendo ex-sistente. Portanto, as três rodinhas se imitam.

Com a ressalva de que elas não simplesmente se imitam, como também, por causa do dito, compõem-se em um nó de três, ou nó triplo. Daí minha preocupação – após ter feito o achado de que três nós de três se enodam borromeanamente – com o enodamento de quatro desses nós de três.

Constatei que, se os três nós mantiverem-se livres entre eles, um nó triplo, que toma parte em uma plena aplicação de sua textura, ex-siste, ele é efetivamente o quarto.

Ele se chama o sinthoma.

16 de dezembro de 1975

A Pista de Joyce

IV

JOYCE E O ENIGMA DA RAPOSA

Ronrom de verdades primeiras
O real não tem sentido
Mentalidade e adoração do corpo
Joyce enraizado em seu pai, mesmo renegando-o
Fazer emenda de sinthoma e gozo

Só se é responsável na medida de seu *savoir-faire.*

Que é o *savoir-faire*? É a arte, o artifício, o que dá à arte da qual se é capaz um valor notável, porque não há Outro do Outro para operar o Juízo Final. Pelo menos sou eu quem o enuncio assim.

Isso quer dizer que há alguma coisa da qual não podemos gozar. Chamemos isso de o gozo de Deus, estando aí incluído o sentido de gozo sexual.

A imagem que se faz de Deus – admitindo-se que ele ex-siste – implica ou não que ele goza do que cometeu? Responder que ele não ex-siste resolve a questão, devolvendo-nos o fardo de um pensamento cuja essência é inserir-se na realidade – primeira aproximação da palavra real, que tem um outro sentido em meu vocabulário –, nessa realidade limitada que se atesta pela ex-sistência do sexo.

É isso. Eis o tipo de coisa que, em suma, eu lhes trago nesse início de ano. É o que chamarei de verdades primeiras.

Nada mal para um início de ano. Não significa, certamente, que eu não tenha trabalhado no intervalo que nos separou há mais ou menos três semanas. Trabalhei em uns troços dos quais vocês têm uma amostra no quadro.

1

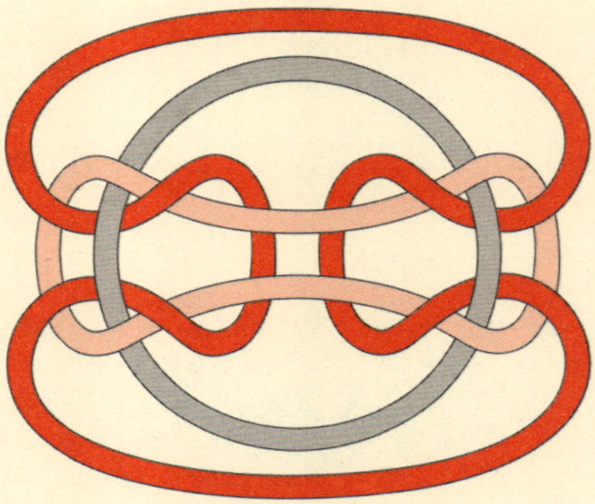

Nova figuração do nó borromeano

Como podem ver, esse é um nó borromeano. Não o é menos que o que desenho habitualmente, e que é acochambrado assim:

Figuração habitual do nó borromeano

De modo não desprezível, o primeiro difere do segundo apenas na medida em que o segundo pode se distender de maneira que haja dois extremos como rodinhas, e que a do meio seja aquela que faça a junção.

Figuração da rodinha mediana

A diferença é a seguinte. Suponham que três elementos como a mediana se unam de maneira circular. Estão vendo, espero, como isso pode ser feito sem que haja necessidade de eu desenhá-lo no quadro. É tão simples como aquele que desenhei primeiro ou, ainda, como este aqui. É o mesmo nó.

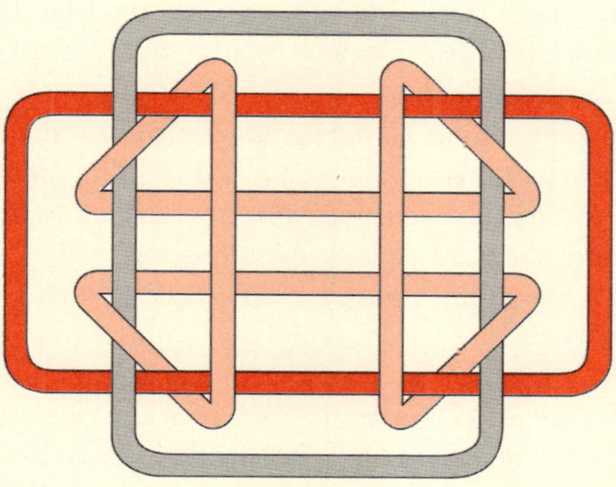

Outra figuração do nó borromeano

Naturalmente, não me contento com isso. Passei minhas férias elucubrando muitos outros, na esperança de encontrar um bom que servisse de suporte adequado ao que comecei hoje a lhes contar como verdades primeiras.

E, coisa surpreendente, isso não é evidente. Não que eu creia ter errado encontrar no nó o que suporta nossa consistência. No entanto, isso já é um sinal de que eu não posso deduzir esse nó de uma cadeia, a saber, de alguma coisa que não é de modo algum da mesma natureza. Cadeia, *link* em inglês, não é a mesma coisa que nó.

Mas retomemos o ronrom das verdades ditas por mim primeiras.

É claro que o próprio esboço do que chamamos de pensamento, tudo que faz sentido, comporta, desde que mostre sua cara, uma referência, uma gravitação ao ato sexual, por menos evidente que seja esse ato. A própria palavra ato implica a polaridade ativo-passivo, o que já é engajar-se em um falso sentido. É o que chamamos de conhecimento, com esta ambigüidade – o ativo é o que conhecemos, mas imaginamos que, esforçando-nos para conhecer, somos ativos.

O conhecimento, portanto, desde o início, mostra o que ele é – enganoso. É justamente por isso que tudo deve ser retomado desde o início a partir da opacidade sexual. Digo opacidade considerando que, primeiramente, não percebemos que o sexual não funda em nada qualquer relação.

Isso implica, ao bel-prazer do pensamento, que, nesse sentido em que responsabilidade quer dizer não-resposta ou resposta pela tangente, não há responsabilidade senão sexual, e todo o mundo, afinal de contas, tem esse sentimento.

Por outro lado, o que chamei de *savoir-faire* vai bem mais além, e inclui o artifício – que imputamos a Deus de modo totalmente gratuito, tal como Joyce insiste, porque é um troço que lhe titilou em alguma parte o que nós chamamos de pensamento.

Não foi Deus que consumou esse troço que chamam de Universo. Imputam a Deus o que é o afazer do artista que, como todos sabem, tem no oleiro o primeiro modelo. Dizem que ele moldou – aliás, com quê? – esse troço que chamam, não por acaso, o Universo. Isso quer dizer apenas uma única coisa: há Um, *Yad'lun*, mas não se sabe onde. É mais do que improvável que esse Um constitua o Universo.

O Outro do Outro real, isto é, impossível, é a idéia que temos do artifício, visto que ele é um fazer que nos escapa, isto é, que transborda em muito o gozo que podemos ter dele. Esse gozo bem fininho mesmo é o que chamamos de espírito.

Tudo isso implica uma noção do real. Claro que precisamos torná-la distinta do simbólico e do imaginário. O único aborrecimento – é mesmo o caso de dizê-lo, vocês logo verão a razão – é que, nesse contexto, o real faça sentido, ainda que, se explorarem o que quero dizer com essa noção de real, pareça que o real se funda por não ter sentido, por excluir o sentido ou, mais exatamente, por se decantar ao ser excluído dele.

Conto-lhes isso tal como o penso. É para que saibam que lhes digo.

A forma mais desprovida de sentido do que entretanto se imagina é a consistência. Vejam, nada nos força a imaginar a consistência.

Tenho aqui um livrinho, de um certo Robert M. Adams, chamado *Surface and Symbol*. É um estudo – sem o subtítulo, como seria possível saber disso? – sobre *The Consistency of James Joyce's "Ulysses"*. Há nele uma espécie de pressentimento da distinção entre o imaginário e o simbólico. Para prová-lo, um capítulo inteiro que tem um ponto de interrogação no título: "*Surface or Symbol?*".

O que quer dizer consistência? Quer dizer o que mantém junto, e é por isso que ela é, aqui, simbolizada pela superfície. Com efeito, pobres de nós, só temos idéia da consistência pelo que constitui saco ou trapo. É a primeira idéia que fazemos disso. Mesmo o corpo, nós o sentimos como pele, retendo em seu saco um monte de órgãos. Em outros termos, essa consistência mostra a corda. Mas a capacidade de abstração imaginativa é tão fraca que essa corda – essa corda mostrada como resíduo da consistência – exclui o nó.

Ora, é nesse ponto que posso, talvez, acrescentar a única pitada de sal da qual, afinal de contas, me reconheço responsável – em uma corda, o nó é tudo o que ex-siste, no sentido próprio do termo.

Não é por nada, ou melhor, não foi sem causa oculta que tive de facilitar um acesso a esse nó começando pela cadeia, onde há elementos distintos. Esses elementos, de alguma maneira, consistem na corda – ou como uma reta que devemos supor infinita para que o nó não se desenode, ou como o que chamei de rodinha de barbante, isto é, uma corda que se junta com ela mesma por uma emenda.

O nó não constitui a consistência. Apesar disso, é preciso distinguir consistência e nó. O nó ex-siste ao elemento corda, à corda-consistência.

Portanto, um nó pode ser feito. Eis por que optei por cerziduras elementares. Procedi assim porque me pareceu que era o mais didático, visto que a mentalidade – não há necessidade de dizer mais, a *sentimentalidade* própria do falasser –, a mentalidade, uma vez que ele a sente, sente seu fardo – a *ment-alidade* enquanto mente é um fato.

O que é um fato? É justamente ele quem o faz. Só há fato pelo fato de o falasser o dizer. Não há outros fatos senão aqueles que o falasser reconhece como tais dizendo-os. Só há fato pelo artifício. E é um fato que ele mente, isto é, que ele instaura falsos fatos e os reconhece, porque tem mentalidade, isto é, amor-próprio.

O amor-próprio é o princípio da imaginação. O falasser adora seu corpo, porque crê que o tem. Na realidade, ele não o tem, mas seu corpo é sua única consistência, consistência mental, é claro, pois seu corpo sai fora a todo instante. Já é um grande milagre que ele subsista durante o tempo de sua consumação, que é de fato, pelo fato de dizê-lo, inexorável. Nada pode ser feito, ela não é reabsorvível.

O corpo decerto não se evapora e, nesse sentido, ele é consistente, trata-se de fato constatado mesmo nos animais. É precisamente o que é antipático para a mentalidade, porque ela crê nisso, ter um corpo para adorar. É a raiz do imaginário. *Eu o penso*, isto é, eu o faço penso, *logo eu o enssoufro*[1] [*Je panse... je le fais panse, donc je l'essuir*]. Em suma, é isso. É o sexual que mente lá dentro, ao ficar se relatando demais.

Na falta da abstração imaginária acima citada, aquela que se reduz à consistência, o concreto, o único que conhecíamos, é sempre a adoração sexual, isto é, o engano [*la méprise*], dito de outro modo, o desprezo [*le mépris*], pois o que adoram é suposto não ter nenhuma mentalidade, *confer* o caso de Deus.

Isso não é verdadeiro para o corpo considerado como tal – quero dizer adorado, posto que a adoração é a única relação que o falasser tem com seu corpo – senão quando ele adora assim um outro, um outro corpo. Isso é sempre suspeito, pois comporta o mesmo desprezo – desprezo verdadeiro, posto que se trata de verdade.

Como dizia o outro, que é a verdade? Que é dizer o verdadeiro sobre o verdadeiro e que me criticavam por não dizer no início de um tempo em que eu falava besteira.

É fazer o que fiz efetivamente, e nada mais – seguir o rastro do real, que consiste e que ex-siste apenas no nó.

2

Função da pressa. Preciso me apressar.

---

[1] Condensação dos verbos "ser", "enxugar" e "sofrer", contidos no verbo "*essuyer*". (N.T.)

Naturalmente, não chegarei ao final, ainda que não tenha ficado vendo o tempo passar. Mas atar o nó imprudentemente quer dizer simplesmente ir um pouco rápido.

O nó que lhes fiz, para começar, sob uma ou outra dessas formas, talvez seja um pouco insuficiente. É inclusive por essa razão que busquei o nó onde havia mais cruzamentos. Mas vamos nos ater ao princípio, que é preciso, em suma, ter encontrado.

A esse princípio, fui conduzido pela relação sexual, isto é, pela histeria, uma vez que ela é a última realidade perceptível, a última, o hysteron, no que diz respeito à relação sexual. Freud percebeu isso muito bem. Foi aí que ele aprendeu o *b-a-ba*, o que não o impediu de colocar a questão *Was will das Weib?* –

W w d W.

Estava errado. Pensava que havia *das Weib*. Há apenas *ein Weib* –

W w e W.

Agora, de todo modo, vou lhes dar um bocadinho para mastigar. Queria ilustrar isso com alguma coisa que pudesse servir de suporte, e é realmente disso que se trata na questão.

Outrora, já lhes falei do enigma. Eu o escrevi: E maiúsculo índice *e* minúsculo, E_e. Trata-se da enunciação e do enunciado. Um enigma, como o nome indica, é uma enunciação da qual não se acha o enunciado.

Vocês encontrarão um no livrinho do qual lhes falei há pouco, *Surface and Symbol*. Como ele é editado pela Oxford University Press, é mais fácil de encontrar do que esse famoso *Portrait of the Artist as a Young Man* e que vocês podem ainda assim obter, com a condição de não exigirem ter no final todo o *criticism* que Chester Anderson teve o cuidado de lhe acrescentar. Portanto, é nesse R.M. Adams que encontrarão alguma coisa que tem seu valor.

Nos primeiros capítulos de *Ulisses*, Stephen vai falar como professor para esse povinho que constitui uma classe, no Trinity College, se bem me lembro. Stephen é o Joyce que Joyce imagina. E como Joyce não é bobo, ele não o adora, longe disso. Basta que ele fale de Stephen para caçoar. Não está muito longe de minha posição quando falo de mim ou, em todo o caso, do que lhes tagarelo.

Em que consiste o enigma? O enigma é uma arte que chamarei de entrelinhas, para fazer alusão à corda. Não haveria por que as linhas do que está escrito não serem enodadas por uma segunda corda.

Com tudo o que pude consumir de histórias da escrita, e mesmo de teorias da escrita – tem um fulano chamado Février que fez a história da escrita, há outro chamado Guelb que, por sua vez, fez uma teoria da escrita –, comecei a sonhar.

A escrita me interessa, posto que penso que é por meio desses pedacinhos de escrita que, historicamente, entramos no real, a saber, que paramos de imaginar. A escrita de letrinhas matemáticas é o que suporta o real. *Mas, Deus meu, como isso se deu?* – eu me perguntei. Então, cheguei a alguma coisa que me parece, digamos, verossímil, dizendo-me que a escrita pode ter sempre alguma coisa a ver com a maneira como escrevemos o nó.

Um nó se escreve correntemente assim. Isso já dá um S.

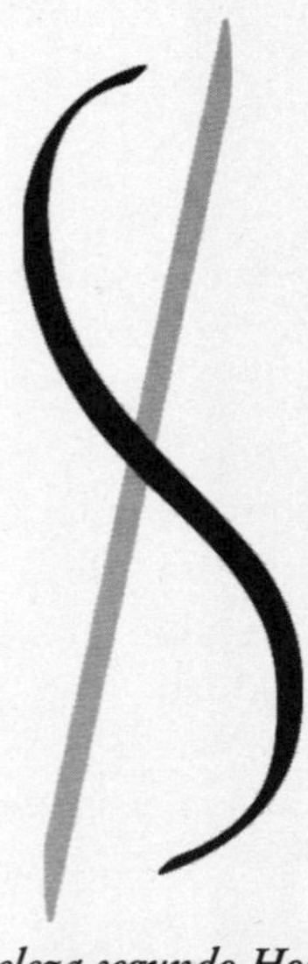

A beleza segundo Hogarth

Trata-se de alguma coisa que tem, mesmo assim, uma relação muito estreita com a instância da letra tal como a sustento. E ainda dá um corpo verossímil à beleza. O citado Hogarth, que muito se interrogou sobre a beleza, achava que ela tinha sempre alguma coisa a ver com essa dupla inflexão. Claro que isso é uma besteira. Mas, enfim, isso tenderia a vincular a beleza a alguma coisa diferente do obsceno, isto é, ao real. Em suma, de bela só haveria a escrita. Por que não?

Retornemos a Stephen, cujo nome também começa por um S.

Stephen é Joyce na medida em que decifra seu próprio enigma. Ele não vai longe porque crê em todos os seus sintomas. É muito impressionante.

Começa por crer em sua raça. Quanto a começar, de fato ele começou bem antes, cuspiu uns trechinhos, até mesmo poemas, e não é o que fez de melhor. Mas, caramba, ele crê em coisas como *a consciência incriada de minha raça*. Encontramos isso no final de *Um retrato do artista*. É evidente que isso não vai longe.

Em compensação, ele termina bem. Vou ler para vocês a última frase de *Portrait of an Artist* – vejam o lapso que fiz, uma vez que ele se acreditava *the Artist*.

27 april – Old father, old artificer, stand me now and ever in good stead. Mantenha-me quentinho agora e sempre.

É a seu pai que ele dirige essa prece, seu pai que, justamente, se distingue por ser – ah – o que podemos chamar de um pai indigno, um pai carente, aquele que, em todo o *Ulisses*, ele se põe a buscar de várias formas sem encontrá-lo em qualquer grau.

Evidentemente, há um pai em algum lugar, e que é Bloom, um pai que procura por um filho, mas Stephen lhe opõe um *muito pouco para mim*. Depois do pai que tive, já estou farto. Chega de pai. Sobretudo porque o Bloom em questão não é tentador.

Mas, enfim, é singular que haja essa gravitação entre os pensamentos de Bloom e os de Stephen ao longo de todo o romance, a ponto inclusive de Adams, cujo nome respira mais judeidade que Bloom, ficar muito impressionado com alguns pequenos indícios que descobre.

Ele descobre, singularmente, que é por demais inverossímil atribuir a Bloom um conhecimento de Shakespeare que manifestamente ele não tem. Aliás, esse conhecimento não é forçosamente a melhor via, embora seja por aí que Stephen vá. É com efeito pura suposição atribuir a Shakespeare relações com um certo herborista que morava na mesma esquina que ele em Londres. Que isso passe pela cabeça de Bloom, é o que Adams sublinha como ultrapassando os limites do que lhe pode ser justamente imputado.

Na verdade, há todo um capítulo de *Surface and Symbol* que trata única e estritamente disso. A ponto de culminar em um Blephen – considerando que há pouco cometi um lapso – Blephen e Stumm, tal como se pode encontrar no texto de *Ulisses*. Isso mostra, de modo manifesto, que eles são feitos não apenas do mesmo significante, mas verdadeiramente da mesma matéria.

Ulisses testemunha que Joyce permanece enraizado em seu pai, ainda que o renegando. É efetivamente isso que é seu sintoma.

3

Eu disse que Joyce era o sintoma. Toda sua obra é um longo testemunho disso.

Exiles é verdadeiramente a aproximação de alguma coisa que é para ele o sintoma. O sintoma central, claro, é o sintoma feito da carência própria da relação sexual. Mas é preciso que essa carência tome uma forma. Ela não toma uma forma qualquer.

Para Joyce, essa forma é aquela que o enoda à sua mulher, a tal Nora, em cujo reino ele elucubra *Exiles*.

Foi traduzido como *Les exilés* [*Os exilados*], ao passo que quer dizer mesmo *Les exils* [*Os exílios*]. Exílio, não poderia haver termo melhor para exprimir a não-relação, e é justamente em torno dessa não-relação que gira tudo o que há em *Exiles*.

A não-relação é que não há verdadeiramente razão alguma para que ele tome uma-mulher-entre-outras como *sua* mulher. Uma-mulher-entre-outras é igualmente aquela que tem relação com outro homem qualquer. E é precisamente *outro homem qualquer* que se trata no personagem que ele imagina e para o qual, nessa data de sua vida, ele sabe descobrir a escolha da uma-mulher em questão e que não é outra senão Nora.

O *Retrato* termina com a *consciência incriada de minha raça*, a propósito da qual ele invoca o *artificier* por excelência que seria seu pai, mas esse *artificier* é ele, é ele que sabe, que sabe o que tem a fazer. Mas crer que haja uma consciência incriada de qualquer raça é uma grande ilusão.

Ele também crê que há um *book of himself*. Que idéia essa, fazer de si um livro! Isso só pode ocorrer verdadeiramente a um reles poeta, a um poeta bugre. Por que, em vez disso, ele não disse que é um nó?

Ulisses, vamos lá, para que ele possa ser analisado, pois é sem dúvida o que faz um certo Schechner. Enquanto sonhava, acreditei que ele se chamava Checher, era mais fácil de escrever. Não, ele se chama

Schechner, é lamentável, ele não é de modo algum *séché*[2]. Ele acha que é analista porque leu muitos livros analíticos. É uma ilusão muito difundida, justamente entre os analistas. E, assim, ele analisa *Ulisses*.

Ao contrário de *Surface and Symbol*, essa análise de *Ulisses*, naturalmente exaustiva – porque não conseguimos parar quando analisamos um livrinho, não é? –, dá uma impressão absolutamente terrificante. A esse respeito Freud fez apenas artigos, e artigos limitados. Aliás, exceto quanto a Dostoiévski, ele não analisou, propriamente falando, romances. Fez uma pequena alusão ao *Rosmersholm*, de Ibsen. Mas, enfim, ele se conteve.

Isso realmente nos faz pensar que a imaginação do romancista, quero dizer aquela que reina em *Ulisses*, é para se jogar no lixo. Aliás, este não é de modo algum meu sentimento. Mas é preciso, em todo caso, se obrigar a ir juntar nesse *Ulisses* algumas verdades primeiras. E é isso que eu abordava a propósito do enigma.

Eis o que o caro Joyce, sob a forma de Stephen, propõe a seus alunos como enigma. É uma enunciação.

The cock crew
O galo cacarejou
The sky was blue
O céu azulou
The bells in heaven
Sinos de bronze
Were striking eleven
Soaram onze
T'is time for this poor soul
A hora da pobre alma
To go to heaven
Ir pro céu chegou[3]

---

2 Lacan joga, aqui, com as ressonâncias entre o que ele pensava ser o nome de Schechner – "Checher" – e o termo *séché*, que pode ser traduzido como "seco". (N.T.)

3 A tradução em português desses versos extraídos de *Ulisses* é de Bernardina da Silveira Pinheiro. Cf. James Joyce, *Ulisses*. Rio de Janeiro: Objetiva, 2005, p.31. Para a referência ao original inglês, ver no final deste Seminário a nota de leitura escrita por Jacques Aubert correspondente a essa passagem. (N.T.)

Adivinhem qual é a resposta. É aquela que Joyce fornece depois de toda a classe entregar os pontos – *The fox burying his grandmother under the bush.* Ou seja – A raposa enterrando sua avó sob um arbusto.

Isso é o mesmo que nada. Do lado da coerência da enunciação acerca da qual faço-lhes notar que está em versos, que se trata de um poema, de uma seqüência, que é uma criação, é incontestável que essa *fox*, essa raposinha que enterra sua avó sob um arbusto, é realmente uma coisa miserável. Mas o que isso pode ecoar, não direi para as pessoas que estão nesse recinto, mas para aqueles que, aqui, são analistas?

A análise é isso. É a resposta a um enigma, e uma resposta, convém inclusive dizê-lo a partir desse exemplo, completamente besta. É justamente por isso que é preciso conservar a corda. Quero dizer que corremos o risco de tartamudear, se não soubermos onde a corda termina, ou seja, no nó da não-relação sexual.

O sentido resulta de um campo entre o imaginário e o simbólico, é evidente. Preciso lhes mostrar. Com certeza, aqui no centro, o pequeno *a*, a causa do desejo.

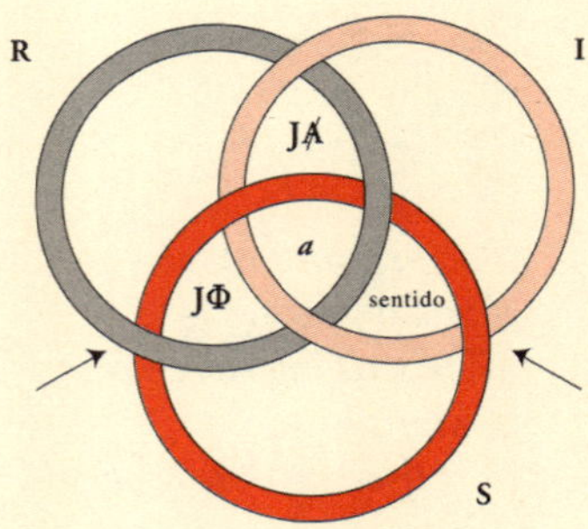

Esquema RSI

Se pensamos que não há Outro do Outro, ou pelo menos que não há gozo desse Outro do Outro, precisamos de fato fazer em alguma parte a sutura entre esse simbólico que se estende ali, sozinho, e esse imaginário que está aqui. É uma emenda do imaginário e do saber inconsciente. Tudo isso para obter um sentido, o que é objeto da resposta do analista ao exposto, pelo analisando, ao longo de seu sintoma.

Quando fazemos essa emenda, fazemos ao mesmo tempo uma outra, precisamente entre o que é simbólico e o real. Isso quer dizer que, por algum lado, ensinamos o analisante a emendar, a fazer emenda entre seu sinthoma e o real parasita do gozo. O que é característico de nossa operação, tornar esse gozo possível, é a mesma coisa que o que escreverei como *gouço-sentido* [*j'ouis-sens*]. É a mesma coisa que ouvir um sentido.

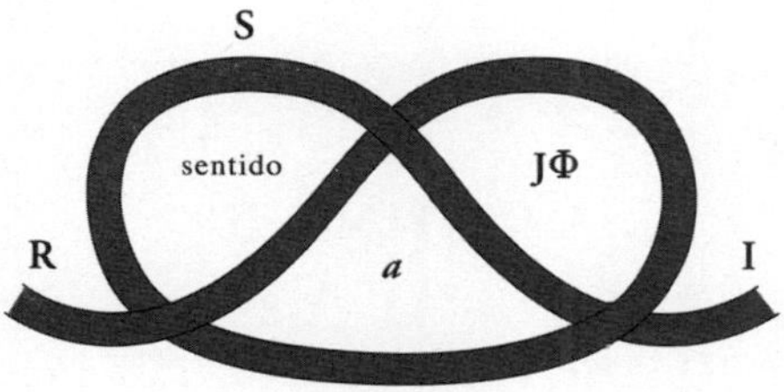

Esquema com duas emendas (forma aberta do nó de três)

É de suturas e emendas que se trata na análise. Mas convém dizer que devemos considerar as instâncias como realmente separadas. Imaginário, simbólico e real não se confundem.

Encontrar um sentido implica saber qual é o nó, e emendá-lo bem graças a um artifício. Será que não é abusar fazer um nó com o que chamarei de *cadeinó* [*chaînoeud*] borromeano?

É com essa pergunta, que deixarei pendente, que me despeço. É hora de nos separarmos.

Agora, não deixei tempo para o caro Jacques Aubert falar, ele a quem pensava deixar falar livremente o resto da sessão. Mas da próxima vez, considerando o que escutei dele, posto que teve a bondade de me telefonar sexta-feira, creio que ele poderá lhes informar o que está em questão acerca de Bloom.

O mencionado Bloom não está em pior situação que um outro para sacar alguma coisa da análise, posto que é um judeu. A maneira como ele percebe a suspensão entre os sexos faz com que não possa senão se interrogar para saber se é um pai ou uma mãe. O que certamente tem mil irradiações no texto de Joyce é que, do ponto de vista de sua mulher, ele tem os sentimentos de uma mãe. Ele acredita que a carrega em seu ventre. Enfim, esse é de fato o pior desvario que se pode experimentar diante de alguém a quem se ama.

E por que não? É preciso efetivamente explicar o amor. Explicá-lo como um tipo de loucura é a primeira coisa que aparece.

Deixo-os neste ponto. Espero que, para essa sessão de volta às aulas, vocês não tenham ficado muito decepcionados.

13 de janeiro de 1976

Complemento

Sessão seguinte: ADIAMENTOS PARA MAIS TARDE

Vocês devem achar – suponho, se não forem muito retardados para isso – que fiquei embaraçado com Joyce tal como um peixe com uma maçã.

Claro que isso tem a ver – posso dizê-lo porque, nestes dias, sinto isso diariamente – com minha falta de prática, digamos, com minha inexperiência da língua em que ele escreve. Não que eu seja totalmente ignorante em inglês, mas justamente porque Joyce escreve o inglês com refinamentos particulares que fazem com que a língua (no caso, a inglesa) seja por ele desarticulada. Não devemos achar que isso começa em *Finnegans Wake*. Muito antes, especialmente em *Ulisses*, ele tem uma forma de picar as frases que já vai nesse sentido. É verdadeiramente um processo exercido no sentido de dar à língua em que ele escreve um outro uso, em todo caso um uso bem distante do comum. Isso faz parte de seu *savoir-faire*. A esse respeito já citei um artigo de Sollers, não seria mal se verificassem sua pertinência.

Daí resulta que esta manhã passarei a palavra a alguém que tem uma prática bem maior que a minha, não somente com a língua inglesa mas especialmente com Joyce. Trata-se de Jacques Aubert.

Para não me alongar, vou lhe passar imediatamente a palavra, já que ele se dispôs a revezá-la comigo. Vou escutá-lo com toda a consideração que assimilei de sua experiência com Joyce. As reflexões – pequenas, uma vez que, pelo contrário, não lhe aconselho a ser breve – que terei a acrescentar serão feitas, espero, com todo o respeito que lhe devo pelo fato de me haver introduzido ao que chamei de *Joyce o Sintoma*.

Venha, caro Jacques. Fiquei aqui. Vamos começar. [*Exposição em anexo, p.167s.*].

Agradeço a Jacques Aubert pelo seu esforço.

O autor de *Surface and Symbol*, cujo nome citei na última vez, rotula a arte de Joyce nos seguintes termos: *inconceivably private jokes*, *jokes* inconcebivelmente privados. No mesmo texto aparece uma palavra que tive de procurar no dicionário, *eftsooneries*. Não sei se é uma palavra comum. Vocês a conhecem? Não lhes diz nada? São coisas adiadas para breve, *after soon*. Em Joyce, é só disso que se trata. Os efeitos não só são adiados para breve, como são o mais freqüentemente desconcertantes.

E essa é também a arte de Jacques Aubert. Ele os fez seguir um desses fios de tal maneira que os manteve em suspense. Tudo isso evidentemente não deixa de fundar o que tento dar consistência no nó.

Percebi que eu já fazia referência a esse deslizamento de Joyce em meu Seminário *Mais, ainda*, e fiquei estupefato. Perguntei a Jacques Aubert se era esse o motivo do seu convite para eu falar de Joyce, ele me afirmou que esse Seminário ainda não havia sido publicado naquele momento, de modo que não pôde ser isso que o incitou a me apresentar esse furo no qual me arrisco, sem dúvida com alguma prudência, a prudência tal como a defini.

O furo do nó não me faz menos questão.

Só é possível localizar a duplicidade do nó borromeano, que não é um nó, mas uma cadeia, quero dizer que só é possível localizar que há dois se esses círculos, as rodinhas de barbantes, forem coloridas. É a Soury e a Thomé que devo essa indicação, que, naturalmente, eu já percebera.

Se a qualidade colorida distingue cada uma dessas rodinhas das duas outras, podemos, com a ajuda desse rabisco, fazer com que haja dois nós. Se as rodinhas são incolores, se nada as distingue, tampouco nada distingue um nó do outro. Esses dois enunciados são equivalentes.

Vocês me dirão que, na planificação, há um que é levógiro e outro que é dextrógiro. Mas aí está o cerne do que é questionável na planificação. A planificação implica um ponto de vista específico, e sem dúvida não é gratuito que a noção de direita e esquerda seja intraduzível no simbólico.

Para o nó, isso só começa a ex-sistir com a relação tripla, e daí em diante. Como fazer para que essa relação tenha esse privilégio? Gostaria de tentar resolver a questão. Deve haver alguma coisa aí, e que não deve deixar de ter relação com esse isolamento da função da fonação empreendido por Jacques Aubert, precisamente na medida em que lhe cabe suportar o significante.

O ponto fulcral no qual permaneço em suspenso é o de saber a partir de que momento a significância, ao ser escrita, distingue-se dos simples efeitos da fonação. É a fonação que transmite a função própria do nome, é do nome próprio que retomaremos, espero, na próxima vez que nos encontrarmos.

20 de janeiro de 1976

V

Joyce era louco?

O gozo do real
Redenção ou castração
O real nos emaranhados do verdadeiro
Compensação de uma Verwerfung *de fato*
Valor do nome próprio

Não está lá essas coisas e vou lhes dizer por quê. É que estou ocupado em absorver, em torno da obra de Joyce, a enorme literatura que ele provocou.

Ainda que esse termo o repugnasse, foi de fato isso que ele provocou, e o provocou porque o quis. Provocou um enorme blá-blá-blá. Como isso aconteceu?

Jacques Aubert, que está aqui na primeira fila, me envia de vez em quando de Lyon – tem o mérito de fazê-lo – a indicação de alguns autores suplementares. Não o faz de modo inocente – aliás, quem é inocente? –, porque também fez umas coisas sobre Joyce.

No auge do que, nessas circunstâncias, é meu trabalho, o mencionado trabalho de absorção, devo me perguntar por que faço isso. Certamente é porque o comecei. Mas tento, como se tenta em toda reflexão, me perguntar por que o comecei.

A partir de quando se é louco? Vale a pena colocar essa questão. Mas, por ora, a questão que me coloco, e que coloco para Jacques Aubert, é a seguinte – Joyce era louco?

1

Não resolverei essa questão hoje, o que não me impede de começar a tentar me situar segundo a fórmula que lhes sugeri: a distinção entre verdadeiro e real.

Em Freud, isso é patente. Com efeito, foi assim que ele se orientou – o verdadeiro dá prazer, e é isso que o distingue do real. O real não dá, forçosamente, prazer.

É claro que, nesse âmbito, distorço alguma coisa de Freud. Procuro ressaltar que o gozo é do real.

Isso me traz dificuldades enormes, em primeiro lugar porque é claro que o gozo do real comporta o masoquismo, tal como Freud notou. O masoquismo é o ápice do gozo dado pelo real. Freud descobriu isso, não previu de imediato, não foi evidentemente esse seu ponto de partida.

Certamente somos arrebatados ao enveredar por esse caminho, como testemunha o fato de eu ter começado escrevendo "Escritos inspirados"[1].

É um fato eu ter começado assim, e é por isso que não deve me espantar muito ver-me novamente confrontado com Joyce. É justamente por essa razão que ousei levantar a questão de saber se Joyce era louco, isto é, por onde seus escritos lhe foram inspirados?

Joyce deixou uma quantidade enorme de notas, de rabiscos. *Scribbledhobble* – foi assim que um tal Conolly, que conheci na época, mas não sei se ainda está vivo, intitulou um manuscrito de Joyce que ele publicou. A questão, em suma, é a seguinte – como saber, a partir de suas notas, em que Joyce acreditava?

Não é por acaso que ele deixou tantas. Suas notas eram rascunhos, e ele deve ter inclusive querido, e até encorajado, os chamados pesquisadores a procurá-las.

Também escrevia muitas cartas. Três volumes grossos assim foram lançados. Entre essas cartas, há aquelas quase impublicáveis. Digo *quase* porque vocês certamente pensam que, afinal de contas, não é isso que impede quem quer que seja de publicá-las. O impagável Richard Ellmann lançou um último volume de *Selected Letters* no qual

---

[1] Ver, em "Primeiros escritos sobre a paranóia", adendo à tese de doutorado de Lacan, o texto intitulado "Escritos inspirados: esquizografia": Jacques Lacan, *Da psicose paranóica em suas relações com a personalidade.* Rio de Janeiro: Forense Universitária, 1987. (N.T.)

publica um certo número daquelas que tinham sido consideradas, no primeiro tomo, impublicáveis.

O conjunto dessa balbúrdia é tal que a gente se perde. Eu, em todo caso, admito que me perco.

Volto a me encontrar, com certeza, através de alguns fiozinhos. Faço uma certa idéia de suas histórias com Nora a partir da minha prática, isto é, a partir das confidências que recebo, uma vez que me relaciono com pessoas que preparo para que sintam prazer em dizer o verdadeiro.

Todo o mundo – ou, melhor, Freud – diz que, se consigo isso, é porque elas me amam, graças ao que tentei captar da transferência, isto é, porque elas me supõem saber. Pois bem, é evidente que não sei tudo. Em particular, ao ler Joyce, como saber em que ele acreditava?

O que há de terrível, com efeito, é que fico reduzido a lê-lo, posto que é certo que não o analisei. Lamento por isso. Enfim, é claro que ele era pouco predisposto à análise. A qualificação de *Tweedledum* e *Tweedledee*, para designar respectivamente Freud e Jung, foi o que naturalmente saiu de sua pena. Não mostra que fosse propenso à análise.

É preciso que leiam, se conseguirem encontrá-la, a tradução francesa de *Um retrato do artista quando jovem*, lançada há tempos pela editora La Sirène. Disse-lhes que podiam ter o texto inglês, ainda que não tivessem consigo o que eu achava que conseguiriam, a saber, com toda a crítica e até mesmo as notas acrescentadas, mas vocês lerão com mais facilidade nessa tradução francesa o que ele relata de seu papo com um tal de Cranly, colega seu, e descobrirão muitas coisas.

É muito impressionante. Joyce se detém, não ousa dizer em que está engajado. Cranly incita-o, pressiona-o, chega a importuná-lo para saber se ele vai dar seqüência ao fato de ter dito haver perdido a fé. Trata-se da fé nos ensinamentos da Igreja – digo *os* ensinamentos – nos quais foi formado. É claro que não ousa se despregar desses ensinamentos porque eles simplesmente são a armadura de seus pensamentos. De modo manifesto, ele não dá o passo de afirmar que não crê mais nisso. Diante de que ele recua? Diante da cascata de conseqüências que comportaria o fato de rejeitar todo esse enorme aparato que permanece, apesar de tudo, como seu suporte. Leiam isso, vale a pena. Cranly interpela-o, suplica-lhe para dar esse passo, e Joyce não dá.

Ele escreve isso. O que ele escreve é a conseqüência do que ele é. Mas até onde vai isso? Com que cacife ele contava, considerando as armas que apresentava – o exílio, o silêncio e a astúcia?

Coloco a questão para Jacques Aubert. Não há nos escritos de Joyce o que chamarei de suspeita de que ele é ou se toma, ele mesmo, pelo que ele chama em sua língua de um *redeemer*, um redentor? Redentor, houve um, um verdadeiro, nas lorotas – para dizer as coisas como as entendo – que lhe contaram os padres, e no que, de modo manifesto, ele tem fé. Será que chega ao ponto de querer substituí-lo?

Não vejo por que eu não perguntaria a Jacques Aubert sua impressão disso, que é igual à minha. Estamos reduzidos à impressão porque Joyce não nos disse isso, ele o escreveu, e isso faz toda a diferença. Quando se escreve, pode-se muito bem tocar o real, mas não o verdadeiro.

Então, Jacques Aubert, o que acha? Ele se acreditava, sim ou não...

— *Há vestígios, sim.*

É exatamente por isso que lhe faço a pergunta. Porque há vestígios.

— *Em* Stephen Hero, *por exemplo, há vestígios.*

Exato.

— Na primeira versão, há vestígios muito nítidos.

Escutem [*dirigindo-se ao público*], se não estão entendendo nada, caiam fora. Peço uma coisa: que a sala se esvazie, não será nada mal. [*Dirigindo-se a Jacques Aubert*] Em *Stephen, o Herói*, que de todo modo li um pouco, e ainda em *Um retrato do artista*, o chato é que isso nunca fica claro. O artista não é o redentor, é o próprio Deus, como fazedor.

— *Sim, as passagens em que ele evoca ares de falso cristo são as mesmas em que ele fala de maneira enigmática,* enigma of manner, *o maneirismo e o enigma. E depois, por outro lado, isso corresponde igualmente ao famoso período em que ele ficou fascinado pelo franciscanismo, com dois aspectos talvez interessantes: um, relativos à imitação de Cristo, que faz parte da ideologia franciscana, onde todos estão do lado do Filho, onde se imita o Filho e, o outro, a poesia,* "As florzinhas"*. Um dos textos que ele busca em* Stephen, o Herói *é, justamente, não um texto de teologia franciscana, mas um texto poético de Jacopone Da Todi.*

Exatamente, Se coloquei a questão, é que me pareceu valer a pena colocá-la. Como avaliar até que ponto acreditava nisso? Com que física operar? É igualmente o que espero de meus nós, ou seja, com o que opero.

2

Na falta de outros recursos, opero com os nós.

Não cheguei a eles de imediato, mas eles me dão coisas, e coisas que, é precisamente caso de dizer, me amarram.

Como chamar isso? Há uma dinâmica dos nós. De nada serve [*sert*], mas *cerra* [*serre*]. Enfim, pode cerrar, até mesmo servir. O que isso pode mesmo cerrar? Alguma coisa que supomos estar encaixada nesses nós.

Se esses nós são pensados como tudo o que há de mais real, como ainda resta lugar para cerrar alguma coisa? É justamente o que supõe o fato de eu colocar aqui um ponto. Afinal de contas, não é impensável que esse ponto tenha a ver com a notação reduzida de uma corda que passaria aí e sairia do outro lado:

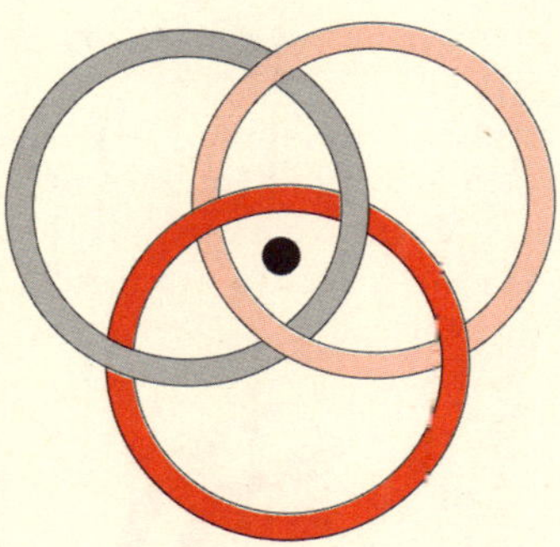

Nó com ponto

Essa história de corda tem a vantagem de ser tão idiota quanto toda a representação que, entretanto, tem atrás dela nada menos que a topologia. Em outros termos, a topologia repousa no fato de que há pelo menos – sem falar no que há além disso – algo chamado toro.

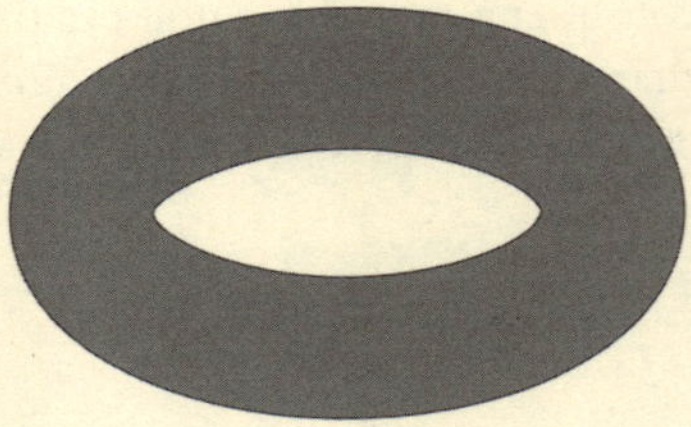

O toro

Meus bons amigos Soury e Thomé chegaram a decompor as relações do nó borromeano com o toro. Observaram que o par de dois círculos dobrados um sobre o outro podia se inscrever em um toro assim:

Inscrição do nó em um toro

É pela mesma razão que, se atravessarmos a reta infinita, que – longe disso – não está excluída do problema dos nós, pelo que podemos chamar de falso furo, ela faz um verdadeiro furo, isto é, alguma coisa que, planificada, é representada como um furo.

Transformação do falso furo e verdadeiro furo pela adjunção de uma reta infinita

Resta sempre, com efeito, a questão da planificação. Em que ela é conveniente? Tudo que podemos dizer é que ela é exigida pelos nós, como um artifício. Esse artifício de representação não passa de um artifício de perspectiva, uma vez que de fato precisamos suprimir essa suposta continuidade que vemos no momento em que a reta infinita presumivelmente sai – sai de quê? Sai do furo.

Qual é a função desse furo? O furo é o que a experiência mais simples, a do anel, nos impõe. Um anel não é essa coisa puramente abstrata que é a linha de um círculo. Para que tudo isso seja pensável, é preciso ainda dar corpo a esse círculo, isto é, consistência, que o imaginemos suportado por alguma coisa de físico.

É aí que voltamos a encontrar o seguinte: que não se *pen-sa* [*pen-se*] senão o corpo.

3

Agora, retomemos aquilo a que hoje estamos presos: a pista de Joyce.

O que nos indicam as cartas de amor para Nora? Há um certo número de coordenadas que é preciso marcar.

Que é, portanto, essa relação de Joyce com Nora? Direi, coisa singular, que é uma relação sexual, ainda que eu diga que não há relação sexual. Mas é uma relação sexual bem esquisita.

Há uma coisa em que se pensa, é evidente, mas que se pensa raramente, porque não é nosso costume, a saber, vestir a mão direita com a luva que é da mão esquerda virando-a ao avesso. Encontramos isso em Kant, mas, enfim, quem lê Kant? É muito pertinente em Kant. Há apenas uma única coisa que ele não considerou, talvez porque no seu tempo as luvas não tinham botão: na luva virada ao avesso, o botão fica no interior. Trata-se, ainda assim, de um obstáculo para que a comparação seja completamente satisfatória.

Mas, se vocês acompanharam bem o que acabo de dizer, as luvas de que se trata não são completamente inocentes. A luva virada ao avesso é Nora. É o jeito de ele considerar que ela lhe cai como uma luva.

Não é por acaso que tomo esse viés. Para Joyce, só há uma mulher. Ela é sempre do mesmo modelo, e ele só a enluva com a maior das repugnâncias. É visível que apenas com a maior das depreciações é que ele faz de Nora uma mulher eleita. Não apenas é preciso que ela lhe caia como uma luva, mas que ela o cerre como uma luva. Ela não serve absolutamente para nada.

Isso é bem nítido em suas relações, a ponto de que, quando estão em Trieste, sempre que pintava neném na jogada – sou realmente forçado a falar assim –, era um drama, não estava previsto no programa. Um verdadeiro mal-estar se estabelece entre Nora e aquele que era chamado de Jim, unha e carne. Escrevemos assim seu nome porque sua mulher lhe escrevia nesses termos. Jim e Nora, a coisa não funciona entre eles quando há um pimpolho. A cada vez e sempre, é um drama.

Falei há pouco do botão. Esse botão deve mesmo ter alguma coisinha a ver com a maneira como um órgão é chamado. O clitóris, para chamá-lo por seu nome, é nesse caso alguma coisa como uma pinta preta [*point noir*].

Digo pinta preta, metaforicamente ou não. Aliás, isso tem alguns ecos no comportamento, não muito notado, do que chamamos *uma* mulher. É muito curioso que *uma* mulher se interesse tanto, justamente, por pintas pretas. A primeira coisa que ela faz com seu rapaz é espremer-lhe os cravos, essas pintas pretas que surgem na pele. É uma metáfora de que ela não queria que sua própria pinta preta tivesse tanto lugar. É sempre o botão de há pouco, aquele da luva virada ao avesso.

De todo modo, é preciso não confundir. De vez em quando, há mulheres que devem se dedicar a catar piolhos, tal como as macacas. Mas não é de modo algum a mesma coisa acabar com um parasita e tirar uma pinta preta.

É preciso que continuemos a fazer nosso giro.

A imaginação de ser o redentor, pelo menos na nossa tradição, é o protótipo da *pai-versão*[2]. Na medida em que há relação de filho com pai, surge essa idéia tresloucada do redentor, e isso há muito tempo. O sadismo é para o pai, o masoquismo é para o filho. Freud, de todo modo, tentou se desprender desse sadomasoquismo. Esse é o único ponto onde há uma relação suposta entre o sadismo e o masoquismo.

Esses dois termos não têm estritamente nenhuma relação entre si. Para pensar dessa forma, é preciso verdadeiramente crer que isso se dá como no esquema em que uma reta infinita penetra em um toro. Penso que assim já é uma imagem suficiente. É preciso verdadeiramente crer no ativo e no passivo para imaginar que o sadomasoquismo possa ser explicado por uma polaridade.

---

[2]No original, *père-version*, homófono de *pérversion* ("perversão"). (N.T.)

Freud viu muito bem alguma coisa que é muito mais antiga que essa mitologia cristã, a saber, a castração. A castração é que o falo é transmitido de pai para filho, e isso inclusive comporta alguma coisa que anula o falo do pai antes que o filho tenha direito de portá-lo. Freud refere-se à idéia da castração essencialmente dessa maneira, na qual a castração é uma transmissão manifestadamente simbólica.

É isso o que me leva a colocar a questão das relações do simbólico e do real, que são muito ambíguas, pelo menos em Freud.

Nesse ponto a questão da crítica do verdadeiro é levantada. O que é o verdadeiro, senão o verdadeiro real? E como distinguir o verdadeiro real do falso senão empregando algum termo metafísico, o *echt* de Heidegger? Pois *echt* está, apesar de tudo, do lado do real. É de fato aí que toda a metafísica de Heidegger emperra. Nesse pedacinho sobre o *echt*, ele confessa, de certa forma, seu fracasso.

O real encontra-se nos emaranhados do verdadeiro. Foi o que me levou à idéia do nó, que provém de que o verdadeiro se autoperfura devido ao fato de que seu uso cria integralmente o sentido, na medida em que ele desliza, que é aspirado pela imagem do furo corporal de onde é emitido, a saber, da boca enquanto suga.

Há uma dinâmica centrífuga do olhar, isto é, que parte do olho que vê, mas igualmente do ponto cego. Ela parte do instante de ver, e o tem como ponto de apoio. Com efeito, o olho vê instantaneamente. É a chamada intuição, através da qual ele duplica o que é chamado de espaço na imagem.

Não há nenhum espaço real. Trata-se de uma construção puramente verbal soletrada em três dimensões, segundo as leis da chamada geometria, e que são aquelas do balão ou da bola, imaginado cinestesicamente, isto é, oral-analmente.

O objeto que chamei de pequeno *a* é, com efeito, apenas um único e mesmo objeto. Eu lhe atribuí o nome de objeto em razão do seguinte: o objeto é *ob*, obstáculo à expansão do imaginário concêntrico, isto é, englobante. O objeto é concebível, isto é, apreensível com a mão – é a noção de *Begriff* – à maneira de uma arma. Para evocar aqui um alemão que não era nada idiota, essa arma, longe de ser um prolongamento do braço, é desde a origem uma arma de arremesso. Ninguém esperou as balas para lançar um bumerangue.

Nesse giro todo, o que aparece é que, no final, tudo o que subsiste da relação sexual é essa geometria que aludimos a propósito da luva. É tudo o que resta à espécie humana como suporte para a relação. E é nisso, aliás, que essa espécie está desde o início engajada nessas questões de bolha de ar no vidro. Ela mais ou menos faz com que o sólido entre aí. Não devemos deixar de fazer a diferença entre a secção desse sólido e esse próprio sólido.

O que há de mais consistente na bolha de ar no vidro, isto é, na esfera, no concêntrico, é a corda, no que ela faz círculo, gira em volta, é argola, argola única, sobretudo ao ser apresentada no plano. O que prova, afinal de contas, que a espiral não é mais real que a rodinha? No caso, nada indica que para tornar a se fechar ela deva fazer nó, a não ser que se trate do falsamente chamado nó borromeano, a saber, um *cadeinó* [*chaînoeud*] que engendra naturalmente o nó de trevo.

O nó de trevo, para chamá-lo por seu nome, provém do nó borromeano, no que se junta em *a*, e em *b*, e em *c*, e assim por diante.

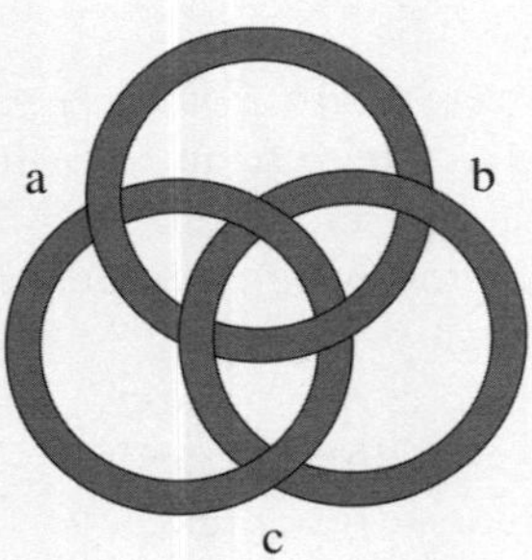

Do nó borromeano ao nó de trevo

Não é menos impressionante que, invertido assim, ele não constitua um nó de trevo. Talvez isso não seja evidente para vocês, e não é óbvio, nem simples, mas logo se notou muito bem que, se vocês mudam aqui alguma coisa na passagem por baixo dessa asa, o resultado imediato é que o nó é abolido por inteiro.

Falso nó de trevo

O que levanto como questão nessa conversa, a saber, se Joyce era louco ou não, pode encontrar aqui alguma indicação.

Louco, por que, afinal de contas, Joyce não o teria sido? Ainda mais porque isso não é um privilégio, se é verdadeiro que, em grande parte, o simbólico, o imaginário e o real são emaranhados a ponto de um continuar no outro, na falha de operação para distingui-los como na cadeia do nó borromeano – do pretenso nó borromeano, eu diria, pois o nó borromeano não é um nó, é uma cadeia. Por que não apreender que cada uma dessas argolas continua uma na outra de um modo estritamente indistinto? Ao mesmo tempo, ser louco não é um privilégio.

O que proponho aqui é considerar o caso de Joyce como respondendo a um modo de suprir um desenodamento do nó.

A rodinha, o oito e o falso nó de trevo

Isso constitui pura e simplesmente uma rodinha. Ao torcê-la, o resultado é esse oito. Ao torcer a argola inferior sobre a argola superior, vocês obtêm isso, que se parece com um nó de trevo, um *cloverleaf*, mas não o é, pois ele tende apenas a retomar sua forma inicial, aquela da rodinha.

Pode-se remediar isso ao aplicar-lhe uma argola, graças à qual o nó de trevo pretendido não fica frouxo.

Argola consertando o falso nó de trevo

Por que não conceber o caso de Joyce nos termos seguintes? Seu desejo de ser um artista que fosse assunto de todo o mundo, do máximo de gente possível, em todo caso, não é exatamente a compensação do fato de que, digamos, seu pai jamais foi um pai para ele? Que não apenas nada lhe ensinou, como foi negligente em quase tudo, exceto em confiá-lo aos bons padres jesuítas, à Igreja diplomática?

O termo *diplomático* é tirado do próprio texto de Joyce, especialmente de *Stephen Hero*, onde *Church diplomatic* é nomeadamente empregado. Mas também em *Um retrato do artista* o pai fala da Igreja como uma instituição muito boa, e a palavra *diplomatic* é igualmente destacada. A trama na qual se desenvolvia tudo isso não tem mais nada a ver com a Redenção, que, aqui, não passa de lengalenga.

Não há nisso alguma coisa como uma compensação dessa demissão paterna, dessa *Verwerfung* de fato, no fato de Joyce ter se sentido imperiosamente *chamado*? Essa é a palavra que resulta de um monte de coisas que ele escreveu. É a mola própria pela qual o nome próprio é, nele, alguma coisa estranha.

Disse que falaria do nome próprio hoje, retomo minha promessa agora no final.

O nome que lhe é próprio, eis o que Joyce valoriza à custa do pai. Foi a esse nome que ele quis que fosse prestada a homenagem que ele mesmo recusou a quem quer que fosse.

Pode-se dizer, assim, que o nome próprio faz tudo o que pode para se fazer mais que o S_1, o significante do mestre, que se dirige rumo ao S que convoquei com o índice pequeno 2, aquele em torno do qual se acumula o que concerne ao saber:

$$S_1 \rightarrow S_2$$

É claro que foi uma invenção haver dois nomes que sejam próprios ao sujeito, difundida no curso da história. Que Joyce também se chamasse James apenas se sucede ao uso do cognome – James Joyce, designado pelo cognome Dedalus.

O fato de que possamos colocar assim um monte de nomes implica apenas o seguinte – fazer entrar o nome próprio no âmbito do nome comum.

Pois bem, escutem, uma vez que cheguei neste ponto a esta hora, vocês já nem mais funcionam como claque[3], e mesmo seu *jaclaque*, uma vez que lhe acrescentarei um *han* como uma espécie de suspiro de alívio que experimento por ter percorrido hoje esse caminho. Reduzo, assim, meu nome próprio ao nome mais comum.

10 de fevereiro de 1976

[3] No original: *vous devez en avoir votre claque.* Trata-se de uma locução francesa que significa "estar farto", "estar cansado". Ao mesmo tempo, *claque* é "palma", "aplauso", podendo inclusive, como em português, designar grupo de pessoas que, por pagamento ou por uma outra combinação prévia, vão aplaudir um espetáculo.

VI

JOYCE E AS FALAS IMPOSTAS

O nó de Lacan
Nós e cadeias
Os lapsos do nó corrigidos pelo sinthoma
Equivalência sexual = não-relação
Mulher-sintoma, homem-devastação

Depositei alguma esperança – e não tomem isso como uma sedução ou um mimo – nessas férias. Muita gente vai embora. Na minha clientela, é impressionante. Mas, aqui, não é assim, vejo sempre que está lotado. Tudo isso me exaspera, porque não é muito de bom-tom.

Falando claro, esperava que a sala ficasse menos cheia e, assim, eu pudesse passar para as confidências, me instalar no meio da sala, sei lá. Se a sala estivesse apenas pela metade, seria melhor, eu poderia falar de maneira um pouco mais íntima.

Ainda assim, seria simpático se eu pudesse ter quem me respondesse, que colaborasse, que se interessasse. Parece-me difícil alguém se interessar pelo que se torna uma busca [*recherche*]. Quero dizer que começo a fazer o que a palavra busca implica, ou seja, a girar em círculos.

Havia um tempo em que eu era um pouco dado a alardes. Dizia como Picasso – *Eu não procuro, acho.* Mas agora me custa mais trilhar meu caminho.

1

Apesar disso, vou voltar ao que suponho terem entendido da última vez – é pura suposição, limito-me a supor.

Para ir direto ao assunto, vou ilustrá-lo. Eis um nó. É o nó de trevo, ou nó de três, deduzido do nó borromeano, o qual – ao contrário de seu nome, que, como todos os nomes, reflete um sentido – não é um nó, mas uma cadeia. Ele tem o sentido que permite situar o sentido em algum lugar na cadeia borromeana.

Quando chamamos de imaginário um elemento da cadeia, um outro, de real, e o terceiro, de simbólico, o sentido, como já lhes mostrei, está no campo entre o imaginário e o simbólico. Não podemos esperar colocá-lo em outro lugar, pois nos limitamos a imaginar tudo o que pensamos. Entretanto, não pensamos sem palavras, ao contrário do que sugeriram os psicólogos, aqueles da escola de Würzburg.

Como vêem, estou um pouco decepcionado e com dificuldade para engrenar. Vou agora direto ao assunto, e dizer o que pode acontecer ao que faz nó.

O que faz nó é, no mínimo, o nó de três. Contento-me com isso, posto que o nó é deduzido do fato de que essas três rodinhas de barbante do imaginário, do real e do simbólico fazem nó, ou seja, não se contentam em determinar um certo número de campos de encaixe. Esses campos são lugares nos quais, se colocarmos o dedo, ficamos agarrados. Também ficamos agarrados em um nó, embora o nó seja de uma natureza diferente.

Na última vez, caso se lembrem – eu, naturalmente, não conto muito com isso –, sugeri essa observação que não é evidente em si: basta que haja um erro em algum lugar do nó de três para que ele se reduza à rodinha. Suponham, por exemplo, que aqui, em vez de passar por baixo, passasse por cima. Basta isso.

Nó de três

Nó de três errado

Todo mundo sabe que não há nó de dois. Portanto, basta que haja um erro em alguma parte no nó.

Acho que isso salta aos olhos. Entretanto, não é evidente em si.

Tomem, por exemplo, o nó de cinco. Como há um nó de quatro bem conhecido, chamado *nó de Listing*, chamei o nó de cinco de, idéia maluca, *nó de Lacan*. Com efeito, é o nó mais conveniente. Mas vou lhes falar disso em outro momento.

Nó de Listing

Nó de Lacan

É absolutamente sublime. Como sempre que desenhamos um nó, corremos o risco de nos enganar. Há pouco, quando eu desenhava essas coisas para apresentá-las a vocês, aconteceu-me algo análogo, o que obrigou Glória a fazer um remendo aqui. Desenhando assim, a gente se engana.

Vamos, portanto, ao nó de cinco. Caso se enganem em um desses dois pontos, marcados aqui como 4 e 5, acontecerá a mesma coisa que no nó de três, a saber, o laço se soltará, é claro que não vai passar de uma rodinha. Se, no entanto, se enganarem em um desses três pontos aqui – 1, 2, 3 –, irão constatar que isso se mantém como nó, isto é, que isso se torna um nó de três.

Assim, digo-lhes que não é evidente que, ao nos enganarmos em um ponto de um nó, todo o nó se evapore, se assim posso me exprimir.

O que eu disse da última vez fazia alusão ao fato de que o sintoma, o que chamei este ano de o sinthoma, é o que permite reparar a cadeia borromeana no caso de não termos mais uma cadeia, a saber, se em dois pontos cometermos o que chamei de um erro.

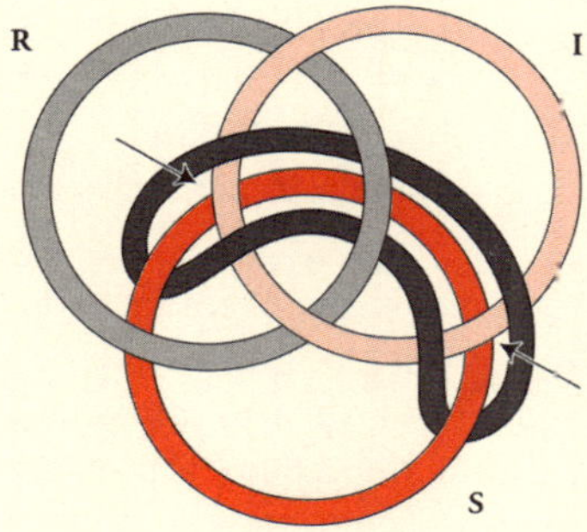

O sinthoma borromeano

Ao mesmo tempo, se o simbólico se solta, como outrora ressaltei, temos um meio de reparar isso. Trata-se de fazer o que, pela primeira vez, defini como o sinthoma. Trata-se de alguma coisa que permite ao simbólico, ao imaginário e ao real continuarem juntos, ainda que, devido a dois erros, nenhum mais segure o outro.

Na última vez me permiti definir como sinthoma o que permite ao nó de três não só se manter nó de três, como se conservar em uma posição tal que ele *tenha o aspecto* de constituir nó de três. Eis o que declarei sem pressa.

Evocarei para vocês, casualmente, o que pensei – façam o que quiserem do meu pensamento. Pensei que aí estava a chave do que aconteceu com Joyce.

Joyce tem um sintoma que parte do fato de que seu pai era carente, radicalmente carente – ele só fala disso. Centrei a coisa em torno do nome próprio, e pensei que – façam o que quiserem desse pensamento –, ao se pretender um nome, Joyce fez a compensação da carência paterna.

Pelo menos, foi o que eu disse, porque não podia dizer melhor. Tentarei articulá-lo de um modo mais preciso.

Mas é claro que a arte de Joyce é alguma coisa de tão particular que o termo sinthoma é de fato o que lhe convém.

2

Acontece que, na última sexta-feira, em minha apresentação de alguma coisa que geralmente é considerada um caso, tive um caso, certamente de loucura, que começou pelo sinthoma *falas impostas.*

Pelo menos é assim que o próprio paciente articula alguma coisa que se parece em tudo com o que há de mais sensato na ordem de uma articulação que posso chamar de lacaniana. Como é que todos nós não sentimos que as falas das quais dependemos são, de algum modo, impostas?

É justamente por isso que o que chamamos de doente vai algumas vezes mais longe do que o que designamos como um homem saudável. A questão é antes saber por que um homem dito normal não percebe que a fala é um parasita, que a fala é uma excrescência, que a fala é a forma de câncer pela qual o ser humano é afligido. Como pode haver quem chegue inclusive a senti-lo? É certo que Joyce nos dá uma pequena suspeita disso.

Da última vez, não falei da filha dele, na esperança de não desembocar no que se pode chamar de historinha. Essa filha, Lucia, posto que ele deu nomes italianos a seus filhos, ainda está viva. Encontra-se na Inglaterra, em uma casa de saúde. Ela é o que correntemente chamamos de esquizofrênica.

Essa coisa me ocorreu por ocasião de minha última apresentação de caso, a propósito da piora sofrida pelo caso que apresentei. Depois de ter tido a sensação – sensação que considero, a meu ver, sensata – de falas que lhe eram impostas, o paciente teve a sensação de que era afetado pelo que ele mesmo chamava de telepatia. Não se tratava do que é correntemente designado por essa palavra, a saber, de ser avisado de coisas que acontecem aos outros, mas de que todo mundo era avisado do que ele mesmo formulava consigo, a saber, de suas mais íntimas reflexões e, de um modo bem especial, das reflexões que lhe vinham à margem das famosas *falas impostas*.

Ele escutava, por exemplo, alguma coisa como *sujo assassinato político* e o tornava equivalente a *sujo assistanato político*. Vemos muito bem que o significante se reduz aí ao que ele é, ao equívoco, a uma torção de voz. De *sujo assistanato* ou *sujo assassinato* dito *político*, ele próprio se dizia alguma coisa como resposta, começada com um *mas* e que era sua reflexão a esse respeito. O que lhe deixava mesmo enlouquecido era o pensamento de que todo mundo também sabia das reflexões a mais que ele se fazia com relação ao que considerava como falas que lhe eram impostas.

Ele era, portanto, tal como ele se exprime, *telepata emissor*. Dito de outro modo, não tinha mais segredo, reserva alguma. Foi precisamente o que o fez cometer a tentativa de acabar com aquilo, o que chamamos de tentativa de suicídio, que também era o que o fazia estar ali e o que, em suma, me fez interessar por ele.

O que me impele hoje a lhes falar de Lucia é bem exatamente o seguinte: Joyce, que a defendeu ferozmente contra a investida dos médicos, só conseguia articular uma coisa – ela era uma telepata. Nas cartas que escreveu a esse respeito, formula que é muito mais inteligente que todo o mundo, que o informa – *milagrosamente* é a palavra subentendida – acerca de tudo o que acontece a um certo número de pessoas, que para ela essas pessoas não têm segredos.

Não há aí alguma coisa de instigante? Não que eu pense em absoluto que Lucia fosse efetivamente uma telepata, que soubesse o que acontecia com pessoas sobre as quais ela não tinha mais informação que qualquer um. Mas que Joyce lhe atribuísse essa virtude a partir de um certo número de signos, de declarações, que ele ouvia dela de certa maneira, é justamente nesse ponto que vejo que, para defender, se assim podemos dizer, sua filha, ele lhe atribui alguma coisa que está no prolongamento do que chamarei momentaneamente de seu próprio sintoma.

É difícil não evocar, a propósito do caso de Joyce, meu próprio paciente, considerando como isso tinha começado nele. No que concerne à fala, não se pode dizer que alguma coisa não era, para Joyce, imposta.

No esforço que faz desde seus primeiros ensaios críticos, logo depois em *O retrato do artista*, enfim em *Ulisses*, para terminar em *Finnegans Wake*, no progresso de certo modo contínuo que sua arte constituiu, é difícil não ver que uma certa relação com a fala lhe é cada vez mais imposta – a saber, essa fala que, ao ser quebrada, desmantelada, acaba por ser escrita –, a ponto de ele acabar por dissolver a própria linguagem, tal como notou muito bem Philippe Sollers, como lhes disse no início do ano. Ele acaba por impor à própria linguagem um tipo de quebra, de decomposição, que faz com que não haja mais identidade fonatória.

Sem dúvida, há aí uma reflexão no nível da escrita. É por intermédio da escrita que a fala se decompõe ao se impor como tal, a saber, em uma deformação acerca da qual permanece ambíguo saber se é caso de se livrar do parasita falador de que lhes falei há pouco ou, ao contrário, de se deixar invadir por propriedades de ordem essencialmente fonêmica da fala, pela polifonia da fala.

De todo modo, em função desse doente cujo caso considerei na última vez que fiz em Sainte-Anne o que foi chamado de minha apresentação, o fato de Joyce articular a propósito de Lucia, para defendê-la, que ela é uma telepata parece-me decerto indicativo do que Joyce testemunha nesse ponto mesmo que designei como o da carência do pai.

O que tomo como suporte do sinthoma está aqui marcado por uma rodinha de barbante, que suponho produzir-se no lugar exato em que, digamos, o traçado do nó sai errado.

O erro corrigido onde ele se produziu

3

Para nós, é difícil não ver que é sobre o lapso que se funda, em parte, a noção de inconsciente.

E também sobre o chiste, o que dá no mesmo, se assim posso dizer, pois não é impensável que ele, afinal de contas, resulta de um lapso. Pelo menos, é assim que o próprio Freud articula isso, dizendo que se trata de um curto-circuito, de uma economia concernente a um prazer, uma satisfação.

Que se dê no lugar onde o nó rateia, onde há uma espécie de lapso do próprio nó, é o que atrai nossa atenção. Acontece de eu mesmo, casualmente, ratear, tal como mostrei aqui, confirmando que se rateia em um nó. Também o inconsciente está aí para nos mostrar que, a partir de sua própria consistência, há muitos que rateiam, fracassam.

Aqui, a noção de falha se renova. A falha, aquilo que a consciência transforma em pecado, é da ordem do lapso? O equívoco da palavra também permite pensá-lo, passar de um sentido ao outro. Nessa falha primordial tão importante para Joyce há alguma coisa da ordem do lapso?

Isso não deixa de evocar todo um imbróglio. Mas é aí que estamos, pois estamos no nó e, ao mesmo tempo, no emaranhado.

Falei em corrigir o lapso no ponto exato em que ele se produz. Isso não é óbvio. Com efeito, o que quer dizer ele se produzir em tal ponto? Há equívoco, uma vez que temos sua conseqüência em outros dois pontos. O impressionante é que, nesses dois pontos, as conseqüências não são as mesmas. Se prestarem atenção, verão, pela maneira como o nó responde, que vocês não obtêm o mesmo nó colocando o sinthoma no lugar exato em que a falha se produz nem corrigindo a coisa nesses dois outros pontos.

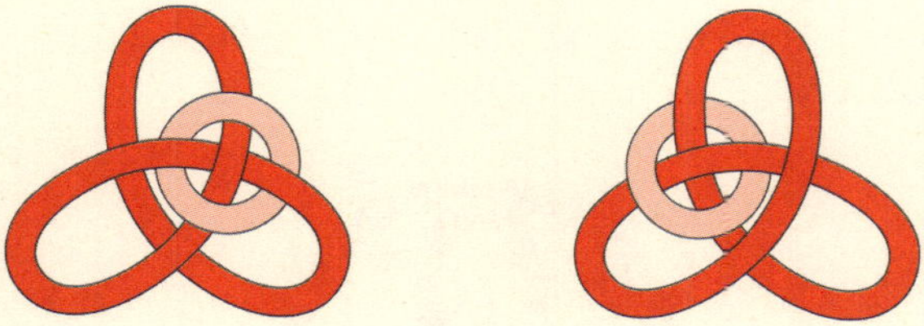

Corrigido o erro em outros dois pontos, não é o mesmo nó que subsiste

Corrigir o lapso nesses outros dois pontos é tão concebível quanto fazê-lo no ponto em que o erro se produz, posto que se trata de fazer com que, da primitiva estrutura do nó de três, alguma coisa subsista. Ora, como podem ver, o que subsiste devido à intervenção do sinthoma é diferente conforme o sinthoma seja colocado no ponto exato do lapso ou em outros dois pontos.

Impressionante, há alguma coisa de comum na maneira como as coisas se enodam, alguma coisa que se marca por uma certa direção, orientação, digamos, dextrogiria, da compensação enodada, da compensação pelo sinthoma. Não deixa de ficar claro que o que resulta dessa compensação é diferente conforme o lugar onde ela se coloque.

A natureza dessa diferença é a seguinte.

No que resulta da correção feita no nó de trevo em outros dois pontos, o sinthoma e a argola em oito – feita aqui, se posso dizer, espontaneamente –, isto é, o oito vermelho e a rodinha rosa, são invertíveis, são estritamente equivalentes.

Equivalência pela inversão do vermelho e do rosa

Em contrapartida, não há essa inversão quando a correção é feita no lugar onde o erro se produz.

Vocês agora só têm que considerar o nó que chamarei de um nó em oito. Vão obter, com muita facilidade, a passagem de uma forma para a outra. Nada mais simples.

Nó dito "em oito"

Basta vocês imaginarem que puxam as coisas de maneira a que o duplo oito faça aqui uma rodinha. Nada mais fácil que perceber que há todas as chances para que a rodinha rosa inicial se torne um duplo oito rosa. Vocês verão com a prática que é um duplo oito com a mesma dextrogiria. Parece-me haver, portanto, tal como precedentemente, uma estrita equivalência.

O que chamo de equivalência? Depois do que já avancei a respeito da relação sexual, não é difícil sugerir que, quando há equivalência, não há relação.

Retomemos então o nó de trevo. Convencionemos que os dois sexos são simbolizados aqui pelas duas cores, e vamos supor, por um instante, como já fizemos, o que é desde então ratear no nó.

Que esse ratear se produza no ponto 2 ou no ponto 3, constatamos que o que lhe subsiste é estritamente equivalente. Se o que vemos assim como equivalente tem seu suporte no fato de que se rateou no nó tanto em um sexo quanto no outro, o resultado é que os dois sexos são equivalentes.

Isso, entretanto, só é verdadeiro de modo condicional: se a falha é reparada no lugar mesmo em que ela se produz, os dois sexos não são mais equivalentes.

O que acontece no nó em oito? O que corresponde então ao que chamei há pouco de equivalência está, de fato, longe de ser equivalente. Uma cor pode muito bem ser substituída por outra, mas, enquanto no desenho precedente a rodinha rosa é, se posso dizer, interna ao conjunto do que é suportado pelo duplo oito vermelho, no desenho a seguir, o vermelho é externo ao duplo oito rosa.

Não-equivalência por inversão do vermelho e do rosa

Foi com isso que fiz nosso caro Jacques-Alain Miller trabalhar, quando ele estava na minha casa de campo e eu ficava nessas cogitações. Eu lhe propus essa forma – por todos os motivos, ao contrário do que lhe disse – pedindo encarecidamente para ele descobrir a equivalência que poderia ser produzida. Mas é claro que a equivalência não pode ser produzida. Porque o rosa não poderia ultrapassar a faixa externa do duplo oito vermelho.

No nível do sinthoma, não há portanto equivalência da relação do rosa e do vermelho, para nos contentarmos com essa simples designação. Na medida em que há sinthoma, não há equivalência sexual, isto é, há relação.

Com efeito, se a não-relação deriva da equivalência, a relação se estrutura na medida em que não há equivalência. Há, portanto, ao mesmo tempo, relação sexual e não há relação. Há relação na medida em que há sinthoma, isto é, em que o outro sexo é suportado pelo sinthoma.

Permito-me dizer que o sinthoma é, muito precisamente, o sexo ao qual não pertenço, isto é, uma mulher. Se uma mulher é um sinthoma para todo homem, fica absolutamente claro que há necessidade de encontrar um outro nome para o que o homem é para uma mulher, posto que o sinthoma se caracteriza justamente pela não-equivalência.

Pode-se dizer que o homem é para uma mulher tudo o que quiserem, a saber, uma aflição pior que um sinthoma. Vocês podem inclusive articular isso como lhes for conveniente. Trata-se mesmo de uma devastação. Se não há equivalência, vocês são obrigados a especificar o que concerne ao sinthoma.

Não haver equivalência é a única coisa, o único reduto no qual se suporta o que chamamos de relação sexual no falasser, no ser humano.

Não é isso que nos demonstra a chamada clínica, que é um outro uso do leito? De todo modo, é quando vemos os seres no leito, e não somente nos leitos de hospital, que podemos ter uma idéia do que é essa famosa relação. Essa relação se liga, é o caso de dizê-lo, por um laço estreito, ao sinthoma. É de fato o que resulta, meu Deus, de tudo o que escuto a partir de outro leito, o famoso divã onde, há tempos, me falam isso.

Trata-se de situar o que o sinthoma tem a ver com o real, o real do inconsciente, se o inconsciente for real. Como saber se o inconsciente é real ou imaginário? É efetivamente a questão. Ele participa de um equívoco entre os dois.

Por conseguinte, é nisso que, graças a Freud, estamos engajados, e engajados a título de sinthoma. Quero dizer que, doravante, é com o sinthoma que temos de nos haver na própria relação sexual, que Freud tomava por natural, o que não quer dizer nada.

Vou lhes deixar hoje nesse ponto, uma vez que também preciso, de algum modo, marcar minha decepção por não os ter encontrado aqui em menor número.

17 de fevereiro de 1976

A Invenção do Real

VII

De uma falácia que testemunha do real

O todo e o conjunto
A dualidade borromeana
Orientação e cor
Sintaxe e equívoco
O falo e o real

Eis-me reduzido a improvisar. Não, claro, que eu não tenha trabalhado, e abundantemente, desde a última vez. Mas como não esperava falar necessariamente, já que, a princípio, trata-se de greve, eis-me reduzido a apresentar, apesar de tudo, o que de certo modo preparei, e até muito.

Esperava, como de costume, que vocês fossem menos numerosos.

Começarei mostrando-lhes alguma coisa que não é forçosamente o que esperam, mas que não deixa de ter relação com isso, uma coisa que levei antes de partir e na qual desejava muito pensar, porque havia prometido a alguém que não deixa de estar um pouco interessado nisso.

Gostaria de apresentá-los, ou de evocar, para aqueles que já a conhecem, a alguém de quem gosto muito e que se chama Hélène Cixous. Ela já havia feito, parece, uma notinha sobre Dora em um número esgotado de *Littérature*, em que eu mesmo lancei "Lituraterra", e depois fez uma peça, *O retrato de Dora*, que está sendo encenada no Petit Orsay. Achei que não está nada mal. Disse o que pensava a esse respeito àquela a quem chamo de Hélène desde quando a conheci, e lhe disse que falaria disso.

Trata-se da Dora de Freud. Por isso mesmo suspeito que algumas pessoas podem se interessar em ver como a peça é realizada. É realizada de um modo real, quero dizer que a realidade, por exemplo a dos ensaios, no final das contas, foi o que dominou os atores. Não sei o que vocês vão achar, mas é certo que ali há alguma coisa muito impressionante.

Trata-se da histeria, precisamente a de Dora, embora ela não seja a melhor histérica do elenco. A melhor histérica representa um outro papel, mas não mostra nada de suas virtudes de histérica. Aquela que representa o papel de Dora não deixa de mostrá-las, pelo menos a meu ver.

Há também alguém que faz o papel de Freud. Ele está claramente chateado, e isso se vê pela sua entonação. Enfim, ele atua com precaução. A situação é ainda menos feliz, pelo menos para ele, porque não é um ator, ele se esforça nesse papel e então teme o tempo todo fazer um Freud caricato. Enfim, o melhor que tenho a lhes dizer é para irem ver a peça. O que vocês verão está, de todo modo, marcado por essa preocupação do Freud ator.

Daí resulta, no conjunto, alguma coisa, curiosíssima, em suma. Temos ali a histeria – acho que vão ficar impressionados, mas, no final, a opinião de vocês talvez seja outra – que eu poderia dizer *incompleta.* Quero dizer que, com a histeria, é sempre dois, pelo menos desde Freud. Ela aparece ali reduzida a um estado que eu poderia chamar de material, e é por isso que acaba combinando com o que vou lhes explicar. Falta ali esse elemento que foi acrescentado há algum tempo – no final das contas, desde antes de Freud –, a saber, como é que ela deve ser compreendida. Isso constitui alguma coisa muito impressionante e muito instrutiva. É uma espécie de histeria rígida. Vocês vão ver daqui a pouco, porque vou lhes mostrar o que quer dizer, nesse caso, a palavra rigidez.

Portanto, não vou lhes falar mais muita coisa sobre *O retrato de Dora.* Espero ter alguma notícia disso, como acontece, da parte das pessoas que vêm me ver.

1

Vou lhes falar de uma cadeia para a qual chamei a atenção de vocês, a cadeia borromeana.

Não é por acaso que ela é chamada de nó. Tal como vou lhes mostrar a seguir, isso desliza até o nó. Mas o que vão ver de início com meu primeiro desenho é um tipo de implantação da rigidez. Não está excluído que a palavra *cadeia* vai representificar-lhes isso, se assim podemos dizer, porque uma cadeia, de toda forma, é rígida.

É uma amolação a cadeia em questão só poder ser concebida como muito flexível. É inclusive importante considerá-la totalmente flexível. Também vou lhes mostrar isso.

Fui levado a articular essa cadeia, e até mesmo a descrevê-la, conjugando nela o simbólico, o imaginário e o real. O importante é o real. Depois de haver falado longamente do simbólico e do imaginário, fui levado a me perguntar o que podia ser o real nessa conjunção.

Claro que o real não pode ser apenas uma única dessas rodinhas de barbante. Esta é a maneira de apresentá-las em seu nó de cadeia, que, nela inteira, constitui o real do nó.

Vocês, em todo caso, já devem ter vislumbrado o que tentei constituir como suporte da cadeia borromeana.

Eis o que isso dá. Não cheguei a completar o desenho, mas é evidente que é preciso completá-lo para que vejam do que se trata. Portanto, aqui está a cadeia típica:

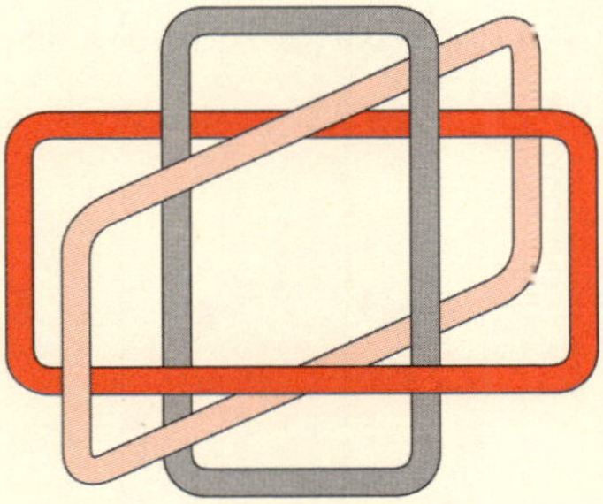

Cadeia borromeana "rígida"

O fato de eu desenhar aqui o nó de trevo com três cores lembra que ele é proveniente da cadeia borromeana.

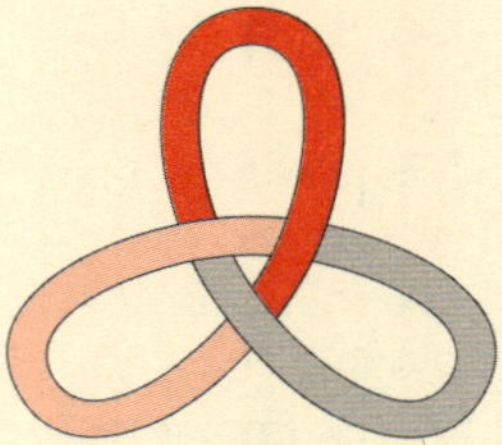

Nó de trevo em três cores

Vocês já perceberam como isso, por um nadinha, pode ser transformado em alguma coisa que parece merecer mais o nome de cadeia porque é, de todo modo, o que mais se assemelha ao que é considerado comumente uma cadeia.

Cadeia dita olímpica com dois anéis

Finalmente, é vantajoso configurar a cadeia borromeana da seguinte forma, representando as três rodinhas de um modo que convém chamar de projetivo:

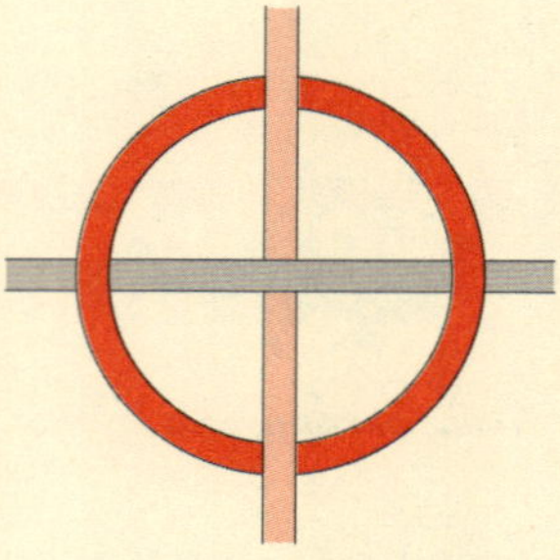

Representação projetiva da cadeia borromeana

Não deixa de ser uma vantagem o que vou apresentar agora, prestando atenção para colocar as três rodinhas de modo a respeitar a disposição do que desenhei inicialmente:

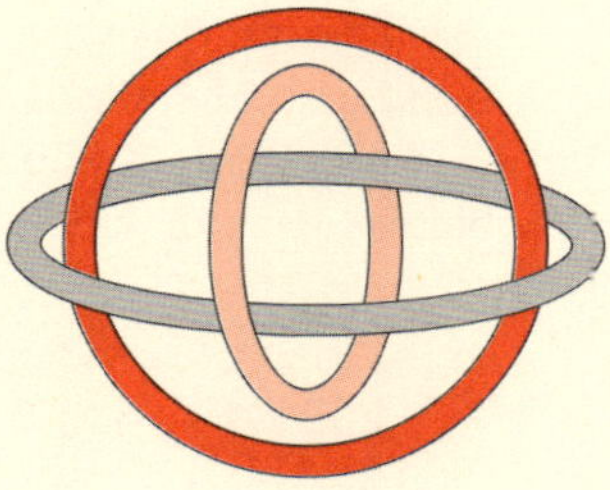

Cadeia borromeana em esfera armilar

A vantagem que resulta do modo como apresentei a cadeia borromeana está em simular a esfera armilar, tal como ressaltei para Dalí, com quem discuti esse assunto, não me lembro quando.

Naturalmente, há uma diferença entre a cadeia borromeana e o que sempre se desenha em uma esfera armilar quando se tenta circulá-la em três níveis que podem ser chamados de transversal, sagital e horizontal. Nunca se viu uma esfera armilar representada desse modo.

Uma vez que o suporte da falsa esfera que desenhei aqui são círculos, há um modo de manipulá-la e que consiste em revirá-la sobre ela mesma.

É difícil não conceber que uma esfera não esteja ligada à idéia de todo. O fato de representarmos, de bom grado, a esfera por um círculo liga o círculo à idéia de todo. Essa idéia, entretanto, só tem seu suporte na esfera. Mas isso é um erro, porque a idéia de todo implica o fechamento, ao passo que se revirarmos esse todo, o interior torna-se exterior.

A partir do momento em que colocamos círculos como suportes da cadeia borromeana, ela pode ser revirada, uma vez que o círculo não é absolutamente o que se acha que ele é, o que simboliza a idéia de todo. Com efeito, em um círculo há um furo.

É apenas na medida em que os seres são inertes, isto é, suportados por um corpo, que podemos dizer a alguém, tal como se fez por iniciativa de Popílio – *Fiz uma roda ao seu redor e você não sairá daí antes de me prometer tal coisa.*

Em suma, reencontramos aí por que afirmei, concernente ao que chamei pelo nome de *a* mulher, que ela não é toda. Isso quer dizer que as mulheres constituem apenas um conjunto.

De fato, com o tempo, a idéia de todo chegou a ser dissociada da idéia de conjunto. Chegou-se a pensar que um certo número de objetos pode ter letrinhas como suportes, de modo que a idéia de todo lhe é dissociada, a saber, em uma representação completamente frágil, o círculo suposto reunir os objetos pequeno *a*, pequeno *b*, pequeno *c* etc. lhe é exterior.

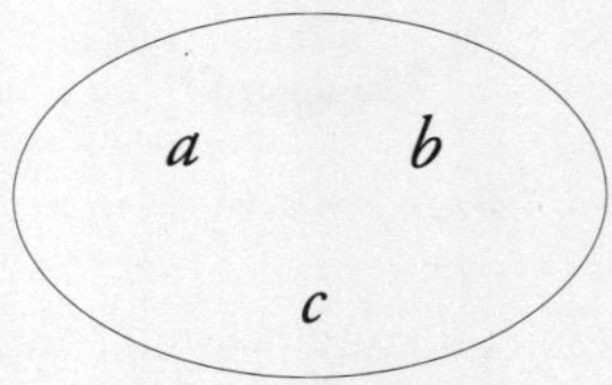

O conjunto **{a, b, c}**

Especificar que a mulher é *não-toda* implica uma dissimetria entre um objeto que poderá ser chamado de grande A, e trata-se de saber o que é isso, e um conjunto de um elemento. Os dois, se há par, são reunidos por estarem contidos em um círculo que, devido a isso, acaba por ser distinguido. Em geral isso é expresso pelo uso de parênteses, e se escreve assim {A {B}} para dizer que, em um conjunto, há, de uma parte, um elemento e, de outra, um conjunto com um único elemento.

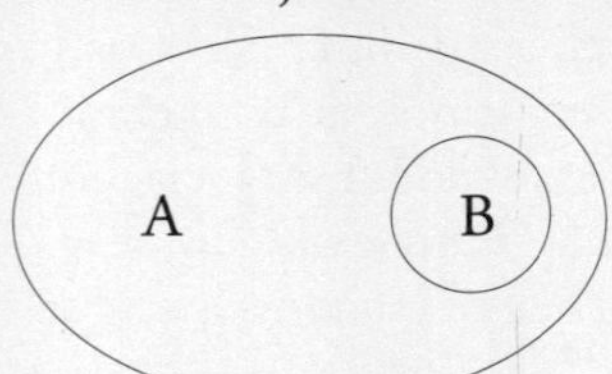

O conjunto **{A {B}}**

2

Preciso agora confessar uma coisa.

Soury e Thomé me afirmaram que uma cadeia borromeana de três é capaz de suportar dois objetos diferentes, contanto que as três rodinhas que a constituem sejam coloridas e orientadas, pois essas duas condições são exigidas, e eu concordei com isso.

Em um segundo momento, vi-me na posição desagradável de imaginar que, para distinguir esses dois objetos, bastava colori-los. Isso porque concordei de uma maneira totalmente superficial com o que eles me haviam afirmado.

Com efeito, não é o mesmo objeto se colorirmos uma dessas três rodinhas de vermelho, se colorimos essa de rosa e aquela de cinza-claro, ou se fizermos o inverso. Isso parece claro. Entretanto, é o mesmo objeto se revirarmos a esfera. Vamos obter, então, de um modo muito fácil, uma disposição contrária.

Meu Deus, vou desenhar isso rapidamente.

Vamos partir do que temos aqui. Se não consideramos o vermelho como rígido, é muito plausível fazer o anel deslizar de modo a levá-lo para onde é evidente que ele pode estar. Vocês obtêm a seguinte transformação. E, a partir daí, nada mais plausível que deslizar essa rodinha de um modo tal que a rodinha rosa seja interna à rodinha vermelha, em vez de ser a rodinha cinza-claro, e que, ao contrário, a rodinha cinza-claro seja externa.

As coisas não são fáceis de demonstrar. Se é imediato, ao simples pensamento, que as três rodinhas podem ser reviradas umas em relação às outras, já não é tão fácil obter isso pela manipulação. A prova é que os citados Soury e Thomé, que representaram essa manipulação para mim de modo muito preciso, só o fizeram se confundindo um pouco. Tentei, aqui, representar para vocês como é possível dizer que essa transformação se opera efetivamente.

Em suma, o que nos detém? Somos detidos pela imediaticidade, que é um outro tipo de evidência [*évidence*], se assim posso dizer, diferente daquela que, concernente ao real, designo com um *joke* tomando como suporte o esvaziamento [*évidement*]. O que resiste à evidência-esvaziamento é a aparência nodal que produz o que chamo de *cadeinó* [*chaînoeud*] fazendo equívoco com cadeia e nó. Essa aparência nodal, essa forma de nó, se posso dizer assim, é o que dá segurança ao real. Direi, portanto, nesse caso, que o que testemunha o real é uma falácia, posto que falei de aparência.

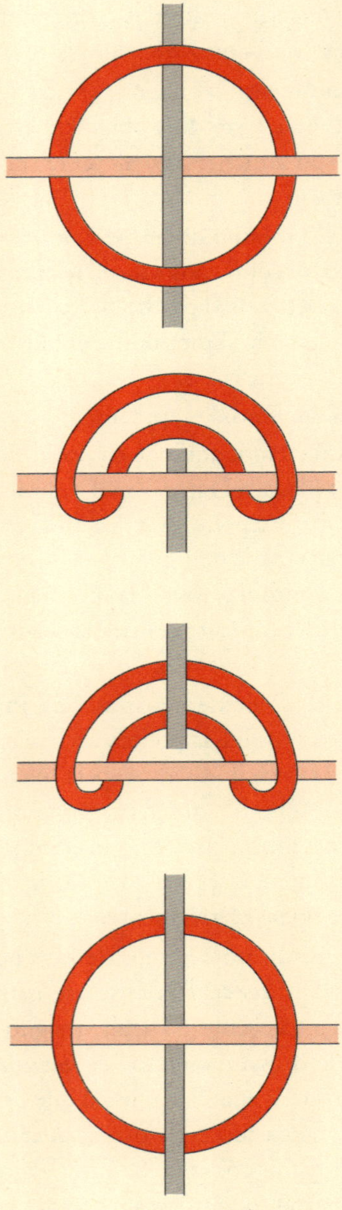

Reviramento

A evidência-esvaziamento difere da pseudo-evidência, posto que, fazendo besteira, tomei de início como evidência que podia haver dois objetos bastando colorir os círculos. O que quer dizer essa série de artifícios que eu, em suma, demonstrei para vocês? É aí que se mostra a diferença entre mostrar e demonstrar.

Há, de certo modo, uma idéia de decadência no demonstrar em relação ao mostrar. Há uma escolha pelo mostrar. Todo o blá-blá-blá a partir da evidência não faz senão realizar o esvaziamento, se o fizer significativamente.

O *more geometrico*, que durante muito tempo foi o suporte ideal da demonstração, repousa sobre a falácia de uma evidência formal. Isto é de natureza a nos lembrar que, geometricamente, uma linha não passa da interseção de duas superfícies, elas mesmas talhadas em um sólido. Mas é um outro suporte que nos fornece o anel ou o círculo, com a condição de que seja flexível. Uma outra geometria está para ser fundada sobre a cadeia.

É claro que continuo excessivamente impressionado com meu erro, que, de modo preciso, chamei de besteira. Fui afetado por isso em um ponto dificilmente imaginável. É justamente por querer me recuperar disso que agora vou me opor ao que julgo ser uma opinião de Soury e Thomé, tal como eles a exprimiram para mim.

Para demonstrar que há duas cadeias borromeanas diferentes, eles julgaram dever proceder por exaustação combinatória de três colorações e de três orientações colocadas em cada um dos círculos. Nessa ocasião, observaram que é preciso que os três sejam ao mesmo tempo orientados e coloridos, e que não se trata apenas de os três círculos serem uns coloridos, outros orientados, ou um outro orientado. Creio poder me opor a isso. Creio inclusive poder demonstrar do que se trata, no sentido em que demonstrar é ainda próximo do mostrar.

Mantenho as mesmas cores das quais me servi. Vocês sabem como represento habitualmente a cadeia borromeana. Represento-a diferentemente da representação clássica, no que lanço aqui duas retas infinitas. O uso dessas duas retas como opostas ao círculo que as une é suficiente para nos permitir demonstrar que há dois objetos diferentes na cadeia, com a condição de que um par seja colorido e o terceiro orientado, como aqui:

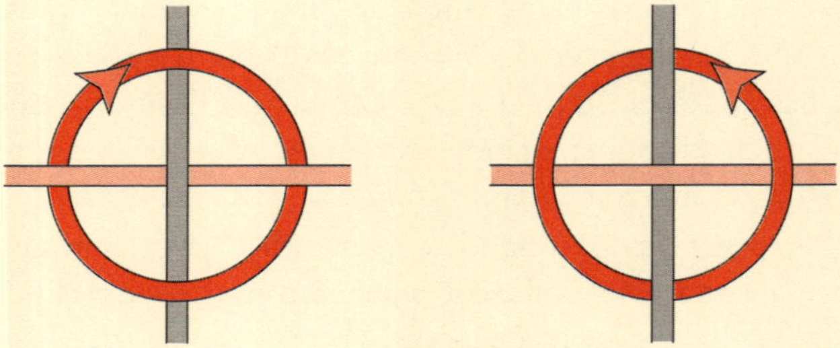

Dextrógiro *Levógiro*

Inversão da orientação

Se falei de retas infinitas, é porque a reta infinita, de que Soury e Thomé prudentemente não fazem uso, é, pelo menos no que concerne à cadeia, um equivalente do círculo, caso seja completada por um ponto no infinito.

O que se exige de duas retas infinitas é que elas sejam concêntricas, isto é, que não façam cadeia entre elas.

Desargues enfatizara isso há muito tempo, mas sem precisar que as retas de que se trata, ditas infinitas, não devem se encadear. Com efeito, nada do que ele formulou, e que evoquei no momento propício em meu Seminário, teve essa precisão concernente ao ponto dito no infinito.

Examinemos agora o seguinte fato. Orientar a rodinha da qual dizemos não haver necessidade de ser de uma cor já é, evidentemente, isolá-la. Não dizer que ela é de uma cor já é fazer dela alguma coisa diferente. Contudo, não é indiferente dizer que as três devem ser orientadas ou que basta que apenas uma o seja.

No primeiro borromeano com uma rodinha orientada, a orientação dessa rodinha vermelha aqui, de onde a vemos, é dextrógira. Não se deve achar que uma orientação seja alguma coisa que se mantenha de todo jeito. É fácil provar isso. Trata-se de saber que, quando se revira a rodinha vermelha – e o revirar vai implicar a inversão das retas infinitas –, ela terá uma orientação exatamente inversa.

Eu disse que era suficiente uma única ser orientada. Sendo isso tão concebível quanto fazer infinitas essas duas retas, a partir de que lhes daríamos orientação?

É totalmente possível também colocar em evidência o segundo objeto a partir do que estava no princípio de minha ilusão sobre a coloração. Quero dizer invertendo não a orientação, mas as cores.

Quando invertemos as cores, a cor rosa e a cor cinza-claro, obtemos um objeto incontestavelmente diferente, com a condição de deixarmos a mesma orientação para o elemento orientado. Por que, com efeito, vou mudar a orientação do nó? Não há razão para essa mudança, se mudei o par das cores. Como eu reconheceria a não-identidade do objeto total se mudasse a orientação?

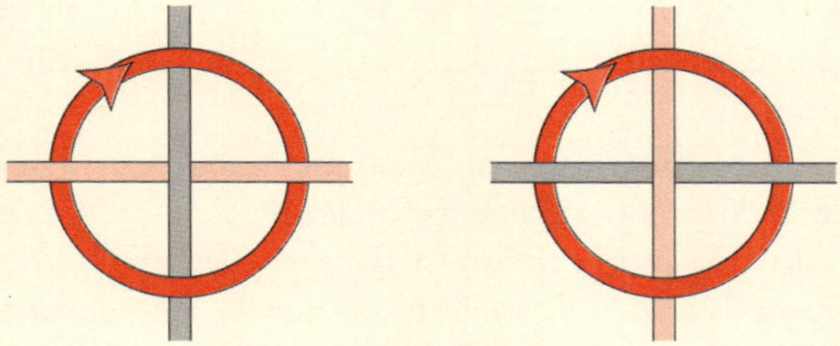

Inversão das cores (cinza-claro e rosa)

Mesmo se vocês revirarem o segundo objeto, vão perceber que ele é bem muito diferente do segundo mencionado há pouco, pois o que se trata de comparar agora são os levógiros entre eles.

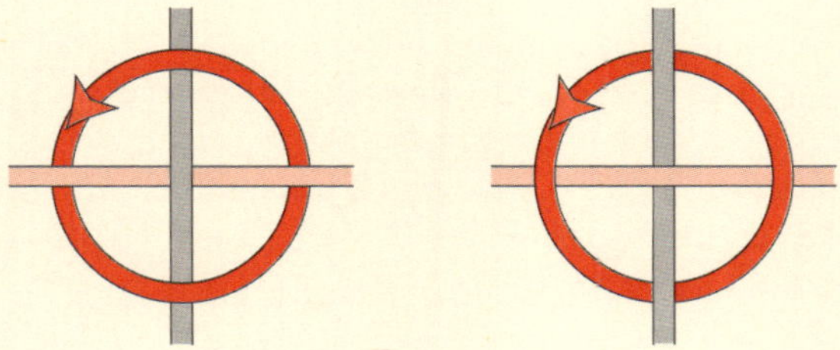

Comparação dos levógiros

Em suma, é a orientação mantida que diferencia as triplas das quais se pode dizer que têm a mesma apresentação.

3

A diferença entre a rodinha orientada e o par colorido permite-nos marcar a diferença entre o que chamei há pouco de o real marcado pela falácia e o que concerne ao verdadeiro.

Só é verdadeiro o que tem um sentido.

Qual é a relação do real com o verdadeiro? O verdadeiro sobre o real, se assim posso me exprimir, é que o real, aquele do par aqui colorido, não tem sentido algum.

Esse enunciado joga com o equívoco da palavra *sentido*. Qual é a relação do sentido com o que está escrito aqui como orientação? Podemos colocar essa questão, e podemos sugerir-lhe uma resposta, a saber: é o tempo.

O importante é que coloquemos em jogo, no caso, um par dito colorido, e que a cor não tenha sentido algum. A aparência da cor diz respeito à visão, no sentido em que a distingui, ou ao olhar? O que distingue a cor, o olhar ou a visão? É uma questão que deixarei em suspenso hoje.

A noção de par colorido está aí para sugerir que, no sexo, não há nada além do que, digamos, o ser da cor, o que por si sugere que pode haver mulher cor de homem, ou homem cor de mulher.

Se colocamos a rodinha vermelha como suporte do que concerne ao simbólico, os sexos, nesse caso, ficam opostos como, para retomar meus termos, o imaginário e o real, como a idéia e o impossível.

Mas é mesmo certo que seja sempre o real que esteja em pauta? Já disse que, no caso de Joyce, é antes a idéia e o sinthoma, tal como o chamo. Daí a clareza que resulta acerca do que é uma mulher – aqui, ela é *não-toda* por não ser apreendida, por permanecer estranha para Joyce, por não fazer sentido para ele. Aliás, será que uma mulher faz algum sentido para o homem?

O homem é portador da idéia de significante. Essa idéia, na *lalíngua*, tem seu suporte essencialmente na sintaxe. De qualquer maneira, o que caracteriza *lalíngua* entre todas são os equívocos que lhe são possíveis, tal como ilustrei com o equívoco de *dois* [*deux*] com *deles* [*d'eux*]. Se alguma coisa na história pode ser suposto, é que foi o conjunto de mulheres que engendrou o que chamei de *lalíngua*, diante de uma língua que se decompunha, no caso, o latim, já que é disso que se tratava na origem de nossas línguas.

Podemos nos interrogar a respeito do que pôde guiar um dos dois sexos rumo ao que chamarei de prótese do equívoco, e que faz com que um conjunto de mulheres tenha engendrado em cada caso *lalíngua.*

Falamos de muitas coisas hoje, exceto do que é próprio da cadeia borromeana. Ela não teria lugar se não houvesse o que desenho aqui e o que, como de costume, desenho mal. O que é próprio à cadeia borromeana, com efeito, é o seguinte, tal como já lhes apresentei:

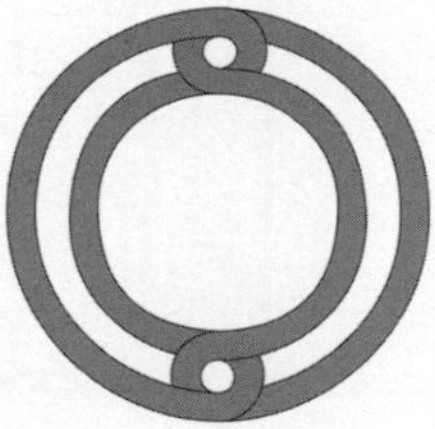

O falso-furo

Em um círculo, como assinalei há pouco, há um furo. Que se possa, com um círculo, acrescentando-lhe outro, fazer esse furo que consiste no que passa no meio e que não é nem o furo de um, nem o furo do outro, eis o que chamo de *falso-furo.*

Se alguma coisa, reta ou círculo, atravessa esse falso-furo, este, se assim podemos dizer, é verificado. A essência da cadeia borromeana repousa na verificação do falso-furo, no fato de que essa verificação o transforma em real.

Transformação do falso-furo em real

Ora, tendo tido oportunidade de reler minha "Significação do falo", tive a boa surpresa de encontrar ali, desde a primeira linha, em uma data em que eu estava bem longe de me interessar pelo nó borromeano, a evocação do nó como sendo, no caso, da alçada da castração.

Com efeito, é o falo que tem o papel de verificar que o falso-furo é real.

É na medida em que o sinthoma faz um falso-furo com o simbólico que há uma práxis qualquer, isto é, alguma coisa proveniente do dizer quanto ao que, no caso, chamarei igualmente de *a arte-dizer* [*art-dire*], para deslizar rumo ao ardor [*ardeur*].

Joyce não sabia que ele fazia o sinthoma, quero dizer, que o simulava. Isso era inconsciente para ele. Por isso, ele é um puro artífice, um homem de *savoir-faire*, o que é igualmente chamado de um artista.

O único real que verifica o que quer que seja é o falo, na medida em que ele é o suporte da função do significante, acerca do qual assinalo nesse artigo que ela cria todo significado.

É preciso ainda, vou acrescentar para retomar da próxima vez, que haja apenas ele para verificar esse real.

9 de março de 1976

VIII

Do sentido, do sexo e do real

Orientação do real, foraclusão do sentido
O real não se liga a nada
O sinthoma de Joyce é inanalisável
A função fálica, entre fantasia e fonação
Loucusofia

Nó borromeano por Soury e Thomé

Essa foi a última coisa que Soury e Thomé me deram. É um nó borromeano de minha espécie, feito com duas retas infinitas e com alguma coisa de circular. Vocês podem constatar, sem dúvida com um pouco de esforço, que é borromeano.

A única desculpa que tenho para lhes dizer alguma coisa hoje – porque, na verdade, pelo menos a meu ver, tenho necessidade de desculpa – é que isso vai ser sensato. Desse modo, não realizarei o que eu queria e que seria lhes dar um pedaço de real. Isso não pode ser chamado de outro jeito. Vocês vão ver que irei esclarecer isso.

Limito-me a me dizer que há algo de sensato que pode servir, provisoriamente. Mas esse provisório é frágil. Não estou certo de quanto tempo isso poderá servir.

1

Fiquei muito tomado por Joyce durante todo esse tempo, e vou lhes dizer em que Joyce é estimulante.

Joyce é estimulante porque sugere, mas isso é apenas uma sugestão, um modo fácil de apresentá-lo. Daí, seu valor, seu peso, todo mundo quebra a cara com ele, mesmo meu amigo Jacques Aubert, que se encontra aí na primeira fila e diante de quem me sinto indigno.

Jacques Aubert, não mais que qualquer um, não mais que o chamado Adams, que faz grandes esforços nesse gênero, não consegue chegar a esse modo fácil de apresentá-lo. Vou, talvez, daqui a pouco, lhes indicar, não lhes sugerir, a que se deve isso.

Claro, também sonhei com esse modo fácil de apresentar Joyce. Isso deve ser tomado no sentido literal, pois sonhei com isso nessa noite. Evidentemente, como se diz, vocês eram meu público, mas eu não era ator, não era ator de jeito nenhum. Colocava-lhes a par da maneira como eu – de modo algum ator, mas antes o que chamaria de escrevinhador – julgava outros personagens diferentes do meu e, assim, eu evidentemente saía de meu papel ou, melhor, não tinha papel. Era alguma coisa do gênero de um psicodrama. Isto é uma interpretação.

Deve haver algum valor Joyce me fazer sonhar com um funcionamento assim, um valor, aliás, mais fácil de extrair, pois, como eu disse, ele sugere para qualquer um que deve haver um Joyce manejável.

Ele sugere isso devido ao fato de que há psicanálise, e um monte de gente se precipita nessa pista. Mas não é porque sou psicanalista e, ao mesmo tempo, muito interessado, que devo me recusar a considerar isso sob essa luz, pois, de todo modo, existe aí alguma coisa de objetivo.

Joyce, direi, é um *a-Freud*, jogo de palavras com *affreux* [medonho]. Por isso, ele é um *a-Joyce*.

Todo objeto, exceto o objeto que chamo de pequeno *a*, que é um absoluto, concerne a uma relação. O aborrecido é que haja a linguagem e, nela, as relações se exprimem com epítetos. Os epítetos, por sua vez, impelem ao *sim ou não*.

Um tal de Charles Sanders Peirce construiu sua lógica sobre isso, o que, devido à ênfase que ele atribui à relação, o leva a fazer uma lógica trinitária. É exatamente a mesma via que percorro, com a diferença de que chamo as coisas em questão pelo nome que têm – simbólico, imaginário e real, nessa ordem exata.

Impelir ao sim ou não é impelir ao par. Isso porque há uma relação entre linguagem e sexo. Essa relação não foi ainda esclarecida por completo, mas, se é que se pode dizer, eu a encetei.

Vejam – ao empregar a palavra *encetei*, eu me dou conta de que faço uma metáfora. E o que essa metáfora quer dizer? Posso falar da metáfora no sentido geral. Mas o que quer dizer esta, a que acabo de fazer, deixo para vocês descobrirem.

A metáfora só indica o seguinte, exceto por existir, prova que a relação sexual é tomar o que reluz por ouro [*prendre une vessie pour une lanterne*], isto é, o que melhor se pode dizer para exprimir uma confusão. O que reluz pode ser ouro, mas é preciso que se tenha, por exemplo, o fogo de uma lanterna para que se possa constatá-lo, uma vez que reluzir não basta para alguma coisa ser ouro.

De onde vem o fogo? O fogo é o real. O real põe fogo em tudo. Mas é um fogo frio. O fogo que queima é uma máscara, se assim posso dizer, do real. O real é para ser buscado do outro lado, do lado do zero absoluto. De um modo ou de outro, chegamos a isso. Não há limite para o que podemos imaginar como alta temperatura. Por ora, não há limite imaginável. A única coisa que há de real é o limite de baixo. É o que chamo de uma coisa orientável. É por isso que o real o é.

Há uma orientação, mas essa orientação não é um sentido. O que quer dizer isso? Retomo o que disse da última vez sugerindo que o sentido seja, talvez, a orientação. Mas a orientação não é um sentido, uma vez que ela exclui o único fato da copulação do simbólico e do imaginário em que consiste o sentido. A orientação do real, no território que me concerne, foraclui o sentido.

Digo isso porque ontem à noite me colocaram a questão de saber se havia outras foraclusões diferentes daquela que resulta da foraclusão do Nome-do-Pai. Não resta dúvida de que a foraclusão tem alguma coisa de mais radical. O Nome-do-Pai é, no final das contas, alguma coisa leve. Mas é certo que é aí que isso pode servir, enquanto no que concerne à foraclusão do sentido pela orientação do real, pois bem, ainda não chegamos lá.

Devemos nos quebrar, se assim posso dizer, contra um novo imaginário instaurando o sentido. É o que tento instaurar com minha linguagem, que tem a vantagem de apostar na psicanálise na medida em que tento instituí-la como discurso, isto é, como o semblante mais verossímil. A psicanálise, em suma, nada mais é do que curto-circuito passando pelo sentido – o sentido como tal, definido por mim há pouco pela copulação da linguagem, posto que é a partir dela que dou suporte ao inconsciente, com nosso próprio corpo.

Devo lhes dizer que, no intervalo, fui ouvir Jacques Aubert em um lugar para o qual vocês não foram convidados, e lá fiz algumas reflexões sobre o *ego*, o que os ingleses chamam de *ego* e os alemães, de *Ich*. Cogitei essa coisa a partir de um nó cogitado por um matemático cujo nome não é outro senão Milnor. Ele inventou uma idéia de cadeia que ele chama de *link* em inglês. Vou desenhar isso.

Vou refazê-lo porque, claro, como sempre acontece quando desenho um nó, eu me embanano. Não é a primeira vez que isso me acontece diante de vocês. Pois bem, este é o correto. É uma cadeia de dois elementos. Vocês devem ver que está enodado:

O nó de Milnor

Suponham, diz Milnor, que vocês se dêem a permissão de que, em uma cadeia qualquer, um mesmo elemento possa cruzar com ele mesmo, de modo que o que estava aqui por cima fique aqui por baixo. O resultado é que não há mais nó, não há mais *link*. Claro, há uma série de outros exemplos.

Proponho à astúcia de vocês notar que, caso dupliquem cada um dos elementos dessa cadeia, isso não será mais verdadeiro, por mais inverossímil que lhes possa parecer. Espero que vocês se dêem conta disso. Não trouxe meus desenhos, e não correrei o risco de lhes mostrar como isso se enrosca. Uma argola em oito, ao cruzar com ela mesma, se solta com facilidade. Por que isso não seria verdadeiro também quando há duas argolas?

Vou retornar a isso na próxima vez. Não apenas há um obstáculo, como é radicalmente impossível separar os quatro elementos.

2

A esse respeito, devo lhes dizer que tampouco posso traçar todos os algoritmos que enunciei do tipo S(Ⱥ), S de A barrado.

Em meu Seminário *Mais, ainda* – assim me parece porque é claro que nunca o leio – faço um protesto do qual eu tinha totalmente me esquecido, mas alguns se perguntam o que ele quer dizer, um protesto contra a confusão do S(Ⱥ) com a função *phi*. Não digo o pequeno φ, mas o grande Φ, que é uma função, tal como está implicado no que indiquei, a saber – existe um x para o qual essa função é negativa, $\exists x \overline{\Phi x}$.

Claro que o ideal do matema é que tudo se corresponda. É justamente em que o matema, quanto ao real, exagera. Com efeito, essa correspondência não é o fim do real, ao contrário do que se imagina, sem saber bem por quê. Como disse há pouco, só podemos chegar a pedaços de real.

O real, aquele de que se trata no que é chamado de meu pensamento, é sempre um pedaço, um caroço. É, com certeza, um caroço em torno do qual o pensamento divaga, mas seu estigma, o do real como tal, consiste em não se ligar a nada. Pelo menos é assim que concebo o real.

Há pequenas emergências históricas disso. Um dia, um tal de Newton achou um pedaço de real. Isso provocou frio na espinha de todos aqueles que pensavam, nomeadamente um certo Kant, a respeito de quem se pode dizer que fez de Newton uma doença. Aliás, todo mundo, todos os seres pensantes da época fizeram isso, cada um a seu modo. Isso se abateu não somente sobre os homens, mas também sobre as mulheres. Madame du Châtelet escreveu um livrinho inteiro sobre o *Newtonian System*, que tem besteiras a torto e a direito. De todo modo, é extraordinário que chegar a um pedaço de real provoque esse efeito. Mas isso é justamente sinal de que chegamos num caroço. É daí que é preciso partir.

Tento fornecer um pedaço de real a propósito de onde estamos. Estamos na pele dessa história incrível que é o espírito humano, que é a espécie humana.

Disse-lhes, a esse respeito, que não há relação sexual. Mas isso é divagação, porque faz parte do *sim ou não*. A partir do momento em que digo *não há*, já é muito suspeito que não seja verdadeiramente um pedaço de real, posto que o estigma do real é de a nada se ligar, tal como disse há pouco.

Reconhecemo-nos apenas no que temos. Nunca nos reconhecemos no que somos. Isso é implicado pelo que afirmo, é implicado pelo fato, reconhecido por Freud, de que há inconsciente.

O primeiro passo da psicanálise é nunca nos reconhecermos no que somos porque o que somos, quando somos homem, é da ordem da copulação, isto é, do que transborda essa copulação na não menos citada e, de modo significativo, cópula, constituída pelo verbo *ser*.

A linguagem encontra em sua inflexão para a cópula a prova de que é uma via de desvio muito pouco reluzente, isto é, obscura. *Obscura*, aqui, é apenas uma metáfora, porque se soubéssemos um pedaço de real, saberíamos que a luz não é mais obscura que as trevas, e vice-versa.

A metáfora *cópula* não é uma prova em si. É o modo que o inconsciente tem de proceder – ele deixa apenas vestígios, que não somente se apagam por si só, como todo uso de discurso, tanto o discurso analítico quanto os outros, tende a apagá-los.

Vocês mesmos apenas vão sonhar em fazer desaparecer os vestígios do meu, já que fui eu que comecei por dar ao discurso analítico seu status, a partir do *fazer semblante do objeto pequeno* a, ou seja, do que nomeio a propósito do que o homem se coloque no lugar do lixo que ele é – pelo menos aos olhos de um psicanalista, que tem uma boa razão para saber disso, pois ele mesmo se coloca nesse lugar. É preciso passar por esse lixo decidido para, talvez, reencontrar alguma coisa que seja da ordem do real.

Mas vejam que aqui falo em reencontrar. Já é um deslizamento, como se tudo dessa ordem já tivesse sido encontrado. Aí está a armadilha da história. A história é a maior das fantasias, se assim podemos nos exprimir. Por trás da história dos fatos pelos quais os historiadores se interessam, há o mito.

O mito é sempre cativante, a prova é que Joyce, após ter cuidadosamente testemunhado o sinthoma de Dublin, cuja alma deriva apenas do seu, não deixa de, coisa fabulosa, cair no mito Vico que sustenta o *Finnegans Wake*. De todo modo, a única coisa que o preserva disso é que *Finnegans Wake* se apresenta como um sonho.

Não somente é um sonho, como aponta que Vico é um sonho, assim como, no final das contas, os desvarios de Madame Blavatsky, o *manvantara* e tudo o que se segue, a idéia de um ritmo no qual eu mesmo recaí, digamos assim, com o reencontrar mencionado por mim antes. Não reencontramos – exceto para designar que apenas giramos em círculos – encontramos. A única vantagem desse reencontrar é valorizar o que indico, que não poderia haver progresso, ficarmos girando em círculos.

Há, de todo modo, uma outra maneira de explicar que não há progresso. É que só há progresso marcado pela morte, o que Freud sublinha ao *trieber* essa morte, se posso assim me exprimir, ao fazer dela um *Trieb*. Esse termo, em francês, é traduzido por *pulsion* ou *pulsion de mort* [pulsão ou pulsão de morte]. Não sei por que não lhe foi encontrada uma melhor tradução, uma vez que há a palavra *dérive* [deriva].

A pulsão de morte é o real na medida em que ele só pode ser pensado como impossível. Quer dizer que, sempre que ele mostra a ponta do nariz, ele é impensável. Abordar esse impossível não poderia constituir uma esperança, posto que é impensável, é a morte – e o fato de a morte não poder ser pensada é o fundamento do real.

O incrível é que Joyce – que tinha o maior desprezo pela história, com efeito fútil, qualificada por ele de pesadelo, e que se caracteriza por despejar sobre nós as palavras grandiosas que nos fazem tanto mal – só conseguiu encontrar esta solução: escrever *Finnegans Wake*, ou seja, um sonho que, como todo sonho, é um pesadelo, ainda que seja um pesadelo moderado. Com a diferença, diz ele, e é assim que é feito esse *Finnegans Wake*, de que o sonhador não é nenhum personagem particular desse livro, mas o próprio sonho.

É nisso que Joyce desliza, desliza, desliza até Jung, desliza até o inconsciente coletivo. Que o inconsciente coletivo seja um sinthoma, não há melhor prova que Joyce, pois não se pode dizer que *Finnegans Wake*, em sua imaginação, não participa desse sinthoma.

Então, o sinal de meu impedimento é de fato Joyce, justamente porque o que ele afirma, e de maneira plena e especialmente artística, pois tem *savoir-faire* nisso, é o sinthoma, e sinthoma tal que não há nada a fazer para analisá-lo.

Um católico de boa cepa, como era Joyce, de quem jamais se pode dizer que não foi muito bem educado pelos jesuítas, um católico, verdadeiro de verdade – mas certamente não há aqui entre vocês um que seja verdadeiro, pois não foram educados nos jesuítas –, pois bem, um católico é inanalisável.

Eu disse isso recentemente, por ocasião de uma apresentação de Jacques Aubert. Nesse contexto, alguém me fez notar que havia dito a mesma coisa dos japoneses. Foi Jacques-Alain Miller, com certeza, que não perdeu essa oportunidade.

Enfim, mantenho isso. Não pela mesma razão.

3

Após essa apresentação de Jacques Aubert, para a qual vocês não foram convidados, vi um filme, também japonês[1].

Foi numa salinha. Assim como para Jacques Aubert, tampouco vocês poderiam ser convidados. E, depois, não queria lhes dar más idéias. Apesar disso, escolhi algumas pessoas da minha Escola para assistirem a esse filme, e suponho que elas, assim como eu, ficaram embasbacadas. Foi o termo de que me servi para dizer do efeito provocado em mim pelo filme.

Fiquei embasbacado porque se trata do erotismo feminino. Não esperava isso ao ir ver um filme japonês. Comecei então a compreender o poder das japonesas.

Foi uma projeção privada, mas espero que, apesar disso, o filme seja liberado. Fazendo alguns movimentos coleantes, vocês acabarão por vê-lo em salas especiais. Vão exigir de vocês uma senha e, por exemplo, vocês poderão dizer que vêm ao meu Seminário.

Parece que nele o erotismo feminino foi levado ao extremo, e esse extremo é a fantasia, nem mais, nem menos, de matar o homem. Mas mesmo isso não basta. Depois de tê-lo matado, vai-se mais longe. Depois – por que depois?, eis a dúvida – a japonesa em questão, que, é o caso de dizer, é uma amante mulher, corta o pau de seu parceiro. É assim que isso chama. Nós nos perguntamos por que ela não o cortou antes.

---

1 Trata-de de *O império dos sentidos*, dirigido por Nagisa Oshima. (N.T.)

Sabemos que isso é uma fantasia, ainda mais porque há muito sangue no filme. Eu queria muito que os corpos cavernosos fossem bloqueados, mas, agora, não sei mais nada. Não sei como é que isso se dá depois da morte.

Há aí um ponto que chamei há pouco de duvidoso. É aí que vemos claramente que a castração não é a fantasia. Ela não é tão fácil de situar na função que lhe é própria na análise, já que pode ser fantasiada.

Por isso, retorno com meu grande Φ que pode igualmente ser a primeira letra da palavra *fantasia*.

Essa letra situa as relações do que chamarei de uma *phunção* de fonação. Essa é, contrariamente ao que se crê, a essência do Φ. É uma phunção de fonação que, como tal, acaba sendo substitutiva do macho, dito homem.

Em meu Seminário *Mais, ainda*, levantei-me contra a substituição desse Φ pelo significante ao qual não pude dar outro suporte senão uma letra complicada da notação matemática, a saber, S(Ⱥ). S de A barrado é uma coisa bem diferente de Φ. Não é com isso que o homem faz amor. No final das contas, ele faz amor com seu inconsciente, e mais nada. Quanto ao que fantasia a mulher, se é mesmo isso que nos foi apresentado pelo filme, é alguma coisa que, de todo modo, impede o encontro.

S(Ⱥ), o que isso quer dizer?

Se o intermediário ou, dito de outra forma, o instrumento que se coloca para funcionar na copulação, é mesmo, como é patente, para ser colocado de lado, o meu S maiúsculo, parênteses, grande A barrado é de outra ordem.

O grande A é barrado porque não há Outro – não aí onde há suplência, a saber o Outro como lugar do inconsciente, esse de quem eu disse que é com isso que o homem faz amor, em outro sentido da palavra *com* e que é o parceiro – o grande A é barrado porque não há Outro do Outro.

Peço desculpa por não ter tido outra coisa para me servir além da barra. Há uma barra que qualquer mulher pode saltar, é a barra entre o significante e o significado, como pôde lhes provar, espero, o filme a que fiz alusão há pouco. Ela é como esta barra que está aqui, sobre $\overline{\Phi x}$. Há uma outra barra a ser barrada. Lamento, aliás, não tê-la feito como a precedente, pois assim teria sido mais exemplar. Colocada atravessando o grande A, essa barra diz que não há Outro que responda como parceiro.

A maior necessidade da espécie humana é que haja um Outro do Outro. É aquele a quem chamamos geralmente de Deus, mas a análise o desvela como pura e simplesmente *A* mulher.

A única coisa que permite supor *A* mulher é que, como Deus, ela seja poedeira.

No entanto, o progresso a que a análise nos incita tem sido o de nos apontar que, embora o mito a faça sair toda de uma única mãe, a saber, de Eva, há apenas poedeiras particulares. E isso é a única coisa que permite designá-la como *A*, já que eu lhes disse que *A* mulher não existe, e tenho cada vez mais razões para crer nisso, sobretudo depois de ter visto esse filme.

Foi por isso que evoquei, acho, no Seminário *Mais, ainda*, o que queria dizer essa letra complicada, a saber, o significante de que não há Outro do Outro.

Aí está. Tudo que lhes contei é apenas sensato. Daí, como prova toda história, o grande risco de se enganar. Não fazemos outra coisa.

Se corro os mesmos riscos, é antes para prepará-los para o que poderia lhes dizer de diferente, tentando fazer uma *Loucusofia* [*Folisophie*], se posso dizer assim, menos sinistra que o *Livro* dito, na Bíblia, *da Sabedoria*, embora isso não deixe de ser o melhor que se pode fazer para fundar a sabedoria sobre a falta, única fundação que ela pode ter. Não é de modo algum ruim, é bem caprichado. Aconselho sua leitura, ela é sóbria e de muito bom-tom.

Não é sempre que os católicos fazem essa leitura. Podemos até dizer que o catolicismo, durante séculos, consistiu em impedir seus seguidores de lerem a Bíblia.

Chegarei a lhes dizer – não precisa ser apenas um sonho – o que seria chamado de um pedaço de real – no sentido próprio do termo *pedaço*, há pouco definido por mim?

Por ora, podemos dizer que mesmo Freud só faz o que é sensato, e que isso me tira toda esperança. Nem por isso deixa de ser uma razão, não para esperá-lo, mas para fazê-lo realmente um dia.

Já é bastante por hoje. É preciso rir um pouco de tempos em tempos.

16 de março de 1976

IX

Do inconsciente ao real

Um novo tipo de idéia
A energética e o real
O sentido é o Outro do real
O Nome-do-Pai: prescindir, servir-se dele
O real é sem lei

Como de costume, tenho algo a lhes dizer. Mas hoje, porque tenho uma oportunidade – é o dia de meu aniversário –, gostaria de poder verificar se sei o que digo.

Apesar de tudo, dizer visa ser escutado. Gostaria de verificar, em suma, se não me contento em falar para mim – tal como todo mundo o faz, com certeza, se o inconsciente tem um sentido.

Preferiria, portanto, hoje, que alguém me coloque uma questão. Digo *alguém*, não *alguns*, não peço em absoluto algo fulgurante.

Sem dúvida, gostaria que alguém escrevesse alguma coisa que justificasse o trabalhão que venho tendo há pouco mais de vinte anos. O único modo de justificá-lo seria que alguém inventasse qualquer coisa que pudesse me servir. Estou convencido de que isso é possível.

1

Inventei o que se escreve como o real.

Naturalmente, o real, não basta escrevê-lo *real*. Até que muita gente fez isso antes de mim. Mas eu escrevo esse real sob a forma do nó borromeano, que não é um nó, mas uma cadeia, tendo algumas propriedades. Na forma mínima, sob a qual tracei essa cadeia, é preciso pelo menos três elementos. O real consiste em chamar um desses três de *real*.

Esses três elementos, tais como são ditos enodados, na realidade encadeados, constituem metáfora. Não passa, é óbvio, de metáfora da cadeia.

Como pode haver uma metáfora de alguma coisa que é apenas número? Essa metáfora, por causa disso, é chamada de cifra.

Há um certo número de maneiras de traçar as cifras. A maneira mais simples é aquela que chamei de traço unário. Aliás, basta fazer um certo número de traços ou de pontos para indicar um número.

O que é chamado de energética não passa da manipulação de um certo número de números de que é extraído um número constante. Freud referia-se a isso ao se referir à ciência tal como concebida em seu tempo. Fazia, assim, apenas uma metáfora. Ele jamais fundamentou verdadeiramente a idéia de uma energética psíquica, sequer poderia sustentar tal metáfora com alguma verossimilhança. A idéia de uma constante, por exemplo, que ligaria o estímulo à resposta, é completamente insustentável.

Na metáfora da cadeia borromeana, digo que inventei alguma coisa. Que é inventar? O que inventei? Será uma idéia?

Que isso não os impeça de tentar, daqui a pouco, fazer uma pergunta que me recompense – não o esforço que faço neste instante porque, justamente, penso neste instante que o que lhes digo neste instante não tem muita chance de obter uma resposta.

Essa idéia do real, tal como escrita no nó borromeano que é uma cadeia, será uma idéia? Não é uma idéia que se sustenta. É aí que vemos que a idéia, aquela que aparece assim quando estamos deitados, é isso, pelo menos a idéia reduzida a seu valor analítico.

Que a gente esteja deitado ou de pé, o efeito de cadeia que se obtém pela escrita não se pensa com facilidade. Pelo menos em minha experiência, uma cadeia composta de um certo número de elementos, ainda que reduzidos a três, não é imaginada nem escrita facilmente. É melhor se acostumar com isso antes para estar certo de conseguir escrevê-la. É exatamente isso que vocês testemunharam mil vezes comigo mesmo, nos erros, enfim, nos lapsos que fiz diante de vocês tentando fazer uma escrita que simbolizasse essa cadeia.

Considero que ter enunciado, sob a forma de uma escrita, o real em questão tem o valor do que chamamos geralmente de um trauma. Não que eu visasse traumatizar quem quer que fosse, sobretudo meus ouvintes, a quem não tenho razão alguma para querer a ponto de causar um trauma. Digamos que é o forçamento de uma nova escrita, dotada do que é preciso mesmo chamar, por metáfora, de um alcance simbólico, e também é forçamento de um novo tipo de idéia, se assim posso dizer, uma idéia que não floresce espontaneamente apenas devido ao que faz sentido, isto é, ao imaginário.

Tampouco se trata de uma coisa completamente estranha. Direi até mais, é o que torna sensível, permite roçar, mas de um modo completamente ilusório, aquilo a que chamamos de reminiscência, e que consiste em imaginar, a propósito de alguma coisa que faz função de idéia, mas não é uma, que a gente se *reminisce* dela, se posso me exprimir assim.

A reminiscência é distinta da rememoração. As duas funções são distinguidas em Freud, porque ele tinha o senso das distinções.

A rememoração é evidentemente alguma coisa que Freud obteve forçosamente graças ao termo *impressão*. Ele supôs que havia coisas que se imprimiam no sistema nervoso, e lhes conferiu letras, o que já é dizer muito, porque não há razão nenhuma para que uma impressão se figure como alguma coisa já tão distante da impressão quanto uma letra. Já há um mundo entre uma letra e um símbolo fonológico.

A idéia testemunhada por Freud no *Projeto* é de figurar isso através de redes, e foi talvez o que me incitou a lhes dar uma nova forma, mais rigorosa, fazendo com isso alguma coisa que se encadeia, em vez de simplesmente se trançar.

A rememoração consiste em fazer essas cadeias entrarem em alguma coisa que já está lá e que se nomeia como saber – e isso não é fácil, a prova são os freqüentes lapsos que fiz ao tentar traçar nesse pedaço de papel os nós colocados sob a égide dos Borromeu. Tentei, com efeito, ser rigoroso ressaltando que o que Freud sustenta como o inconsciente supõe sempre um saber, e um saber falado. O inconsciente é inteiramente redutível a um saber. É o mínimo que supõe o fato de ele poder ser interpretado.

É claro que esse saber exige no mínimo dois suportes, que denominamos termos, simbolizando-os por letras. Daí minha escrita do saber como tendo suporte no S com índice pequeno 2, S_2. Não se trata do S ao quadrado, é o S suposto ser 2. A definição que dou do significante ao qual confiro o suporte S índice 1 é representar um sujeito como tal, e representá-lo verdadeiramente. *Verdadeiramente* quer dizer, nesse caso, *conforme à realidade.*

O verdadeiro é dizer conforme à realidade. A realidade, nesse caso, é o que funciona, funciona verdadeiramente. Mas o que funciona verdadeiramente não tem nada a ver com o que designo como real. É uma suposição completamente precária que meu real – pois preciso de fato colocá-lo como meu ativo – condicione a realidade, aquela, por exemplo, da audição de vocês. Há aí um abismo, estamos longe de assegurar que seja transponível.

Em outros termos, a instância do saber renovada por Freud, quero dizer renovada sob a forma do inconsciente, não supõe obrigatoriamente de modo algum o real de que me sirvo.

Veiculei muito dessas coisas que chamamos de freudianas. Cheguei inclusive a intitular uma coisa que escrevi como "A coisa freudiana". Mas quanto ao que chamo de real, eu inventei, porque se impôs a mim. Talvez haja aqui quem se lembre como e em que momento surgiu esse famoso nó que é tudo o que há de mais figurativo. É o máximo que podemos figurar ao dizer que, ao imaginário e ao simbólico, isto é, às coisas que são muito estranhas uma para a outra, o real traz o elemento que pode mantê-las juntas.

Eis aí alguma coisa da qual posso dizer que considero como nada mais que meu sintoma. Quero dizer que é minha maneira de elevar ao seu grau de simbolismo, ao segundo grau, a elucubração freudiana – se houver o que pode ser chamado de uma elucubração freudiana. Digamos que é na medida em que Freud articulou o inconsciente que eu reajo a isso.

Assim, já vemos que se trata de um modo de elevar o próprio sinthoma ao segundo grau. É na medida em que Freud fez verdadeiramente uma descoberta – supondo-se que essa descoberta seja verdadeira – que podemos dizer que o real é minha resposta sintomática.

Reduzir essa resposta a ser sintomática é também reduzir toda invenção ao sinthoma.

2

Mudemos de lugar.

Temos uma memória? Podemos dizer que fazemos melhor ao *dizer*mos que a temos do que ao *imaginar*mos que a temos, que dispomos de uma? Eu deveria dizer que diz-pomos de uma [*on en dire-spose*], que temos de dizer.

A língua que chamei *lalinglesa* [*lalanglaise*] tem todos os tipos de recursos para dizer isso. *I have to tell.* Traduzimos *Eu tenho de dizer*, o que, aliás, é um anglicismo. Mas que possamos dizer não apenas *have*, mas *ought*, *I ought to tell*, faz diferença. *Eu tenho de dizer* torna-se *Eu devo dizer.* Do mesmo modo, que possamos enfatizar o verbo de um modo tal que se possa dizer *I do make*, *Eu insisto*, em suma, no fato de que por esse *making* há apenas fabricação. Ou, ainda, que possamos igualmente separar a negação sob a forma *I don't*, o que quer dizer *Eu me abstenho* de fazer alguma coisa. *I don't talk*, *Eu não escolho falar*, falar de quê? No caso de Joyce, trata-se do gaélico.

Isso supõe ou implica que escolhamos falar a língua que efetivamente falamos. Com efeito, apenas imaginamos que a escolhemos. E o que resolve a coisa é que, no final das contas, criamos essa língua. Isso não está reservado às frases em que a língua se cria. Criamos uma língua na medida em que a todo instante damos um sentido, uma mãozinha, sem isso a língua não seria viva. Ela é viva porque a criamos a cada instante. É por isso que não há inconsciente coletivo. Há apenas inconscientes particulares, na medida em que cada um, a cada instante, dá uma mãozinha à língua que ele fala.

Portanto, trata-se para mim de saber se não sei o que digo como verdadeiro. Cabe a cada um daqueles que estão aqui me dizer como entende isso. Enfim, não é certo que o que digo do real seja mais do que falar a torto e a direito.

Falar que o real é um sinthoma, o meu, não impede que a energética, da qual eu falava há pouco, o seja menos. Qual seria o privilégio da energética? – salvo o de, com a condição de fazer as boas manipulações, as manipulações conformes a um certo ensino matemático, sempre encontrarmos um número constante. Mas nota-se mesmo a todo instante que se trata de uma exigência, se podemos dizer assim, preestabelecida.

O que constitui em si a energética é que é preciso achar um truque para obter a constante. O truque conveniente, aquele que é bem-sucedido, é suposto conforme o que chamamos de realidade. Mas eu distingo completamente, de uma parte, esse suposto real, que é esse órgão, se assim posso dizer, que não tem absolutamente nada a ver com um órgão carnal, através do qual imaginário e simbólico estão enodados e, de outra parte, o que, da realidade, serve para fundar a ciência.

O real de que se trata é ilustrado pelo fato de que, nesse nó planificado, mostro um campo como essencialmente distinto do real, que é o campo do sentido. Podemos dizer que o real tem e não tem um sentido devido a isso, que o campo do sentido é distinto dele.

Que o real não tenha sentido é o que é figurado com isso, que o sentido está aqui e o real, lá:

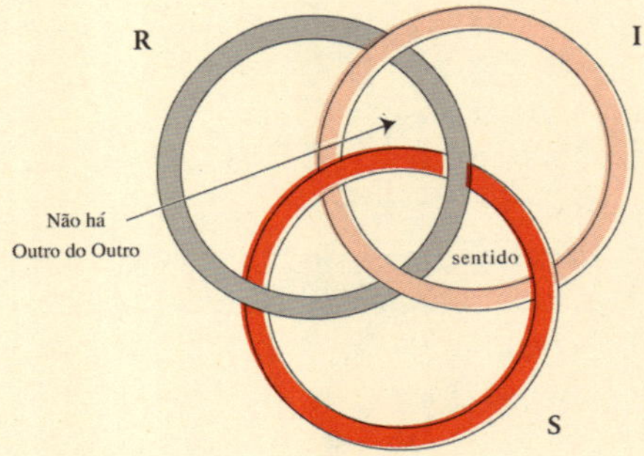

O verdadeiro furo está aqui

O simbólico distingue-se por ser especializado, digamos, como furo. Mas o impressionante é que o verdadeiro furo está aqui, onde se revela que não há Outro do Outro.

Aí seria o lugar do real, do mesmo modo que o sentido é o Outro do real, mas não há nada assim. No lugar do Outro do Outro, não há nenhuma ordem de existência. É justamente por isso que posso pensar que tampouco há para o real.

Posso pensar que o real está em suspenso, se assim podemos dizer. Ele pode ser isso a que o reduzi, sob a forma de questão, a saber, ser apenas uma resposta à elucubração de Freud, e assim, de todo modo, se pode dizer que ela repugna a energética, que está completamente suspensa quanto a essa energética.

A única concepção que pode suprir essa tal energética é aquela que enunciei com o termo de real.

3

[As perguntas, feitas por escrito, são lidas por Lacan.]

Fazem-me a seguinte pergunta: *se a psicanálise é um sinthoma* – não disse que a psicanálise era um sinthoma –, *será que, com seu nó e seus matemas, o que o senhor faz não é decifrá-la, com a conseqüência de dissipar, assim, sua significação?*

Não penso que a psicanálise seja um sinthoma. Penso que ela é uma prática cuja eficácia, apesar de tudo tangível, implica, para mim, fazer o que chamam de meu nó, a saber, esse nó triplo que está no quadro. Por isso, suspendo a abordagem desse terceiro que se distingue da realidade e que chamo de real. Por isso, também não posso dizer *eu penso*, posto que é um pensamento ainda completamente fechado, isto é, em última análise, enigmático.

Não estou certo de que a distinção do real em relação à realidade se confunda com o valor próprio que dou ao termo real. Sendo o real desprovido de sentido, não estou certo de que o sentido desse real não poderia se esclarecer ao ser tomado por nada menos que um sinthoma.

É assim que respondo à questão que me foi colocada.

Creio poder, com uma topologia grosseira, dar suporte ao que está aqui em pauta, a saber, à função mesma do real, distinguida por mim do que julgo poder com certeza tomar pelo inconsciente – com certeza porque tenho prática com o termo inconsciente, não é? Na medida em que o inconsciente não deixa de se referir ao corpo, penso que a função do real pode ser distinguida dele.

Penso que não se pode conceber o psicanalista de outra forma senão como um sinthoma. Não é a psicanálise que é um sinthoma, mas o psicanalista. É isso que responderei ao que me foi colocado como questão.

— *Segundo o Gênesis traduzido por André Chouraqui* – leio para vocês as coisas que tiveram a bondade de me escrever, e isso não está nada mal, considerando que disse que o real tem a ver com a escrita/escritura – *Deus criou para o homem uma ajuda contra ele. O que pode ser dito do psicanalista como ajuda contra?*

O psicanalista é uma ajuda da qual podemos dizer que é uma inversão dos termos do Gênesis, posto que, assim como o Outro do Outro, é o que acabo por definir há um instante como esse furinho aí. A hipótese do inconsciente tem seu suporte justamente na medida em que esse furinho possa, por si só, fornecer uma ajuda.

A hipótese do inconsciente, sublinha Freud, só pode se manter na suposição do Nome-do-Pai. É certo que supor o Nome-do-Pai é

Deus. Por isso a psicanálise, ao ser bem-sucedida, prova que podemos prescindir do Nome-do-Pai. Podemos sobretudo prescindir com a condição de nos servirmos dele.

— *Cada ato de fala, golpe de força de um inconsciente particular, não é coletivização do inconsciente?*

Se cada ato de fala é um golpe de força de um inconsciente particular, está completamente claro que, como temos na teoria sobre isso, cada ato de fala pode esperar ser um dizer. E o dizer chega a isso sobre o qual há teoria, a teoria que é o suporte de toda espécie de revolução, a saber, uma teoria da contradição.

Podemos dizer muitas coisas diferentes, cada uma sendo, na ocasião, contraditória. Mas jamais foi provado que daí saísse uma realidade que presumíssemos ser revolucionária. Quero dizer que não é porque há desarrumação contraditória que nada jamais tenha saído daí como constituinte de uma realidade. Esperamos que uma realidade saia daí, mas é justamente isso que jamais foi verificado como tal.

— *Que limite o senhor designou para os campos da metáfora?*

É uma pergunta muito boa. Não é porque a reta é infinita que ela não tem limite, pois a questão continua com: *Os campos da metáfora são, por exemplo, infinitos como a reta?*

É certo que o status da reta merece reflexão. Que uma reta cortada seja, ao ter limites, seguramente finita, não implica que uma reta infinita seja sem limite. Não é porque o finito tem limites que é suficiente uma reta infinita para metaforizar o infinito, uma vez que se pode supor que ela tenha o que chamamos de ponto no infinito, isto é, que faça círculo.

O que coloca como questão a reta é justamente que a reta não é reta. O raio de luz parece-nos dar uma imagem disso, e todos sabem, considerando as últimas notícias de Einstein, que devemos supô-lo flexível. Esse raio de luz se curva ainda que, para o curto alcance que é o nosso, dê toda a aparência de realizar a reta.

Como conceber uma reta que, nesse caso, fica torta? Este é evidentemente um problema levantado por minha questão do real. Ela implica de certo modo que possamos colocar questões como, meu Deus, aquela que Lênin colocava. Ele formulou expressamente que uma reta podia ser entortada. Ele a implicou em uma metáfora sua e que tinha como suporte o seguinte: mesmo um bastão pode sê-lo, o bastão sendo aqui o que grosseiramente é considerado a imagem de uma reta, um bastão pode ser entortado unicamente pelo fato de ser bastão e, ao mesmo tempo, estar em condição de ser endireitado.

Qual é o sentido desse *endireitar* com relação ao uso que podemos fazer no nó borromeano de duas retas? Qual pode ser a definição da reta fora do suporte de curto alcance do raio de luz? Não há nenhum outro além do que chamamos de o caminho mais curto de um ponto a outro. Mas como saber qual é o caminho mais curto de um ponto a outro?

— *Estou sempre na expectativa de que o senhor jogue com os equívocos. O senhor disse* Yad'lun, *falou do real como impossível, não tomou como apoio o* U(i)m-possível [*un-possible*]. *A propósito de Joyce, o senhor fala de falas impostas, mas não se apóia no Nome-do-Pai como* U(i)m-posto [*un-pose*].

Essa aqui foi assinada. Quem é que fica sempre na expectativa de que eu jogue com os sagrados equívocos? Especialmente, não é o que me concerne. Parece-me que os desmistifico. É certo que esse Um me embaraça muito. Não sei o que fazer com ele, posto que o Um não é um número, como todos sabem e como aponto nesse caso.

Falo do real como impossível na medida em que creio justamente que o real – enfim, *creio*, se esse é meu sintoma, digam-me –, é preciso dizê-lo bem, o real é sem lei. O verdadeiro real implica a ausência de lei. O real não tem ordem. É o que quero dizer dizendo que a única coisa que chegarei talvez um dia a articular diante de vocês é alguma coisa concernente ao que chamei de um pedaço de real.

— *O que pensa da desarrumação contraditória que acontece há alguns anos na China?*

Eu aguardo. Mas não espero nada.

— *O ponto se define pela interseção de três planos. Podemos dizer que ele é real? A escrita de traços, como alinhamento de pontos, a escrita, o traço como alinhamento de pontos são reais no sentido em que o senhor o entende?*

Está escrito *no sentido* que *o senhor o entende*. Não, não há motivo para risos, é uma questão que vale mesmo a pena ser colocada. Se o ponto se define pela interseção de três planos, podemos dizer que ele é real?

A implicação do que chamo de cadeia borromeana, que não haja nenhum ponto comum entre os elementos que a constituem, exclui certamente do real o ponto como tal. Que uma configuração do real só possa ter como suporte essa hipótese de que não há nenhum ponto comum, nenhuma conexão, nenhum *ipsilon* na escrita, *y*, implica certamente que o real não comporta o ponto como tal. Agradeço muito por essa pergunta.

— *O número constante de que o senhor falou tem uma relação com o falo ou com a função fálica?*

Não penso em absoluto – enfim *eu penso*, eu penso na medida em que o meu pensamento é mais que um sintoma – que o falo possa ser um suporte suficiente para o que Freud concebia como energética. Assim, o que é mesmo muito impressionante é ele próprio não o ter jamais identificado.

Alguém me escreve em chinês, não, em japonês, o que é muito, muito gentil. Quero dizer que reconheço os pequenos caracteres. Gostaria muito que a pessoa que me enviou esse texto o traduzisse.

— *O senhor é anarquista?*

Claro que não.

— *Qual pode ser o estatuto de uma resposta dada a uma elucubração a partir da qual ela se definiria como sinthoma?*

Evoquei há pouco uma elucubração que era a do inconsciente. Vocês certamente notaram que era preciso que eu reduzisse o sinthoma em um grau para considerar que ele era homogêneo à elucubração do inconsciente. Quero dizer que ele se figurava como enodado com ele. O que supus há pouco é que eu reduzia o sinthoma, que está aqui, a alguma coisa que corresponde não à elucubração do inconsciente, mas à *realidade* do inconsciente. É certo que, mesmo sob essa forma, isso implica um terceiro termo, que mantenha separadas essas duas rodinhas de barbante.

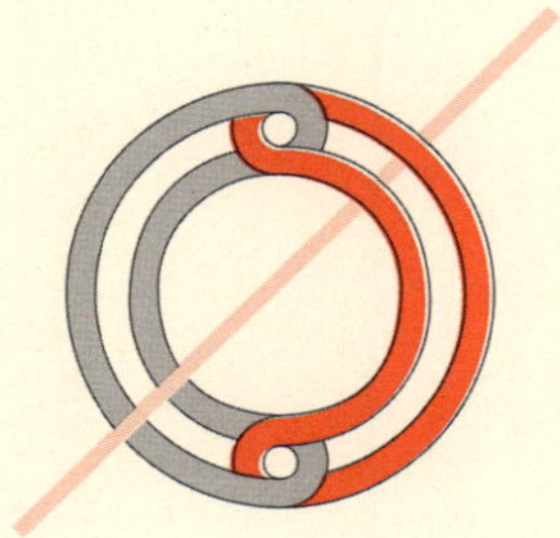

O nó do sinthoma e do inconsciente, mantido pelo corpo

Esse terceiro termo pode ser o que quisermos. Mas se o sinthoma é considerado equivalente do real, esse terceiro termo só pode ser, nessa circunstância, o imaginário. Enfim, podemos fazer a teoria de Freud fazendo desse imaginário, a saber, do corpo, tudo o que mantém separados os dois do conjunto que constituí aqui pelo nó do sintoma e do simbólico.

Agradeço-lhes pelas perguntas, exceto a seguinte: — *Seu charuto torto é um sintoma de seu real?*

Certamente. Meu charuto torto está estritamente relacionado com a questão que coloquei sobre a reta, igual e nomeadamente torta.

13 de abril de 1976

Para Concluir

X

A ESCRITA DO EGO

O que falta à filosofia e o que supre isso
De uma lógica de saco e de cordas
Desprender-se da idéia de eternidade
De um corpo que se deixa cair[1] *como uma casca*
O que falta ao nó de Joyce e o que o corrige

Da última vez, confidenciei-lhes que a greve me caía muito bem. Não tinha vontade alguma de lhes contar nada porque eu mesmo estava embaraçado.

Será que me escutam? Não vou falar mais alto. Esse microfone funciona? Para mim, seria muito fácil encontrar um outro pretexto, por exemplo, que isso não funciona – não que eu, desta vez, não tenha alguma coisa para lhes dizer.

Da última vez, estava tão enredado entre meus nós e Joyce que não senti a menor vontade de falar disso com vocês. Estava embaraçado, e, agora, estou um pouco menos, pois creio ter descoberto algo transmissível.

Evidentemente sou, de preferência, ativo. A dificuldade me provoca, de modo que teimo em quebrar a cabeça durante todos os meus finais de semana com alguma coisa que não é clara por si só – pois não é claro por si só que encontrei o pretenso nó borromeano.

---

[1] Em francês, *laissé tomber*, que, literalmente, pode ser traduzido como "deixado cair", mas que comporta também o sentido de "abandonar", "desistir". (N.T.)

1

Tentei, em suma, forçar as coisas. Joyce não tinha, com efeito, nenhuma espécie de idéia do nó borromeano.

Não que ele não tenha feito uso do círculo e da cruz. Inclusive só se fala disso a seu respeito. Alguém chamado Clive Hart, eminente estudioso que se dedicou a comentar Joyce, interessou-se e usou isso muitíssimo, especialmente a propósito de *Finnegans Wake*, no livro que ele intitulou *Structure in James Joyce*[2].

A primeira coisa que posso lhes dizer é que a expressão *É preciso fazê-lo*! tem um estilo agora. Ela jamais foi dita assim, e isso, naturalmente, combina muito bem com a fabricação desse nó que, na realidade, é uma cadeia.

É preciso fazê-lo se reduz a escrevê-lo. O que é curioso é esse nó ser um apoio [*appui*] ao pensamento [*pensée*]. Vou me permitir ilustrá-lo com um termo que permite escrever o pensamento de outro modo. É preciso que eu o escreva para vocês nessa folhinha de papel em branco – *appensamento* [*appensée*].

Esse nó é um apoio ao pensamento, mas, curiosamente, para tirar daí alguma coisa, é preciso escrevê-lo, ao passo que, se nos limitarmos a pensá-lo, não é fácil representá-lo, mesmo o mais simples, não é fácil vê-lo funcionar. Esse nó, esse *nó bo*, implica que é preciso escrevê-lo para ver como ele funciona.

Chamá-lo de *nó bo* faz pensar em alguma coisa que é evocada em algum lugar por Joyce – *onde sobre o monte Nebo a Lei nos foi dada.*

Uma escrita é, portanto, um fazer que dá suporte ao pensamento.

Para dizer a verdade, o nó bo muda completamente o sentido da escrita. Ele dá a tal escrita uma autonomia, ainda mais notável por haver uma outra escrita, aquela que resulta do que poderia ser chamado de uma precipitação do significante. É sobre ela que Derrida insiste, mas fica bem claro que eu lhe mostrei o caminho, como já indica sufi-

---

[2] De fato, trata-se da seguinte referência: – *Clive Hart, Structure and Motif in "Finnegans Wake"*. Londres: Faber and Faber, 1962. Os capítulos IV e V foram respectivamente intitulados de "Ciclos espaciais I – o círculo" e "Ciclos espaciais II – a cruz". (N.T.)

cientemente o fato de que não encontrei outro modo de dar suporte ao significante senão pela escrita grande S.

O que permanece é o significante. Mas o que se modula na voz não tem nada a ver com a escrita. Em todo caso, é o que demonstra perfeitamente meu nó bo, e isso muda o sentido da escrita. Isso mostra alguma coisa em que podemos enganchar os significantes. E como esses significantes podem ser enganchados? Por intermédio do que chamo *diz-mensão* [*dit-mension*].

Escrevo esse termo aqui também porque não tenho muita certeza de que isso não lhes tenha escapado.

Diz-mensão é *mensão do dito*. Essa maneira de escrever tem uma vantagem: permite prolongar *mensão* [*mention*] em *mentira* [*mensonge*], indicando que o dito não é de modo algum forçosamente verdadeiro.

Dito de outra forma, o dito que resulta do que chamamos filosofia não é sem uma certa falta, e tento suprir isso recorrendo ao que só pode se escrever, o nó bo, para que tiremos dele algum partido.

Nem por isso o que há de *philia* no *filo* com que começa a palavra *filosofia* deixa de ter um peso. A *philia* é o tempo, enquanto pensamento. O tempo-pensamento é a *philia*.

A escrita, permito-me afirmar, muda o sentido, o modo do que está em jogo, a saber, a *philia* da sabedoria. Não é muito fácil dar suporte à sabedoria a não ser pela escrita, a do nó bo – de modo que, em suma, me perdoem a infatuação, o que tento fazer com meu nó bo não é nada menos do que a primeira filosofia que me parece sustentável.

A simples introdução dos nós bo sugere que eles sustentam um osso. Isso sugere, se posso dizer assim, suficientemente alguma coisa que chamarei, nessa ocasião, *ossobjeto* [*osbjet*].

É isso que caracteriza efetivamente a letra com que faço acompanhar esse *ossobjeto*, a saber, a letra pequeno *a*. Se reduzo esse *ossobjeto* a esse pequeno *a*, é precisamente para marcar que a letra, nesse caso, apenas testemunha a intrusão de uma escrita como outro [*autre*] com um pequeno *a*.

A escrita em questão vem de um lugar diferente daquele do significante. Não é de hoje que me interesso por essa questão da escrita, e a promovi pela primeira vez ao falar do traço unário, que, em Freud, é *einziger Zug*.

Devido ao nó borromeano, dei outro suporte a esse traço unário. Ainda não lhes apresentei esse outro suporte. Em minhas notas, eu o escrevo *RI*. São as iniciais de *reta infinita*[3].

A reta infinita, não é a primeira vez que vocês me ouvem falar dela, eu a caracterizo por sua equivalência ao círculo. É o princípio do nó borromeano. Ao combinar duas retas com o círculo, temos o essencial do nó. Por que a reta infinita tem essa virtude, ou qualidade? Porque ela é a melhor ilustração do furo, melhor que o círculo.

A topologia indica-nos que o círculo tem um furo no meio. Chegamos a sonhar sobre o que faz dele o centro, o que se prolonga em todos os tipos de efeitos de vocabulário, por exemplo, o centro nervoso, e ninguém sabe exatamente o que isso quer dizer. A reta infinita, por sua vez, tem por virtude ter o furo em volta dela toda. É o mais simples suporte do furo.

Para nos referirmos à prática, o que isso nos dá?

O homem, e não Deus, é um composto trinitário.

Composto de quê? Do que chamaremos *elemento*.

O que é um elemento? Um elemento é, de uma parte, o que faz *um* – dito de outro modo, o traço unário – e o que, por fazer *um*, incita à substituição. A característica de um elemento é que instauramos a combinatória de elementos.

Real, imaginário, simbólico vale tanto quanto a outra tríade com que, para dar ouvidos a Aristóteles, dava-nos o sumo da composição do homem, a saber, *nous*, *psyché*, *soma*, ou, ainda, *vontade*, *inteligência*, *afetividade*.

O que tento introduzir com a escrita do nó não é nada além do que chamarei de uma lógica de sacos e de cordas.

Evidentemente, há o saco, cujo mito, se assim posso dizer, consiste na esfera. Mas ninguém, parece, refletiu suficientemente quanto às conseqüências da introdução da corda. O que a corda prova é que um saco só é fechado quando é amarrado. Em toda esfera, é preciso que imaginemos alguma coisa – que está, com certeza, em cada ponto da esfera – que enode com uma corda essa coisa na qual sopramos.

---

[3] No original, *droite infinie*, cujas iniciais são, portanto, *DI*. É importante ressaltar esse contexto original porque, em português, as iniciais RI (de "reta infinita") poderiam fazer alusão às iniciais de Real e de Imaginário, o que é, nesse caso, completamente sem propósito. (N.T.)

Se, daqui a pouco, vou lhes falar das recordações de infância de Joyce é porque preciso mostrar em que essa lógica dita de sacos e de cordas pode nos ajudar a compreender como Joyce funcionou como escritor.

2

As pessoas escrevem suas recordações de infância. Isso tem conseqüências. É a passagem de uma escrita para outra escrita.

A psicanálise é outra coisa. Ela passa por um certo número de enunciados. Não está dito que ela leva à via de escrever. O que estou lhes impondo através de minha linguagem é que se deve prestar muita atenção quando alguém vem nos pedir, em nome de não sei que inibição, para ser colocado em condições de escrever. Quanto a mim, presto muita atenção quando me acontece, como a todo mundo, de ter alguém me pedindo isso. Não está de modo algum definido que, com a psicanálise, vai se conseguir escrever. Para falar propriamente, isso supõe uma investigação a propósito do que significa escrever.

O que vou lhes sugerir hoje diz respeito, muito precisamente, ao que escrever significa para Joyce.

Dando tratos à bola – bola que está longe de ser esférica nesse caso, posto que se vincula a tudo que sabemos –, me veio a idéia de que alguma coisa aconteceu a Joyce por uma via da qual creio poder dar conta.

Alguma coisa lhe aconteceu e faz com que, nele, o que chamamos correntemente de ego tenha um papel muito diferente do simples papel – que imaginamos simples – que ele tem para o mais comum dos que chamamos, de modo apropriado, mortais. O ego cumpre nele uma função da qual só posso dar conta pelo meu modo de escrita.

O que me colocou nessa via vale a pena ser assinalado. É que a escrita é essencial a seu ego.

Ele ilustrou isso em um encontro com não sei mais qual joão-ninguém que foi entrevistá-lo. Não achei o nome no Ellmann, que é a mais cuidadosa de suas biografias, mas não é certo que não esteja lá: apenas não tive tempo para procurar essa manhã. O episódio é bem conhecido, e qualquer um dos biógrafos de Joyce se interessa muito por ele.

Um dia, portanto, alguém foi ter com ele e lhe pediu para falar sobre uma certa imagem que reproduzia uma parte da cidade de Cork. Joyce, que sabia colocar um cara numa situação difícil, respondeu-lhe que era Cork. Diante disso, o cara disse – *Mas é óbvio, eu sei que é*, digamos, *a praça principal de Cork, eu a reconheço. Mas o que enquadra essa imagem*? A resposta de Joyce foi: – *Cork*, o que, traduzido, quer dizer *cortiça*.

Isso é dado como ilustração do fato que, no que escreve, Joyce passa sempre por essa relação com o enquadramento. Basta ler a tabela de correspondências que ele deu sobre *Ulisses* a Stuart Gilbert e que deu também, embora um pouco diferente, a Linati, e a alguns outros, entre os quais Valery Larbaud. Em cada uma das coisas que ele juntou, com que ele conta para fazer essa obra de arte que é *Ulisses*, o enquadramento tem sempre uma relação pelo menos de homonímia com o que lhe é suposto contar como imagem. Por exemplo, cada um dos capítulos de *Ulisses* tem como suporte um certo modo de enquadramento, que é chamado de dialético, ou retórico ou teológico. Esse enquadramento está ligado para ele ao estofo mesmo do que ele conta. O que não deixa de evocar minhas rodinhas que, por sua vez, também são o suporte de algum enquadramento.

A questão é a seguinte – o que se passa quando alguma coisa acontece a alguém em conseqüência de uma falha?

Essa falha não está condicionada unicamente pelo acaso. Com efeito, o que a psicanálise nos ensina é que uma falha jamais se produz por acaso. Há, por trás de todo lapso, para chamá-lo por seu nome, uma finalidade significante. Se há um inconsciente, a falha tende a querer exprimir alguma coisa, que não é somente o que o sujeito sabe, uma vez que o sujeito reside nessa divisão mesma que representei em outros tempos pela relação de um significante com outro significante.

A falha exprime a vida da linguagem, sendo que *vida* para a linguagem significa algo muito diferente do que chamamos simplesmente *vida*. O que significa *morte* para o suporte somático tem tanto lugar quanto *vida* nas pulsões que provêm do que acabo de chamar de vida da linguagem. As pulsões em questão provêm da relação com o corpo, e a relação com o corpo não é uma relação simples em homem nenhum – além disso, o corpo tem furos. É inclusive o que, no dizer de Freud, teria de colocar o homem na via desses furos abstratos concernentes à enunciação do que quer que seja.

Essa referência sugere que é preciso tentar se desprender da idéia de eternidade. É uma idéia essencialmente confusa, que se vincula apenas ao tempo passado – *philia* da qual eu lhes falava há pouco. Um amor eterno é pensado, e se chega mesmo a falar dele a torto e a direito, sem saber nada do que se diz, porque, assim, escuta-se a outra vida, se assim posso me exprimir. Vocês podem ver como tudo se engaja, e aonde os leva essa idéia de eternidade que ninguém sabe o que é.

Quanto a Joyce, poderia ler para vocês uma confidência que ele nos faz em *Portrait of the Artist as a Young Man*.

A propósito de Tennyson, de Byron, de coisas referentes a poetas, ele encontrou colegas para prendê-lo contra uma cerca de arame farpado e dar nele, James Joyce, uma surra. O colega que dirigia toda a aventura era um tal de Heron, termo que não é indiferente, posto que é o *eron*. Esse Heron, portanto, lhe bateu durante um certo tempo, ajudado por alguns outros colegas.

Depois dessa aventura, Joyce se interroga sobre o que fez com que, passada a coisa, ele não guardasse rancor. Exprime-se, então, de um modo muito pertinente, tal como se pode esperar dele, pois quero dizer que ele metaforiza sua relação com seu corpo. Constata que todo o negócio se esvaiu, *como uma casca*, diz ele.

O que nos indica isso senão alguma coisa concernente, em Joyce, à relação com o corpo, relação já tão imperfeita em todos os seres humanos?

Quem sabe o que se passa no seu corpo? Eis aí alguma coisa extraordinariamente sugestiva. Para alguns, chega a ser o sentido que dão ao inconsciente. Entretanto, se há uma coisa que tenho articulado desde o princípio com cuidado, é que o inconsciente nada tem a ver com o fato de um monte de coisas ser ignorado quanto a seu próprio corpo. Quanto ao que se sabe ele é de uma natureza bem diferente mesmo. Sabe-se um monte de coisas provenientes do significante.

A antiga noção de inconsciente, o *Unerkannt*, apoiava-se precisamente na nossa ignorância quanto ao que se passa em nosso corpo. O inconsciente de Freud é justamente a relação que há entre um corpo que nos é estranho e alguma coisa que faz círculo, ou mesmo reta infinita, e que é o inconsciente, essa duas coisas sendo, de todo modo, equivalentes uma à outra.

Então, qual sentido dar ao que Joyce testemunha?

Não se trata simplesmente, no seu testemunho, da relação com seu corpo, mas, se posso dizer assim, da psicologia dessa relação. No final, a psicologia não é outra coisa senão a imagem confusa que temos de nosso próprio corpo. Mas essa imagem confusa não deixa de comportar afetos, para chamar isso pelo nome. Ao se imaginar justamente essa relação psíquica, há alguma coisa de psíquico que se afeta, que reage, que não é destacado, o que é diferente do que Joyce testemunha após ter recebido as cacetadas de seus quatro ou cinco colegas. Em Joyce, só há alguma coisa que exige apenas sair, ser largada como uma casca.

É curioso haver pessoas que não têm afeto quanto à violência sofrida corporalmente. Aliás, essa coisa é ambígua – talvez, isso lhe dê prazer, o masoquismo não está de todo excluído das possibilidades de estimulação sexual de Joyce, ele insistiu muito a esse respeito com relação a Bloom. Mas, antes, direi que o impressionante são as metáforas que ele emprega, a saber, alguma coisa que se destaca como uma casca. Dessa vez, ele não gozou, teve uma reação de repulsa. Eis alguma coisa que é válida psicologicamente. Essa repulsa refere-se, em suma, a seu próprio corpo. É como alguém que coloca entre parênteses, que afasta a lembrança desagradável.

Ter relação com o próprio corpo como estrangeiro é, certamente, uma possibilidade, expressada pelo fato de usarmos o verbo *ter*. Tem-se seu corpo, não se é ele em hipótese nenhuma. É o que faz acreditar na alma, e depois disso não há razão para se deter, e achamos também que temos uma alma, o que é o cúmulo. Mas a forma de Joyce *deixar cair* a relação com o corpo próprio é totalmente suspeita para um analista, pois a idéia de si como um corpo tem um peso. É precisamente o que chamamos de ego.

Se o ego é dito narcísico, é porque, em certo nível, há alguma coisa que suporta o corpo como imagem. No caso de Joyce, o fato de não haver interesse por essa imagem naquela ocasião não é o que assinala que o ego tem nele uma função particularíssima? E como escrever isso em meu nó bo?

Então, agora, transponho alguma coisa, e vocês não são obrigados a acompanhar.

Até onde vai, se posso dizer assim, a *pai-versão*? – escrita como vocês sabem, desde o tempo em que a escrevo.

A pai-versão é a sanção do fato de que Freud faz tudo se ater na função do pai. E o nó bo é isso.

O nó bo é apenas a tradução do que me foi lembrado ainda ontem à noite: que o amor e, ainda por cima, o amor que podemos qualificar de eterno, se endereça ao pai, em nome disso, de ele ser o portador da castração. Pelo menos é o que Freud apresenta em *Totem e tabu* com a referência à primeira horda. Na medida em que são privados de mulher, os filhos amam o pai.

Eis alguma coisa totalmente singular e perturbadora, sancionada apenas pela intuição de Freud.

Tento dar outro corpo a essa intuição em meu nó bo, que é muito apropriado para evocar o monte Nebo onde, tal como se diz, a Lei foi entregue – essa que não tem absolutamente nada a ver com as leis do mundo real, uma vez que essas leis são, aliás, uma questão que permanece inteiramente em aberto. A Lei da qual se trata, nesse caso, é simplesmente a lei do amor, isto é, a pai-versão.

É muito curioso que aprender a escrever, pelo menos a escrever meu nó bo, serve para alguma coisa. Vou ilustrar isso imediatamente para vocês.

Suponham que haja em algum lugar, explicitamente aqui, um erro, a saber, que os cortes provoquem uma falha. Suponham que aqui onde faço tal indicação, a terceira rodinha passe por cima do grande R em vez de passar por baixo. Qual seria o resultado disso?

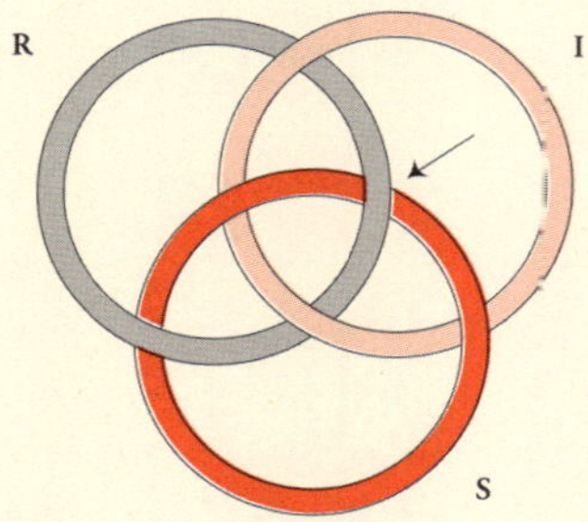

O nó que rateia

Só resta ao grande I cair fora. Ele desliza, exatamente como o que acontece com Joyce depois de ter levado aquela surra. Ele desliza, a relação imaginária não acontece. Aliás, isso leva a pensar que, se Joyce era tão interessado pela perversão, talvez fosse devido a outra coisa. Talvez, depois de tudo, da surra, isso lhe causasse repulsa. Não era, talvez, um verdadeiro perverso.

Por que Joyce é tão ilegível? É preciso fazer de tudo para imaginar por quê. Talvez seja porque não evoca em nós simpatia alguma. Mas, nessa nossa questão, será que alguma coisa não poderia ser sugerida pelo fato, patente, de ele ter um ego de uma natureza bem diferente?

Precisamente no momento de sua revolta – pois é um fato que ele chega a se livrar de seus colegas – , esse ego não funciona, não prontamente, mas apenas um tempo depois, no momento em que Joyce testemunha não manter mais nenhum reconhecimento, se assim posso dizer, por quem quer que seja, devido à surra que recebera.

Examinem o nó. Nada mais comum de imaginar que esse erro, essa falha, esse lapso. Por que não poderia acontecer de um nó não ser borromeano, de ele ratear? Mil vezes errei no quadro desenhando o nó. Pois bem, o que sugiro é supor agora a correção desse erro.

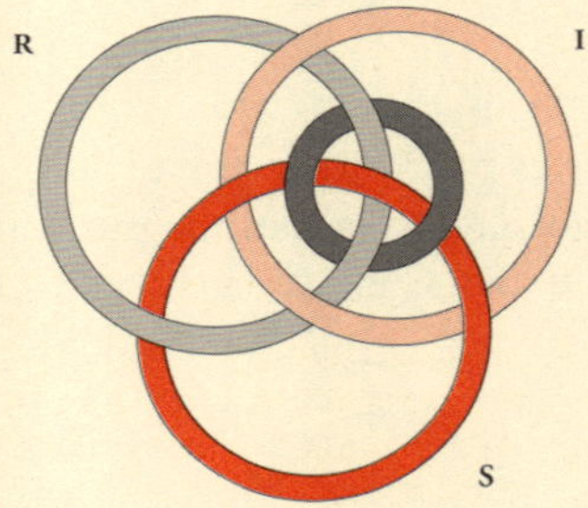

O ego que corrige

Eis exatamente o que se passa, e onde encarno o ego como corrigindo a relação faltante, ou seja, o que, no caso de Joyce, não enoda borromeanamente o imaginário ao que faz cadeia com o real e o inconsciente. Por esse artifício de escrita, recompõe-se, por assim dizer, o nó borromeano.

Vocês estão vendo: não se trata de uma face, mas de um fio. A geometria comum, aquela de onde vem a palavra *face*, é a das coisas representadas com faces. Os poliedros são cheios de faces, arestas e vértices. Mas o nó, por sua vez, nos introduz a uma outra dimensão e por isso direi que, diferente da evidência da face geométrica, ele é esvaziado. E justamente porque é esvaziado, não é evidente.

Alguém, certa vez, me interpelou – *Por que ele não diz o verdadeiro sobre o verdadeiro?* Ele não diz o verdadeiro sobre o verdadeiro porque é uma mentira dizer o verdadeiro sobre o verdadeiro.

O verdadeiro *intensional* – vou escrever aqui a *intensão*, que já distingui da palavra *extensão* – pode de tempos em tempos tocar alguma coisa de real. Mas isso, dessa vez, é por acaso.

Não imaginamos a que ponto se rateia na escrita. O *lapsus calami* não é primeiro em relação ao *lapsus linguae*, mas pode ser concebido como o que toca o real.

Sei muito bem que meu nó é a única coisa que introduz o real como tal. *Não fiquem impressionados*, isso não vai muito longe. Apenas eu tenho seu manejo, mas tanto quanto o uso, posto que isso me serve para lhes explicar alguma coisa. Considerando a situação em que vocês se encontram, pode-se muito bem tolerar que eu me esbalde com meus frágeis recursos.

É um modo de articular precisamente o seguinte: toda sexualidade humana é perversa, se acompanhamos bem o que diz Freud. Ele nunca conseguiu conceber a tal sexualidade sem ser perversa, e é justamente nesse aspecto que interrogo a fecundidade da psicanálise.

Vocês mesmos têm me escutado enunciar com freqüência o seguinte: que a psicanálise sequer é capaz de inventar uma nova perversão. É triste. Se a perversão é essência do homem, quanta infecundidade nessa prática. Pois bem, penso que, graças a Joyce, tocamos alguma coisa que jamais eu tinha considerado.

Não tinha considerado isso de imediato, foi vindo com o tempo. O texto de Joyce é todo feito como um nó borromeano. O que me impressiona sobretudo é que ele não se deu conta disso, a saber, que não há vestígio em toda sua obra de alguma coisa similar. Mas isso me parece muito mais um signo de autenticidade.

Quando lemos o texto de Joyce, e sobretudo seus comentadores, o que impressiona é o número de enigmas que ele contém. Não somente são abundantes, como podemos dizer que Joyce joga com isso, sabendo muito bem que haveria joycianos durante duzentos ou trezentos anos. Os joycianos são pessoas que se ocupam unicamente da resolução de enigmas. No mínimo, isso leva a perguntar por que Joyce os colocou ali. Naturalmente, eles encontram sempre uma razão: ele colocou isso ali porque, logo depois, há uma outra palavra, etc. Em resumo, é exatamente como em minhas histórias de *ossobjeto*, de *mentira*, de *diz-mensão*, e por aí vai. Mas no meu caso há razões, quero exprimir alguma coisa, me equivoco, enquanto, com Joyce, perdemos o latim, ainda mais porque, de latim, ele conhecia um bocado.

Felizmente, interessei-me pelo enigma numa determinada época. Escrevo isso como E_e, E índice *e*. Trata-se da enunciação e do enunciado. O enigma consiste na relação do grande E com o pequeno *e*. Trata-se de saber por que diabos tal enunciado foi pronunciado. É uma questão de enunciação. E a enunciação é o enigma elevado à potência da escrita.

Vale a pena nos determos nisso. Joyce como escritor por excelência do enigma não seria a conseqüência da cerzidura tão malfeita desse ego, de função enigmática, de função reparadora?

Poderia citar muitos exemplos de Joyce como escritor por excelência do enigma, se não fosse tão tarde. Eu lhes incito a ir verificar isso. *Ulisses* está traduzido em francês pela Gallimard, caso não tenham o velho volume dos tempos de Sylvia Beach.

3

Antes de me despedir de vocês, vou apontar algumas coisinhas que me pareceram notáveis.

Primeiro ponto. Vocês precisam perceber que o que eu lhes disse sobre as relações do homem com o seu corpo atém-se inteiramente ao fato de o homem dizer que o corpo, seu corpo, ele o tem. Dizer *seu* já é dizer que ele o possui, como se fosse, naturalmente, um móvel. Isso nada tem a ver com qualquer coisa que permita definir estritamente o sujeito, que, por sua vez, só se define de modo correto na medida em que é representado por um significante junto a outro significante.

Aqui, uma observação que poderia, talvez, deter um pouquinho o que constitui abismo quando permitimos cerrar a pai-versão com o uso do nó borromeano. Há alguma coisa que nos surpreende por tampouco servir ao corpo como tal – é a dança. Isso permitiria escrever de modo um pouco diferente o termo *condançação* [*condansation*].

Outra pergunta. O real é reto? Gostaria de observar que, na teoria de Freud, o real não tem nada a ver com o mundo. O que ele nos explica com alguma coisa concernente precisamente ao ego, a saber, o *Lust-Ich*, é que há uma etapa de narcisismo primário que se caracteriza não por não haver sujeito, mas por não haver relação do interior com o exterior.

Terei, certamente, de voltar a isso, não digo forçosamente diante de vocês porque, afinal, não tenho certeza alguma no presente momento que no próximo ano eu ainda terei esse anfiteatro. Mas suponham que, em alguma parte, eu encontre um local com setenta metros quadrados. Pois bem, vai ter lugar apenas para oito pessoas, contando comigo, e é o melhor que almejo.

Ainda preciso dizer algumas palavras que eu tinha preparado sobre a famosa epifania de Joyce, que vocês encontram por toda parte.

Peço-lhes que captem o seguinte. Quando ele faz uma lista delas, todas as suas epifanias são caracterizadas sempre pela mesma coisa, que é, de modo muito preciso, a conseqüência resultante do erro no nó, a saber, que o inconsciente está ligado ao real. Coisa fantástica, o próprio Joyce não diz a mesma coisa. É totalmente legível em Joyce que a epifania é o que faz com que, graças à falha, inconsciente e real se enodem.

Há um último esquema que posso, de todo modo, desenhar para vocês. Se aqui está o ego como o desenhei para vocês há pouco, nós nos encontramos na condição de ver o nó borromeano se reconstituir. A ruptura do ego libera a relação imaginária, pois é fácil imaginar que o imaginário cairá fora, uma vez que o inconsciente lhe permite isso incontestavelmente.

Reconstituição do nó borromeano

Eis algumas indicações que eu queria lhes dar nesta última sessão. Pensamos *contra* um significante. É o sentido que dei à palavra *appensamento* [*appensée*]. Apoiamo-nos contra um significante para pensar.

Bom, estão liberados. Não haverá última sessão este ano. Eu contava que seria no dia 18, mas, como os exames começam no dia 17, dispenso-os de se deslocarem.

11 de maio de 1976

Nota

Como primeiro anexo, temos a conferência a que Lacan se refere logo no início do Seminário. Trata-se daquela que ele fez em junho de 1975, a pedido de Jacques Aubert, na abertura do Simpósio Joyce na Sorbonne. Lacan, posteriormente, compôs, com o mesmo título, "Joyce, o Sintoma", um escrito destinado às atas do Simpósio e que incluí na coletânea *Outros escritos* (2002), de Lacan (Rio de Janeiro, Zahar, 2003, p.560-6). Uma primeira versão do texto da conferência, que eu tinha estabelecido a partir das notas tomadas por Éric Laurent, foi publicada na revista freudiana *L'Âne*, dirigida por Judith Miller.

Como segundo anexo, a apresentação de Jacques Aubert no Seminário, com o texto revisto por seu autor para a presente edição.

Enfim, Jacques Aubert, que esteve na origem do *Sinthoma*, e a quem a memória de Lacan permaneceu cara, quis reler o conjunto do manuscrito, e redigiu, a meu pedido, notas de leitura que constituem um admirável *criticism*, que, em sua qualidade de joyciano e de lacaniano, ele era o único que podia nos oferecer. Assinalo os livros publicados sob sua direção: *Joyce avec Lacan*, lançado pela Navarin em 1987; a edição das *Œuvres* de Joyce pela Gallimard, na "Bibliothèque de la Pléiade", cujo aparato crítico menciona *O sinthoma*; e, no ano passado, pela Gallimard, a nova tradução francesa de *Ulisses*.

A ele, minha gratidão.

J.A.M., 7 de janeiro de 2005

NOTA A POSTERIORI

Relendo nas provas da edição as notas de leitura que pedi a Jacques Aubert como socorro à minha ciência joyciana, percebi que elas realçavam a ausência de indicações similares referentes a outros campos de saber, percorridos ou evocados em *O sinthoma*.

Dado o caráter por vezes críptico deste Seminário, ocorreu-me que não estava excluído que o leitor de 2005 pudesse desejar de boa-fé ter à mão uma "ajuda" para lê-lo, e que isso até que não seria, nesse caso, um mau serviço a lhe prestar. Entretanto, minha repugnância a fornecer ao leitor um aparato crítico que, gratificando-o instantaneamente, o privaria, nesse mesmo viés, desse mais precioso saber que se adquire apenas atravessando a perplexidade, me conduziu ao estilo de *eftsooneries* que faz a arte de Jacques Aubert (ver o que diz a esse respeito Lacan, p.73, e o comentário de J. Aubert, p.193).

Para não atrasar a publicação, contentei-me em puxar pela memória, com as buscas que fiz ao longo dos anos para passar esse Seminário para o escrito e, de modo mais geral, com minha prática do ensino de Lacan, que trabalho para elucidar, notadamente visando essa edição, em meu curso do Departamento de Psicanálise (Universidade Paris-VIII).

A audiência com que conto testemunha, por seu crescimento ainda mais marcante este ano, o interesse renovado pelos estudos lacanianos que vem sendo suscitado pela atual promoção de diversos métodos, tão expeditivos quanto tolos e nocivos, de autocoerção mental induzida (as Terapias Cognitivo-Comportamentais, ou TCC). Os esforços dessa "ortodoxia" para se impor, de acordo com sua natureza profunda, de modo autoritário e "descarado", tornam ainda mais oportuno para os clínicos serem introduzidos à disciplina, herética e torta, do sinthoma. Daí, as aulas que consagrei este ano ao presente Seminário, e que são destinadas à publicação em *La Cause Freudienne*, revista da École de la Cause Freudienne (Editora Navarin, Difusão Seuil)*.

No mesmo espírito, confeccionei um índice de nomes próprios, pela primeira vez, nesta edição.

J.A.M., 17 de janeiro de 2005

---

*No Brasil, essas aulas foram publicadas nos números 44 (nov 2005) e 45 (mai 2006) de *Opção Lacaniana*, Revista Brasileira Internacional de Psicanálise. (N.T.)

Anexos

JOYCE, O SINTOMA

Jacques Lacan

Conferência dada no dia 16 de junho de 1975,
no grande anfiteatro da Sorbonne,
na abertura do V Simpósio Internacional James Joyce

Não estou hoje em minha melhor forma, por todos os tipos de razão.

Com a permissão de Jacques Aubert, é por sua insistência que vocês devem me ver aqui – Jacques Aubert é um eminente joyciano, e sua tese sobre a estética de Joyce é uma obra eminentemente recomendável –, coloquei como título *Joyce, o sintoma.*

A esse respeito, vocês vão me desculpar por putreprostichar [*poursticher*] por um tempinho – isso não vai durar – o Joyce de *Finnegans Wake*, que é o sonho legado por ele, colocado como um termo a – quê? É isso o que gostaria de tentar dizer. Esse sonho dá, à obra, fim – *Finnegan* – por não poder fazer melhor.

Retomo. Por que querer que a podridão na qual o homem putreprospaira [*pours-père*] – que soa como "putrefaz esperando" –, por que querer que a jornalitrição [*journiture*] que nos abastece de notícias, transmita meu título corretamente? Eles sequer sabem o que é Jacques Lacan, *Jules Lacue* também poderia lhes servir – aliás, essa é a pronúncia inglesa do que chamamos, na nossa língua, *la queue* [o pau]. Por que eles imprimiriam *Joyce, o sintoma*? Jacques Aubert lhes comunicou assim, e então eles meteram *Jacques, o símbolo.* Para eles, tudo isso certamente dá no mesmo.

Do *sin* que ptoma ao *sim* que bolo [*du* sym*quiptôme au* sym*quibole*], o que isso pode fazer com o *bosom* de Abraham[1], onde o todo-podre [*tout-pourri*] vai se reencontrar em sua natureza de bonossorico [*bonneriche*] para a entornoidade [*étournité*]?

Entretanto, retifico. Ptom, Pt'homenzim, Pt'homendebem ainda vive, na língua que se crê obrigada, entre outras línguas, a ptomar a coisa coincidente. Pois é o que isso quer dizer.

Referenciem-se pelo Bloch e von Wartburg, dicionário etimológico bem sólido, vocês lerão que o sintoma, de início, foi escrito como *sinthoma*.

Joyce, o sinthoma[2], o santhomem, tem homofonia com a santidade pela qual, talvez algumas pessoas aqui se lembrem, fui televisionado.

Se prosseguimos um pouco na leitura dessa referência no mencionado Bloch e von Wartburg, notamos que é Rabelais que, do sinthoma, faz o sintomata. Isso não surpreende, ele é um médico, e sintoma já devia ter, mas isso não é certo, um lugar na linguagem médica. Continuando na mesma veia, direi que ele sintraumatiza alguma coisa.

O importante para mim não é pastichar *Finnegans Wake* – estaremos sempre aquém dessa tarefa –, mas dizer em que medida dou a Joyce, ao formular esse título *Joyce, o sintoma*, nada menos que seu nome próprio, aquele no qual acredito que ele se reconheceria na dimensão da nomeação.

É uma suposição. Ele se reconheceria se hoje eu ainda pudesse lhe falar. Ele seria centenário, e isso não é comum – não é comum dar prosseguimento à vida tanto tempo assim, seria um acréscimo inusitado.

Encontro

Saindo de um meio bastante sórdido, trata-se, para nomeá-lo, daquele do Stanislas – criança de colégio de padre, tal como Joyce, mas de padres menos sérios que os seus, que eram os jesuítas, e só Deus sabe o que ele soube fazer disso –, em suma, emergindo desse meio sórdido, ocorreu-me, aos 17 anos, graças ao fato de que freqüentava a livraria de Adrienne Monnier, de encontrar Joyce. Também assisti, quando tinha 20 anos, à primeira leitura da tradução francesa de *Ulisses* que estava sendo lançada.

São os acasos que nos fazem ir a torto e a direito, e dos quais fazemos nosso destino, pois somos nós que o trançamos como tal. Fazemos assim nosso destino porque falamos. Achamos que dizemos o que queremos, mas é o que quiseram os outros, mais particularmente nossa família, que nos fala. Escutem esse *nós* como um objeto direto. Somos falados e, por causa disso, fazemos, dos acasos que nos levam, alguma coisa de tramado.

Com efeito, há uma trama – chamemos isso de nosso destino. De modo que não foi certamente por acaso, ainda que seja difícil reencontrar seu fio, que encontrei James Joyce em Paris, uma vez que ele passou uma boa temporada por aqui.

Peço desculpa por contar minha história. Mas penso que o faço apenas em homenagem a James Joyce.

Universidade e psicanálise

Sempre arrastei na minha existência, errante como a de todo mundo, uma quantidade enorme de livros – pilhas dessa altura –, dentre os quais os de Joyce não passam dessa altura – os outros são aqueles sobre Joyce.

Lia estes últimos de tempos em tempos, mas recentemente me dediquei a eles um montão, como Jacques Aubert pode testemunhar. Pude ver neles mais que diferenças – um singular equilíbrio no modo como Joyce é recebido, e que parte do viés pelo qual ele é tomado.

De acordo com o que o próprio Joyce sabia que lhe aconteceria depois de morto, é o universitário que domina. É quase exclusivamente o universitário que se ocupa de Joyce. É totalmente impressionante.

Joyce o havia dito: "O que escrevo não deixará de dar trabalho aos universitários." E ele não esperava nada menos que lhes dar ocupação até a extinção da Universidade. E é de fato por esse caminho que a coisa anda. E é evidente que isso só pode acontecer porque o texto de Joyce é repleto de problemas totalmente cativantes, fascinantes para o universitário mastigar.

Não sou um universitário, embora me tratem como professor, mestre e outras gracinhas. Sou um analista. Isso logo se mostra homofônico (não é mesmo?) com os quatro mestres anallistas [*annalistes*] aos quais Joyce dá grande importância em *Finnegans*, e que fundaram as bases dos anais [*annales*] da Irlanda[3]. Sou analista de uma outra espécie.

Pela análise que desde então emergiu, não podemos dizer que Joyce tenha sido mordido. Autores dignos de fé, que conheciam bem Joyce – quanto a mim, estive com ele rapidamente –, que eram seus amigos, gostavam de dizer que, se ele *freudened*, se ele freudianizou [*freudenedé*] essa cantoria [*fredonnement*], foi com aversão. Creio que é verdade.

Encontrarei o testemunho disso no fato de que, na trama dos personagens de *Finnegans*, na constelação do sonho para o qual não há despertar, a despeito da última palavra, *Wake*, há dois gêmeos – Shem, que vocês vão me permitir chamar de Shemtoma, e Shaun.

Espero que isso se pronuncie assim, porque não consultei, a esse respeito, Jacques Aubert que, quanto à pronúncia, tem penosamente me sustentado durante toda essa mexida.

Há então o Shemtoma e o Shaun. Eles são enodados – nada mais enodado do que gêmeos. É ao outro – não a Shem, que ele chama dando-lhe uma alfinetada, *the penman*, o plumitivo –, é com Shaun que Joyce alfineta o dr. Jones. Trata-se daquele analista a quem Freud, que sabia o que fazia, encarregou de fazer sua biografia. Ele o conhecia bem, isto é, estava certo de que Jones não colocaria nessa biografia a menor fantasia, que não se permitiria, entre outras coisas, dar um colorido, a mordida, a *agenbite of inwit*. Em uma passagem de *Ulisses*, Stephen Dedalus fala de *agenbite of inwit*, da mordida [*morsure*] – não sei por que foi traduzido assim em francês – do em si [*ensoi*], enquanto isso quer dizer muito mais o *wit*, o *wit* interior, a mordida do chiste, a mordida do inconsciente. Com Jones, Freud podia ficar tranqüilo – ele sabia que sua biografia seria uma hagiografia.

Evidentemente, Joyce Shaunisa, se assim posso dizer, o Jones em questão, o que nos dá idéia da importância, como diz o outro, de ser Ernest[4]. Muito mais que Joyce, Jones – eu lhes digo isso porque o encontrei – fechava o bico quanto ao fato de se chamar Ernest. Mas era sem dúvida por causa da peça com esse título, tão impressionante, de Wilde, a quem Joyce dava grande importância. Mais de uma vez em *Finnegans* surge essa referência sobre a importância de se chamar Ernest.

Desabonado do inconsciente...

Tudo isso é relevante apenas por nos aproximar do seguinte: não é a mesma coisa dizer *Joyce, o sinthoma* ou *Joyce, o símbolo.*

Se digo *Joyce, o sintoma*, é que o sintoma, o símbolo o abole, se posso continuar nesse viés. Não é somente *Joyce, o sintoma*, é Joyce como, se assim posso dizer, desabonado do inconsciente.

Leiam *Finnegans Wake*, vão notar que é alguma coisa que, não a cada linha, mas a cada palavra, joga com o *pun*, um *pun* particularíssimo. Leiam esse livro, não há uma única palavra nele que não seja feita tal como as primeiras com que tentei lhes dar o tom com "putreprospaira" [*pours-père*], feita de três ou quatro palavras que, pelo seu uso, faíscam, cintilam. Sem dúvida, é fascinante, ainda que, na verdade, o sentido, no sentido que comumente lhe damos, aí se perca.

O sr. Clive Hart, em *Structure and Motif in "Finnegans Wake"* fala que, no uso que Joyce faz desse tipo de *pun*, há não sei que de decepcionante. O sr. Atherton, em seu livro *The Books at the Wake*, atribui isso a *the unforeseen*, ao imprevisto. Esse *pun* é antes a palavra-valise no sentido de Lewis Carroll, que foi precursor desse tipo de coisa – e Joyce, resume Atherton, por tê-lo encontrado sem dúvida bastante tarde, deve ter ficado de algum modo um pouco incomodado com isso.

Leiam as páginas de *Finnegans Wake*, sem procurar compreender. Isso se lê. Se isso se lê, como me fazia notar alguém que me é próximo, é porque sentimos presente o gozo daquele que escreveu isso. Mas o que indagamos, pelo menos a pessoa em questão, é por que Joyce o publicou. Por que esse *Work* que ficou 17 anos *in progress* acabou por ser lançado, enfim, preto no branco?

É uma sorte que haja uma única edição, o que permite designar, ao fazermos uma citação, a linha na página certa, isto é, na página que sempre terá o mesmo número. Se, como acontece com os outros livros, fosse preciso editar *Finnegans Wake* com diversas paginações, como iríamos nos orientar?

Esperava convencê-lo, se ele estivesse aqui, que publicou *Finnegans Wake* para ser Joyce, o Sintoma, na medida em que, do sintoma, ele fornece o aparato, a essência, a abstração. Se alguma coisa dá conta do fato notado por Clive Hart de que, no final, acabamos cansados de seguir os passos de Joyce, é o que prova que os sintomas de vocês são a única coisa que, tanto para vocês como para qualquer um, interessa. O sintoma em Joyce é um sintoma que não lhes concerne em nada, é o sintoma na medida em que não há chance alguma de ele enganchar alguma coisa do inconsciente de vocês. Creio que foi esse o sentido do que me dizia a pessoa que me interrogava sobre por que ele o havia publicado.

Seria preciso continuar esse questionamento da obra maior e última, da obra para a qual, em suma, Joyce reservou a função de ser seu escabelo. Porque, desde o começo, ele quis ser alguém cujo nome, muito precisamente o nome, sobrevivesse como nunca. Como nunca quer dizer que ele marca uma data. Nunca se havia feito literatura assim. E para sublinhar o peso dessa palavra *literatura*, direi o equívoco com que Joyce joga – *letter, litter*. A letra é dejeto. Ora, se não houvesse esse tipo de ortografia tão especial como a da língua inglesa, três quartos dos efeitos de *Finnegans* se perderiam.

O mais radical, posso dizê-lo para vocês graças a Jacques Aubert, é *Who ails tongue coddeau, aspace of dumbillsilly?* Se eu tivesse encontrado esse escrito, será que teria ou não percebido – Onde está seu presente, espécie de imbecil? [*Où est ton cadeau, espèce d'imbécile?*][5].

O inaudito é que essa homofonia, no caso translingüística, tem seu suporte apenas em uma letra que segue a ortografia da língua inglesa. Vocês não saberiam que *who* pode ser transformado em *où* [onde] se não soubessem que *who*, em uma interrogação, é pronunciado assim. Há não sei que de ambíguo nesse uso fonético que eu escreveria igualmente como *f.a.u.n.o.*. O faunesco da coisa repousa por inteiro na letra, a saber, em alguma coisa que não é essencial à língua, que é alguma coisa trançada pelos acidentes da história. Que alguém faça disso um uso prodigioso interroga por si o que diz respeito à linguagem.

Eu disse que o inconsciente é estruturado como uma linguagem. É estranho que se possa também chamar *desabonado do inconsciente* alguém que joga estritamente apenas com a linguagem, ainda que se sirva de uma língua entre outras e que é, não a sua – pois a sua é justamente uma língua apagada do mapa, a saber, o gaélico, da qual ele sabia alguns pedacinhos, o bastante para se orientar, mas não muito mais –, portanto não a sua, mas aquela dos invasores, dos opressores.

Joyce disse que, na Irlanda, havia um senhor e uma senhora, sendo o senhor o Império Britânico e a senhora a Santa Igreja católica apostólica romana, ambos sendo do mesmo gênero de flagelo. É isso que se constata no que faz de Joyce o sintoma, o sintoma puro do que concerne à relação com a linguagem, na medida em que ela é reduzida ao sintoma – a saber, ao que ela tem como efeito, quando não analisamos tal efeito –, eu direi mais: quando nos proibimos de jogar com quaisquer equívocos que abalariam o inconsciente de qualquer um.

O gozo, não o inconsciente

Se o leitor fica fascinado é porque Joyce, em conformidade com o que esse nome ecoa o de Freud –, tem, no final das contas, uma relação com *joy*, o gozo [*jouissance*], tal como ele é escrito na lalíngua que é a inglesa –, por ser essa gozação, por ser esse gozo a única coisa que, do seu texto, podemos pegar. Aí está o sintoma.

O sintoma, na medida em que nada o vincula ao que constitui a própria lalíngua que é suporte dessa trama, dessas estrias, desse trançamento de terra e de ar com que ele abre *Chamber Music*, seu primeiro livro publicado, livro de poemas, o sintoma é puramente o que lalíngua condiciona, mas de certa maneira Joyce o eleva à potência da linguagem, sem torná-lo com isso analisável.

É o que impressiona, e literamente interdita, no sentido em que se diz *je reste interdit*[6].

Empregar a palavra *interdire* para dizer *ficar estupefato*. É isso que dá a substância do que Joyce traz, e por isso, de um certo modo, a literatura não pode mais ser, depois dele, o que ela era antes.

Não é por nada que *Ulisses* aspira, aspira a alguma coisa de homérico, ainda que não tenha a menor relação, embora Joyce tenha lançado os comentadores nesse terreno, entre o que se passa em *Ulisses* e o que diz respeito à *Odisséia*. Assimilar Stephen Dedalus a Telêmaco... Quebramos a cabeça para dirigir o foco do comentário sobre *A Odisséia*. E como é possível dizer que Bloom é pai, de um modo ou de outro, para Stephen, que não tem nada a ver com ele, exceto por esbarrar com ele de tempos em tempos em Dublin? – a não ser que Joyce já indique, e acabe por denotar que toda realidade psíquica, isto é, o sintoma, depende, em última instância, de uma estrutura onde o Nome-do-Pai é um elemento incondicionado.

O pai, como nome e como aquele que nomeia, não é o mesmo. O pai é esse quarto elemento – evoco aí alguma coisa que somente uma parte de meus ouvintes poderá considerar – esse quarto elemento sem o qual nada é possível no nó do simbólico, do imaginário e do real.

Mas há um outro modo de chamá-lo. É nisso que o que diz respeito ao Nome-do-Pai, no grau em que Joyce testemunha isso, eu o revisto hoje com o que é conveniente chamar de sinthoma.

Na medida em que o inconsciente se enoda ao sinthoma, que é o que há de mais singular em cada indivíduo, podemos dizer que Joyce, como ele escreveu em algum lugar, identifica-se com o *individual*. Ele é aquele que privilegia ter chegado ao ponto extremo de encarnar nele o sintoma, através do qual ele escapa a toda morte possível, deixa de se reduzir a uma estrutura que é aquela mesma do uom, se vocês me permitem escrevê-lo bem simplesmente como um *u.o.m.*[7].

É assim que ele se veicula, como alguma coisa que coloca um ponto final em um certo número de exercícios. Ele põe um termo. Mas como entender o sentido desse "termo"?

É impressionante que Clive Hart enfatize o cíclico e a cruz como aquilo a que Joyce substancialmente se vincula. Alguns de vocês sabem que, com esse círculo e essa cruz, desenho o nó borromeano. Interrogar Joyce sobre o que esse nó produz, a saber, a ambigüidade do 3 e do 4, a saber, aquilo a que ele permanecia colado, atado, à interrogação de Vico, a coisas piores, à conversa com os espíritos, classificada por Atherton, aliás, sob o título geral de *spiritualism*, o que me espanta, pois até o momento eu chamava isso de espiritismo. É certamente surpreendente ver que, no caso, isso contribui para *Finnegans* a título de sintoma.

Isso não é tudo, pois é difícil não levar em conta essa ficção que pode ser colocada sob a rubrica da iniciação. Em que consiste o que é veiculado com esse registro e com esse termo? Quantas associações não levantam bandeiras cujo sentido elas não compreendem? Que Joyce tenha se deleitado com *Isis Unveiled* da sra. Blavatsky é uma coisa que Atherton me ensinou, e que me sidera. A forma de debilidade mental que toda iniciação comporta foi o que me cativou de início, e me faz talvez subestimá-la.

É preciso dizer que, pouco tempo depois de eu ter, graças aos céus, me encontrado com Joyce, fui encontrar um tal de René Guénon que não valia um tostão furado quanto ao que há de pior em matéria de iniciação. *Hi han a pas*[8], para escrever tal como aquele asno ao qual Joyce faz alusão como o ponto central desses quatro termos que são o Norte, o Sul, o Leste e o Oeste, como o ponto de cruzamento da cruz – é um asno que o afirma, Deus sabe a importância que Joyce dá a isso no *Finnegans.*

Mas, de um modo ou de outro, como dizer que *Finnegans*, esse sonho acabou, já que sua última palavra não deixa de se remeter à primeira indicando uma circularidade, o *the* no qual esse livro termina é aliciado pelo *riverrun* com o qual ele começa? Concluindo, como Joyce pôde faltar nesse ponto em que eu introduzo o nó?

Ao fazer assim, introduzo alguma coisa de novo, que dá conta não somente da limitação do sintoma, mas do que faz com que, por se enodar ao corpo, isto é, ao imaginário, por se enodar também ao real e, como terceiro, ao inconsciente, o sintoma tenha seus limites. Porque ele acha seus limites, é que se pode falar de nó.

O nó, certamente, é alguma coisa que se amassa, que pode tomar a forma de um novelo, mas que, uma vez desdobrado, mantém sua forma de nó e, ao mesmo tempo, sua ex-sistência.

É o que me permitirei introduzir no meu caminho do próximo ano, apoiando-me, entre outros, em Joyce.

Notas

1. *Bosom* aparece originariamente em inglês nesta conferência de Lacan. Significa "peito", "seio", seja no sentido anatômico, como parte do corpo, seja no sentido figurado, como designação de um local íntimo. No entanto, numa pronúncia afrancesada, *bosom* comporta uma homofonia com o francês *bonshommes* que significa "homens de bem" e mesmo "simplórios". (N.T.)

2. *No original, há uma única palavra – sinthome –*, traduzida aqui por "sinthoma", tal como vem sendo feito ao longo de todo este Seminário, mas também como "santhomem", tendo em vista a homofonia francesa, aludida por Lacan, com a santidade. (N.T.)

3. Lacan faz menção aqui aos *Annals of the Four Masters*. A referência aos "Quatro Mestres", por sua vez, se desdobra em *Finnegans Wake*; são os quatro apóstolos que assinam os Evangelhos (Mateus, Marcos, Lucas e João); são representantes das "quatro Províncias da Irlanda"; são os quatro pontos cardeais (Norte, Sul, Leste e Oeste), são as quatro eras nas quais Vico escande a história... Cf. James Joyce, *Finnegans Wake*. São Paulo: Ateliê Editorial, 2002 (vol.4, p.389.5, 393.35, 394.10, 394.17, 396.4), 2003 (vol.5, p.475.76, 476.32, 477.13).

4. Prenome de Jones, guarda homofonia com *earnest* ("honesto", "sincero", "severo"), explorada por Oscar Wilde na peça a que Lacan alude. (N.T.)

5. Na sua versão de *Finnegans Wake*, Donaldo Schüler apresenta a seguinte tradução para essa frase: "kedê-kadô, bobinha de meu xodó?". Entretanto, o que Lacan pôde ressaltar graças a Jacques Aubert é que a frase escrita por Joyce em inglês, extraída de *Finnegans Wake*, só tem algum sentido ao ser escutada – e reescrita – como se fosse em francês. Uma tradução possível para a "transliteração" sonora francesa da frase escrita por Joyce em inglês seria: "onde está seu presente, seu imbecil?". (N.T.)

6. *Foi mantida a frase no original francês porque ela apresenta o verbo interdire* ("interditar") no sentido de "ficar estupefato", "ficar desorientado". (N.T.)

7. *No original, "uom" e "u.o.m" são respectivamente lom e l.o.m.* Homofonicamente esses termos, em francês, referem-se à *homme* ("homem"). (N.T.)

8. *Onomatopéia que, além de evocar o relinchar de um asno, é homófona de il n'y en a pas* ("não há"). (N.T.)

Apresentação no seminário de Jacques Lacan

Jacques Aubert

Pronunciada no dia 20 de janeiro de 1976

No último mês de junho, o dr. Lacan anunciou que Joyce se encontraria em seu caminho. O fato de eu estar aqui hoje não significa de modo algum que eu me encontre nessa via régia. Digamos logo que estou muito mais nos acostamentos, e em geral vocês sabem por que eles são sinalizados: portanto, vocês vão escutar proposições de um cantoneiro!

Preciso agradecer a Jacques Lacan por me ter convidado a produzir um trabalho feito às pressas, um trabalho não concluído, que não está bem-feito e muito menos bem articulado no que diz respeito aos nós. Por outro lado, gostaria de indicar que o que vou dizer parte de uma sensação que tive quanto ao que se alinhavava no texto, em alguns textos de Joyce, em alguns dos seus pontos, do que Joyce alinhavava. E essa consciência do alinhavo me leva justamente a não insistir no que poderia, ao contrário, se constituir como um trabalho acabado.

Para situar o ponto de onde parti por acaso, devo esclarecer que se trata – eu o digo muito didaticamente – de um pedacinho de "Circe", de um pedacinho do diálogo desse episódio de *Ulisses* chamado, a posteriori, de "Circe", e que dizemos ser o episódio da alucinação, cuja arte seria a magia e a categoria da alucinação (segundo um quadro estabelecido por Joyce para alguns amigos).

Elementos cujo status é cedo demais para assinalar retornam dos capítulos precedentes. Trata-se de personagens, verdadeiros ou fictícios, de objetos, ou de significantes. Mas o que é interessante também é a maneira como retornam, a maneira como isso, de modo manifesto, tem a ver com a fala, com uma fala. Damo-nos conta disso desde o início, uma vez que os dois primeiros personagens, atrevo-me a dizer, são os apelos e as respostas que marcam uma dimensão desenvolvida na forma do capítulo por uma escrita ostensivamente dramática. Em suma, uma dimensão da fala, e os tipos de instaurações de lugares onde isso fala.

O importante é que isso fala, e isso parte em todos os sentidos, e tudo pode ser impersonado, para empregar um termo que iremos reencontrar daqui a pouco; tudo pode se personar, nesse texto; tudo pode ser ensejo para efeitos de voz através da máscara.

É uma dessas funções, o detalhe de uma dessas funções, um funcionamento de uma dessas funções que julguei distinguir no início do capítulo em um diálogo entre Bloom e aquele que é supostamente seu pai, Rudolph, morto há 17 anos. Vou ler para vocês o breve diálogo em pauta. Encontra-se, na edição francesa, p.483, na edição inglesa p.416, na edição brasileira aqui utilizada, p.478]*

Rudolph surgiu a princípio como Sábio de Sião. Ele tem o rosto, segundo a indicação cênica, de um Sábio de Sião. E depois de várias críticas a seu filho, ele diz o seguinte:

> O que você faz neste lugar? Você não tem coração [originário da Hungria, ele supostamente não lida bem com a língua inglesa] (*com garras fracas de ave de rapina ele apalpa o rosto silencioso de Bloom*). Você não é meu filho Leopold, o neto de Leopold? Você não é meu querido filho Leopold que

*As referências, nesta intervenção, são, respectivamente: James Joyce, *Œuvres*, col. Bibliothèque de la Pléiade, tomos I e II; a edição da Oxford World's Classics, fornecida por Jeri Johnson; *A Portrait of the Artist as a Young Man. Text, Criticism and Notes*, org. Chester G. Anderson. Nova York: The Viking Critical Library, 1968. [Para o número de páginas das versões brasileiras, citadas doravante em notas agrupadas ao final de cada capítulo, utilizamos as seguintes edições: *Ulisses*. Rio de Janeiro, Objetiva, 2005, *Um retrato do artista quando jovem*. Rio de Janeiro: Siciliano, 1992, ambas trad. Bernardina da Silveira Pinheiro, e *Dublinenses*. Trad. José Roberto O'Shea. São Paulo: Siciliano, 1992. Agradeço a colaboração de Ednei Soares de Oliveira Júnior, que fez a correspondência entre as diversas edições. (N.T)] abandonou a casa do pai e abandonou o Deus de seus pais Abraão e Jacó?"[1]

O que se passa aqui, à primeira vista, para o leitor de *Ulisses*, é um fenômeno descrito várias vezes pelo próprio Bloom com a expressão "arranjo retrospectivo", *retrospective arrangement*, expressão que retorna de modo bastante freqüente ao longo de todo o texto. O leitor não pode deixar de ser sensível a esse arranjo retrospectivo, assim como também ao fato de que se trata de um arranjo a partir de uma citação favorita do pai, de um texto literário que, ao que tudo indica, teve alguns efeitos sobre ele. Esse texto encontra-se nas páginas 83-84 da edição francesa:

> A voz de Nathan! A voz de seu filho! Eu ouço a voz de Nathan que deixou seu pai morrer de desgosto e de tristeza em meus braços, que deixou a casa de seu pai e deixou o Deus de seu pai.[2]

Vemos que o que retorna é ligeiramente diferente. Mas antes de explicitar essa diferença, gostaria de indicar os efeitos desse retornar diferente sobre Bloom.

O que ele responde no episódio de "Circe"? Isto:

> BLOOM (com precaução) Acho que sim, pai. Mosenthal. Tudo que resta dele.

E eis aqui o texto inglês:

> *I suppose so, Mosenthall. All that's left of him.*

"Bloom (prudente)"[3]. O texto inglês diz *with precaution*: aparece aqui uma função de Bloom, descrito, em boa parte de *Ulisses*, como "o prudente". Prudente é um lado Ulisses (Ulisses não é simplesmente isso). Ele é descrito várias vezes em uma língua um pouco inspirada na Maçonaria como *the prudent member*, o membro prudente. O membro prudente diz *I suppose so*, suponho que sim (e não, como diz a primeira tradução francesa, "creio que sim"), suponho [*suppose*] assim, sub-ponho [*sous-pose*] assim, suponho alguma coisa para responder essa questão: "Você não é meu filho?"; "eu sub-ponho algo do gênero", o que a princípio remete ao que disse o pai, mas que ao mesmo tempo, desde que sigamos o texto, assume outro aspecto, pois imediatamente temos essa parada, marcada pelo que os anglo-saxões chamam de *period*, alguma coisa concernente a um ponto, um ponto que não é de reticência [*point de suspension*], mas de suspense, e um ponto a partir do qual surge Mosenthal, de novo pontuado, de novo periodizado.

Em torno desse nome próprio, justamente, alguma coisa se articula e se desarticula ao mesmo tempo a partir da sub-posição anunciada. Qual é, portanto, esse subalterno, essa função de sub-posto [-pele?] de Mosenthal?

Aqui, nesse contexto, esse significante tem por função reportar a fala do pai ao autor de um texto, desse texto que acaba de ser evocado pelo pai. Mas em sua brutalidade, o significante obscurece mais que esclarece, e o leitor é levado a resgatar, a reencontrar quais os pensamentos a que ele remete, em quais deslocamentos ele está implicado.

Um desses deslocamentos é evidente: no primeiro texto, aquele do episódio dos Lotófagos (p.73)4, o nome em questão, o nome do autor figura antes da citação; aqui, ele está na posição de assinatura e também na posição de resposta. É bem sedutor e, como se trata de Moisés, é particularmente prazeroso. Mas se temos na cabeça – como sempre, porque passamos o tempo relendo – o lugar que era aquele de Mosenthal no primeiro texto, damo-nos conta de que essa era uma resposta deslocada para uma pergunta sobre a existência do verdadeiro nome; uma questão que acabava por se formular apenas de uma maneira eloqüentemente vacilante.

É preciso que eu inscreva aqui uma outra frase, que é precisamente a pergunta à qual Mosenthal supostamente responde:

What is the right name is?
By Mosenthal it is, Rachel is it? No.

Como um extra, coloquei a seqüência, que tem também certo interesse.

Mosenthal, ainda que um alemão que conhecesse o jargão escutasse aí outra coisa, a não ser por um trema, é o nome do autor de uma peça de teatro que Bloom tenta reencontrar, tenta retraduzir o título original alemão. De fato, é um nome de mulher, um nome judeu de mulher, um nome que não se manteve em inglês. É uma idéia curiosa. Trata-se de um melodrama que tinha como título *Deborah*, em alemão, traduzido para o inglês com o nome de *Léa* e é isso que Bloom tenta reencontrar. Ele tenta, portanto, retraduzir o título original (que é um nome de mulher) e isso se transforma nessa busca. Evidentemente, percebemos o jogo de esconde-esconde entre o nome do autor e o da criatura no nível da arte, que põe em jogo ao mesmo tempo o ser, com insistência, o *is* insiste, e a problemática sexual: um patronímico que vem no lugar de um nome feminino.

Aqui, o leitor, a quem certamente nada escapou no *Ulisses*, diz que isso lhe lembra outra coisa, relacionada com o próprio Bloom.

Vou lhes fornecer de novo a primeira passagem (lamento fazer isso aos pedacinhos, mas é o mesmo procedimento que segui), e seu contexto na primeira tradução francesa, que não é, exceto por alguns detalhes, tão ruim:

> O Sr. Bloom ficou de pé na esquina, com os olhos percorrendo cartazes multicoloridos. Jinjibirra de Cantrell e Cochrane (aromática). Saldo de verão de Clery. Não, ele vai prosseguir em frente [trata-se de alguém com quem ele acabou de falar e sobre quem ele se pergunta se o está observando]. Alô. *Leah* hoje à noite [a peça em questão]. Sra. Bandmann Palmer. Gostaria de vê-la de novo nisso. Ela fez o papel de Hamlet na noite passada. Personificadora masculina [É aqui que começa uma breve passagem sobre a problemática dos sexos. A expressão inglesa é *male impersonator*, ator que toma a *persona*, a máscara masculina. Mas, por outro lado, isso pode se aplicar igualmente tanto a uma das peças, *Hamlet*, quanto à outra, *Leah*; é em torno disso que tudo vai girar.][5]. Talvez ele fosse uma mulher. Por que Ofélia cometeu suicídio?[6]

Há então, em certo nível, o fato de o papel de Hamlet ter sido representado muito freqüentemente por mulheres. E um crítico anglo-saxão chegou a ter o capricho de analisar Hamlet justamente em termos de travesti, levando de certo modo a sério o travesti e dizendo: se, nesse contexto, Ofélia se suicida, é porque ela notou que Hamlet, de fato, era uma mulher. Não evoco esse crítico por acaso, em nome de meu saber shakespeariano e joyciano, mas simplesmente porque tal implicação reaparece em outros lugares de *Ulisses*.

"Será por isso que Ofélia se suicidou?"[7] O enunciado inglês é mais equívoco: *Why Ophelia committed suicide?* Por que Ofélia se suicidou? Ou, ainda: a razão pela qual Ofélia se suicidou? Esse equívoco, evidentemente, não se reflete na tradução francesa e não é inútil apontá-lo[8].

O que lemos em seguida?

> Pobre papai! Como ele costumava falar de Kate Bateman nesse papel. Do lado de fora do Adelphi em Londres esperou toda a tarde para entrar. Isso

foi um ano antes de eu nascer: sessenta e cinco. E Ristori em Viena. [É aqui que começa a questão do título.] Como é mesmo o nome certo? É de Mosenthal. *Rachel*, não é? Não. A cena de que ele sempre falava em que o velho cego Abraham reconhece a voz e põe seus dedos na face dele.

> A voz de Nathan! A voz de seu filho! Eu ouço a voz de Nathan que deixou seu pai morrer de desgosto e de tristeza em meus braços, que deixou a casa de seu pai e deixou o Deus de seu pai.
>
> Todas as palavras são tão profundas, Leopold.
>
> Pobre papai! Pobre homem! Fico feliz de não ter entrado no quarto para olhar para o seu rosto. Aquele dia! Ó Deus! Ó Deus! Ffuu! Bem, talvez tenha sido melhor para ele[9].

Nessa passagem, está em jogo toda uma série de questões. Questões sobre a existência, sobre o ser e o nome, sobre a existência e o suicídio; questão sobre o nome – retornarei a este ponto –, sobre o nome que constitui tanto o nome do pai, do pai dele, quanto o nome do personagem central da peça; e, enfim, a questão sobre o sexo que persona, que é o que faz per-sonar.

Por trás da questão do nome, encontra-se o suicídio do pai, que tem essa outra característica, de ter, precisamente, mudado de nome: é o que nos é indicado em outra passagem e apresentado de uma maneira curiosa.

Em um *pub*, um certo número de freqüentadores assíduos de bar se interrogam sobre Bloom. "É um judeu renegado", diz um deles, *a perverted Jew* (o termo *pervert*, em inglês, significa "renegado"; não se trata de modo algum de uma invenção de Joyce, de uma astúcia, é assim; aliás, mais para o final de *Um retrato*, vocês vão encontrar: "... você está tentando fazer de mim um convertido ou de você um pervertido?" *Œuvres*, t.I, p.770[10]). "É um judeu renegado... de um lugar na Hungria e foi ele que redigiu todos os planos de acordo com o sistema húngaro [os planos políticos do SinnFein] ... Seu nome... ele o mudou por decreto, o pai o fez" (ibid., p.380)[11].

Parece, portanto, que o pai mudou de nome. E ele o mudou de uma maneira que é bastante interessante, segundo uma fórmula jurídica que se chama *deed poll* – *deed* quer dizer ato (aliás, em todos os sentidos do termo), mas *poll* evoca, descreve de certo modo o ato do ponto de vista do documento: é um documento que é aparado. E esse *poll* que descreve o que é aparado descreve de fato o que é descabeçado, o que é decapitado (um girino, uma árvore que foi decapitada e brota são chamados de *a pollard*): *poll* designa, de fato, a cabeça. O *deed poll* tem essa característica de comportar apenas uma parte, aquela inferior, e é por isso que se diz "por decreto", e isso se distingue de *indenture*, que é um ato dividido em dois, justamente por indentação, para ser confiado às duas partes[12]. É portanto, nos diz Joyce, por *deed poll*, por um procedimento diferente do simbólico, que o pai mudou de nome. Mas para que nome ele mudou?

"Não é ele primo de Bloom o dentista? – diz Jack Power. – De forma alguma – diz Martin. – Apenas xarás. Seu nome era Virag, nome do pai que se suicidou tomando veneno"[13]. Em inglês, temos: *the father's name that poisoned himself*. Pode-se escutar aí algo como um jogo com o genitivo e a posição do nome do pai, dando a entender que o nome é que se envenenou...

Virag reaparece; é evocado em vários lugares em *Ulisses*. Reaparece em "Circe", onde é de início uma Virago, designada assim mesmo. A gente pode se lembrar aqui o que é Virago, isto é, o nome que, na Vulgata, na tradução da Bíblia feita por são Jerônimo, serve para designar a mulher do ponto de vista de Adão. No Gênesis, o homem é levado a nomear a mulher: "Chamar-te-á mulher [Virago]": ela é um pouquinho homem (*vir*), embora sendo mulher.

Tendo chegado a esse ponto de minhas elucubrações e tateamentos entre as linhas de *Ulisses*, gostaria de distinguir neste entrelaçamento o que faz as vezes de furo. Com efeito, é tentador utilizar, visando a uma interpretação, um esquema que coloque em jogo o suicídio, a mudança de nome e a recusa de Bloom em ver o rosto de seu pai morto. Seria inclusive muito apropriado que justamente tudo isso reaparecesse em "Circe", na suposta alucinação. Mas talvez não seja totalmente suficiente, mesmo se há nisso alguma verdade, para fazer funcionar o texto, por exemplo, para dar conta da passagem "Pobre papai! pobre homem!", o que talvez não fosse tão gentil para com as afirmações do pai. "Fico feliz de não ter entrado no quarto para olhar para o seu rosto. Aquele dia! Ó Deus!... talvez tenha sido melhor para ele"[14]. Em suma, há todo um conjunto de coisas de que seria preciso dar conta, como, sobretudo, dos efeitos produzidos na redistribuição dramática constituída por "Circe". Porque isso se sustenta, funciona e as coisas se passam justamente ao lado do que faz as vezes de furo. Joyce tem jeito para, justamente, entre outras coisas, deslocar, se ouso dizer, a área do furo, favorecendo alguns efeitos.

Por exemplo, na citação acima, a voz do filho não é mencionada, tampouco a morte do pai. Em compensação, um efeito é produzido por essa voz do filho deslocada como réplica, mas uma voz do filho portadora, justamente, de um certo *savoir-faire* sobre o significante. Essa precaução, essa habilidade para supor, para sub-por, vemos que ela se propaga, segundo uma lógica totalmente eloqüente. Falei da eloqüência retórica, oracional de Mosenthal, articulada a "Não adianta pensar mais nisso. Hora do embornal..."[15]: *Mosenthal, all that... all that's left of him.*

É preciso citar aqui a frase em inglês. O que Rudolph repetia em "Circe" é: *Are you not my dear son Leopold who left the house of his father and left the god of his fathers, Abraham and Jacob?* – quem deixou, quem foi embora, quem abandonou. *All that's left of him,* tudo o que resta dele, tudo o que é abandonado por ele; mas é também tudo que está à esquerda dele. Se pensarmos no que indica o Credo quanto aos respectivos lugares do Pai e do Filho nas alturas, perceberemos que isso diz muito sobre as relações entre eles. Tudo o que resta dele, um nome, um nome de autor; tudo o que está à esquerda dele, portanto, de todo modo, alguma coisa que não é o verdadeiro filho. Fiquemos por aqui...

O que é certo é que isso dá prazer a Bloom, e que isso é escutado. E como vemos que é assim? É que o pai não está nada contente. A réplica seguinte começa por: *Rudolph (severely). – One night they bring you home drunk* etc. "Rudolph (*severamente*) Uma noite eles trazem você para a casa bêbado"[16]: eu lhe peço, nada de humor fora de lugar, falemos antes das transgressões que lhe cabem. Jubilação de Bloom que prudentemente diz o que tinha a dizer, e que agrada a todo mundo.

Mas, nessa série de efeitos dos quais alguns acabam de ser explicitados, há uma espécie de efeito cascata; um outro efeito se desenvolve, que está de certo modo estruturalmente relacionado com os precedentes, é uma espécie de resultado dos efeitos precedentes. Esse jogo com relação ao pai parece deslizar para o lado da mãe. Esse pai contestado de diferentes modos conduz a uma mãe do lado do imaginário.

Assim, Rudolph evoca uma transgressão do filho que ficou bêbado, que gastou dinheiro e que voltou coberto de lama, *mud.* Foi um belo espetáculo para sua mãe, diz ele, *nice spectacle for your poor mother*, não fui eu, mas ela, que não ficou contente!

Mas a maneira como isso acontece, como a coisa acaba na mãe através da lama, é muito engraçada: aqueles que entre vocês leram *Um retrato do artista* em inglês puderam notar que *mud* é uma forma familiar de *mother* e que esse termo é associado a uma pantomima (p.67 na edição Viking)[17]. Trata-se de um pequeno sainete de nada, do tipo epifania (emprego o termo um pouco para provocar); Joyce colocou, em um dos primeiros capítulos de *Um retrato*, uma série de pequenos sainetes em que a criança, o jovem Stephen, está em Dublin, a partir de um certo número de pontos, de cenas, de lugares, de casas. Ele está em uma casa sentado (em geral, a cena começa assim) em uma cadeira, na cozinha de sua tia que está lendo o jornal da noite e admirando *the beautiful Mabel Hunter*, uma bela atriz. E uma menininha de cabelos encaracolados chega, na ponta dos pés, para olhar a foto, e diz suavemente: *What is she in, mud?* – "Em que ela está tomando parte, [lama] mãe? – Na pantomima, querida" (*Œuvres*, t.I, p.596)[18].

Ora, acontece que a passagem de "Circe" da qual eu falava há pouco desliza na lama, uma vez que esse significante *mud* retorna três ou quatro vezes nessa passagem, desliza da lama para um surgimento da mãe: "belo espetáculo para sua pobre mãe", diz Rudolph, e Bloom diz: "Mamãe!" por que ela está aparecendo justamente naquele instante. (Quando certas palavras, certos significantes são introduzidos em "Circe", o objeto, se posso dizer assim, vem para a superfície.) E como isso se dá? "Em pantomima uma touca de senhora amarrada na cabeça, crinolina e anquinha, blusa de mangas bufantes abotoadas atrás, à moda da viúva Twankey"[19], e segundo a lógica da pantomima inglesa, isto é, homem disfarçado de mulher (os espetáculos de pantomima evocados aí são representados particularmente por volta do Natal e implicam uma inversão, um travestimento generalizado: pantomima).

Daí, a roupa feminina. Mas outra coisa ressoa aqui, pois desde o início de *Ulisses* a mãe é evocada com relação à pantomima (*Œuvres*, t.II, p.19-20). Com efeito, Stephen diz depois de tê-la evocado morta:

> Aonde agora?
> Os segredos dela; antigos leques-de-plumas, carnês de baile enfeitados, impregnados de almíscar, um berloque de contas de âmbar em sua gaveta trancada. Uma gaiola pendurada na janela ensolarada da casa dela quan-

do ela era menina. Ela ouviu o velho Royce cantar na pantomima de *Turko o Terrível* e riu com os outros quando ele cantou:

Eu sou o rapaz
Que é capaz
De invisibilidade

Alegria fantásmica, embrulhada longe: perfumada-de-almíscar"[20].

Aparece aí um conjunto fantasístico ligado à mãe, através de Stephen, com uma ambigüidade radical: ela ria de quê? Do velho Royce cantando, do que ele dizia, de seu jogo de voz, Deus sabe do que mais.

Acontece que essa mãe, essa mãe problemática, está justamente vestida como a mãe de Aladim na pantomima, a viúva Twankey. A blusa de mangas bufantes abotoadas atrás à moda da viúva Twankey é a mesma blusa da mãe de Aladim nas pantomimas, mãe que evidentemente não compreendia nada do que fazia, exceto que, lustrando bem a lâmpada, fazia-se falar o espírito que estava lá dentro...

Vou parar nesse ponto para passar a um outro aspecto do funcionamento do texto.

Ellen Bloom, que acaba de surgir, não está de modo algum como o pai, do lado dos Sábios de Sião, mas, ao escutá-la, percebemos que ela está muito mais do lado da religião católica apostólica romana, pois que diz ela ao vê-lo todo cheio de lama? *O Blessed Redeemer* ("Ó Abençoado Redentor"), *what have they done to him!* ("o que é que fizeram com ele!") etc.; *Sacred Heart of Mary, where were you at all!* ("Sagrado Coração de Maria, onde é que você se meteu?"[21]*. Aliás, isso é bastante curioso, pois seria mais esperado o Sagrado Coração de Jesus, e isso assinala de uma certa maneira sua relação narcísica com a religião: ela é católica de um modo muito nítido, conforme se podia sê-lo particularmente no século XIX, e essa é uma dimensão que merece ser ressaltada, considerando que se trata de Joyce, ainda que seja preciso ir buscar nos textos mais indulgentes, os de *Stephen Hero*, *Dublinenses*.

Gostaria de assinalá-lo em primeiro lugar a propósito da epifania. O que é chamado de epifania significa várias coisas muito diferentes. Joyce a definiu apenas em um lugar, em *Stephen Hero*; *Stephen, o He-*

*Duas frases das mais ambíguas: *him* pode remeter ao *Redeemer*, *you*, ao *Sacred Heart*.

rói. E o que ele disse foi, com certeza, levianamente deformado. A definição é a seguinte:

> [Ele] Considerava epifania uma súbita manifestação espiritual, seja na vulgaridade da fala ou do gesto, seja em uma memorável fase da própria mente" (*Œuvres*, t.I, p.512).[22]

Uma definição polida, didática e tomasdeaquinizante. Mas ela se inscreve em um texto que, em duas páginas, nos faz percorrer um diálogo com a mãe, no qual ela, invocando constantemente "os padres", reprova Stephen pela descrença dele. E Stephen tanto rompe com ela nesse plano quanto, por outro lado, contorna o problema, escorrega, em seu discurso, para a relação mulher/padre e, daí, para a bem-amada, e ao mesmo tempo diz que se põe a errar pelas ruas e que um espetáculo de Dublin mobiliza "suficientemente sua sensibilidade para lhe fazer compor um poema". Depois, mais nada sobre o poema, mas ele relata o diálogo que escutou, um diálogo entre uma pessoa jovem e um rapaz, e uma das raras palavras que aparecem é a palavra *chapel*, palavra que, na Irlanda, designa uma igreja católica (as igrejas propriamente ditas foram invadidas pela Igreja anglicana): à exceção disso, há praticamente apenas reticências nesse diálogo.

Portanto, nesse diálogo, por um lado, não há nada que lhe faça escrever um poema e, por outro, ele o batiza e o define doutamente, nas linhas seguintes, como "epifania". O que ele queria fazer, acrescenta, era registrar essas cenas, esses sainetes realistas tão falantes. Tem-se, portanto, uma espécie de desdobramento da experiência (digamos, para simplificar, um lado realista e um outro lado de certo modo poético), e uma espécie de liquidação, de censura do poético no texto de *Stephen Hero.* Ora, o poema elidido intitula-se "La Villanelle de la tentatrice"[23], e surge precisamente em determinado discurso que implica a mãe, e a mãe em sua relação com os padres.

Essa relação que defini grosseiramente como relação imaginária com a religião, é reencontrada de outras maneiras em *Um retrato do artista.* Por exemplo, com os sermões sobre o inferno que, justamente, são intermináveis (ao mesmo tempo kantianos e muito sádicos) e visam representar com detalhes as horríveis torturas do inferno, dar *in presentia* uma idéia do que é o inferno. Ou, de outra maneira, com a figura do confessor, que escuta, mas também responde. Responde o quê? Diz o quê? É precisamente em torno disso que gira a Páscoa de

Stephen, que deve ser precedida pela confissão de suas torpezas. Mas essa função, para Joyce, associa-se à do artista: assinalarei aqui dois textos. Um, que se encontra no início de *Stephen Hero*, no qual Stephen diz que, escrevendo seus poemas, tinha a possibilidade de preencher a dupla função de confessor e de confessado (*Œuvres*, t.I, p.346)[24]. A outra passagem se encontra lá para o final de *Um retrato do artista*; é o momento em que, mortificado por ver a bem-amada dar ouvidos e sorrir para um padre jovem e limpinho, ele diz que, por sua vez, renunciou a ser padre, que é uma questão resolvida, que não se encontra mais desse lado. E acrescenta mais ou menos o seguinte: e quem diria que é em tipos como esses que as mulheres confiam, e lhes contam coisas na penumbra, enquanto eu... (Cf. *Œuvres*, t.I, p.748)[25]. Ele retoma a mesma idéia a propósito dos anglo-irlandeses, espécie de bastardos, entre duas raças: queria intervir antes que suas mulheres engendrassem alguém da raça deles, pensando que o efeito do que irá acontecer, o efeito da fala deles vai melhorar um pouco o que ele considera como uma raça deplorável. Há aí uma relação com a famosa consciência incriada da qual ele fala na última página: isso passa pelo ouvido (a famosa concepção pelo ouvido...) que, aliás, reencontramos em "Circe"...

Jacques Lacan – ... e sobre a qual Jones insistiu muito; Jones, o discípulo de Freud.

Um outro ponto essencial, referente a essa dimensão imaginária da religião, é ressaltado na famosa passagem de *Ulisses* em que a concepção trinitária e problemática da teologia é oposta a uma concepção "italiana", madonizante, que tapa todos os furos com uma imagem de Maria: "No fundo, substancialmente é o que ele diz, até que a Igreja católica não se deu mal colocando a incerteza do vazio na base de tudo" (*Œuvres*, t.I, p.235)[26]. Parece-me que no funcionamento desses textos são os nomes do pai que atuam em múltiplos níveis.

Mas em "Circe", e no *Ulisses* como um todo, o que faz as coisas se mexerem, o que se coloca como artifício é o esconde-esconde com os nomes do pai: ao lado do que justamente aparece como se fosse furo, há deslocamentos de furo e deslocamentos do nome do pai.

Percebemos rapidamente, na desordem, Abraham, Jacob, Virag, Dedalus também, e um outro que é bastante engraçado. Em um episódio central, em que há um olho, "O Ciclope", encontramos um certo

J.J., que, em um episódio precedente, aparecia com o nome de J.J. O'Molloy, isto é, "da descendência dos Molloy", um J.J. filho de Molloy.

Sua posição é bastante curiosa: a princípio, ele é um homem da lei, mas um homem da lei que eu não diria já decadente, mas em vias de entrar em decadência. Dizem-nos (e aqui também as palavras inglesas são interessantes) "clientela minguando", *pratice dwindling*, "sua prática míngua". E se sua prática se desfaz, é porque ele joga (*gambling*) (*Œuvres*, t.II, p.141)[27]. O jogo, de certo modo, tomou o lugar da prática.

A partir disso, seria preciso, evidentemente, elaborar mais. O que eu gostaria simplesmente de indicar é a função desse pai perfeitamente falso que tem as iniciais tanto de James Joyce quanto de John Joyce, o pai de Joyce. Além disso, é notável que a fala desse J.J. O'Molloy incida sobre os outros pais. Em uma passagem que se vincula ao enigma citado pelo dr. Lacan na semana passada (o episódio é "Éolo", que acontece em uma sala de redação de jornal), é J.J. O'Molloy que se volta para Stephen para lhe dar uma bela amostra de retórica, o que também é interessante. Somos informados de que O'Molloy, depois de ter sido tomado pelo jogo, fez "trabalhos literários" nos jornais. Dito assim de relance, isso nos remete a "Os mortos", o último conto de *Dublinenses*, em que Gabriel Conroy, o herói, escreve resumos e não sei mais o que nos jornais (isso aparece de outra maneira em *Exilados*). Que gênero de literatura? Será literatura que permanece, que merece sobreviver? Gabriel se coloca tal questão, e veremos que ele não é o único. Portanto, O'Molloy, J.J., nos diz que ele se volta para Stephen nessa sala de redação e lhe apresenta um belo exemplar de eloqüência judiciária:

> J.J. O'Molloy se voltou para Stephen e lhe disse calmamente e lentamente:
> — Uma das orações mais refinadas que penso jamais ter ouvido em toda a minha vida saiu dos lábios de Seymor Bushe [patronímico que, por uma letra de diferença, significa a sarça e, também, o púbis]. Foi naquele caso de fratricídio, no caso do assassinato de Childs. Bushe o defendeu.
> [Aqui, uma pequena interpolação shakespeariana]: *E no pavilhão de minha orelha derramou.*
> — A propósito, como ele descobriu isso? Ele morreu dormindo. Ou a outra história, a fera de duas costas? [É Stephen que cogita.]
> — O que foi isso? – perguntou o professor.
> ITÁLIA, MAGISTRA ARTIUM [Um dos títulos que escandem o episódio da sala de redação.]
> Ele falou baseado na lei de evidência... (*Œuvres*, t.II, p.157)[28].

Neste ponto eu lhes remeto ao texto inglês que diz: *He spoke on the law of evidence*, a lei da evidência, se quisermos, mas certamente também e antes de tudo o testemunho, a lei do testemunho; não apenas o testemunho diante da lei.

[J.J. O'Molloy]: ... da justiça romana em contraste com o código mosaico anterior, a *lex talionis*. E ele citou o Moisés de Michelangelo no Vaticano.

— Hah.

— Umas poucas palavras bem escolhidas – prefaciou Lenehan ...

J.J. O'Molloy retomou, moldando suas palavras:

— Ele disse sobre isso: *aquela efígie de pedra numa música congelada, cornífera e terrível, da forma humana divina, aquele eterno símbolo de sabedoria e de profecia que, se alguma coisa daquilo que a imaginação ou a mão de um escultor talhou no mármore da almatransfigurada e da almatransfigurante merecer viver, merece viver*[29].

O'Molloy, portanto, tendo começado por se colocar como caixa de ressonância de um saber sobre a lei, dividindo as leis com relação à *evidence* (à evidência, e também ao testemunho), faz Bushe, a Sarça, falar, testemunhar sobre a arte como o que funda o direito à existência (*deserves to live*) e o que funda o direito à existência da obra de arte. Sabemos a ressonância que isso tem com relação à literatura dos jornais: a arte funda por direito o portador da lei, Moisés, uma vez que ele permanecerá como Moisés *do Vaticano* (é assim que designamos, "o Moisés do Vaticano"): o que não deixa de ter interesse quando temos em mente o que o Vaticano representa em *Ulisses*... e, mais ainda, que a estátua em questão está em San Pietro in Vincoli, São-Pedro-dos-Laços...

E esse *deserves to live* que insiste (pelo viés da retórica: *deserves to live, deserves to live*) está marcado, referendado por seus efeitos sobre aquele ao qual a oração era destinada, a saber, Stephen; J.J. O'Molloy vira-se para ele e o que acontece é que "com sua natureza atraída pela graça da linguagem e do gesto, Stephen corou"[30]. Curiosamente, esses rubores de Stephen estão em série com outros textos de Joyce. Penso, de modo particular, naquele texto de *Um retrato* em que lhes é possível notar o seguinte: no curso de uma viagem a Cork, Stephen vai com seu pai até o anfiteatro da escola de medicina, freqüentado por seu pai por algum tempo, pouco tempo, parece. O pai está em busca de suas iniciais. Nota-se que, evidentemente, essas iniciais são também as de

Stephen: ("Simon Dedalus" tem como iniciais S.D., tanto quanto "Stephen Dedalus"). Mas Stephen acaba se deparando com a palavra "feto", e isso lhe provoca um efeito de arrepiar. Ele fica vermelho, empalidece etc. (Œuvres, t.I, p.618)[31]. Com relação às iniciais, mais uma outra relação é encontrada: o "mérito de existir". Acrescento que essa série pode ser aumentada com uma outra passagem de *Dublinenses*, sempre em "Os mortos" (que, aliás, poderia ser traduzido como "O morto"), sobre o qual fiz alusão há pouco. Gabriel Conroy, já citado, vai fazer um discurso, o discurso tradicional da reunião de família; ele sempre está ali para escrever nos jornais ou fazer pequenos discursos desse gênero. E, à mesa, há pouco se falou, justamente, de artistas cujos nomes são esquecidos, daqueles que, no final, não deixaram nada, exceto um nome totalmente problemático. "Chamava-se – disse tia Kate – Parkinson ... Foi um tenor inglês, bonito, com uma voz doce, límpida, aveludada" (*Œuvres*, t.I, p.288)[32]. É nesse contexto que ele encadeia, concluindo uma de suas primeiras frases com duas coisas: um eco de uma canção intitulada *Lover's Old Sweet Song*, a antiga e doce canção de amor que começa evocando um paraíso perdido; e uma citação de Milton (mas não do *Paraíso perdido*) que diz mais ou menos o seguinte – gostaria de poder legar aos dois séculos que estão por vir uma obra concebida de tal modo que eles não a deixarão morrer facilmente (cf. p.292)[33].

Assim encontram-se enodadas no discurso de Joyce a questão do direito à existência, a do direito à criação, a da validade e também a da certeza.

Mais uma coisa a respeito do *bush*. O Bushe eloqüente, falando de Moisés, fala também de um *Holy Bush*, o da Bíblia; o Eterno diz a Moisés que o chão que ele pisa diante da Sarça, do Arbusto Ardente é *Holy*, um *Holy Bush* que se revela como em certa relação com a *fox*. Pois quando J.J. O'Molloy reaparece em "Circe", ele tem bigodes de raposa e alguma coisa do advogado Bushe; raposa que notamos que aparece várias vezes em *Um retrato*: certamente, ela aparece ali porque Fox é um dos pseudônimos de Parnell, associado à sua falha. Mas é também muito precisamente uma espécie de significante da dissimulação: *He was not foxing*, diz o jovem Stephen quando está na enfermaria e tem medo de ser acusado de estar fazendo corpo mole. E assim um pouco mais tarde, logo depois de ter renunciado a entrar na Ordem, seu cartão de visita imaginário lhe aparece, "O Reverendo Stephen Dedalus, S.J.", ele evoca que cara ele podia fazer em relação àquilo, e uma das coisas que lhe vem à mente é, sim, um rosto de jesuíta que alguns chamam de *Lantern Jaws* e outros de *Fox Campbell* – Campbell, a Raposa (Cf. *Œuvres*, t.I, p.552 e 689)[34].

Há, portanto, essa série bush-fox. Mas há também um jogo, e que funciona a propósito de Molly: Molly articulando-se com *holy*. Teremos *holly*, *holy*, *Molly*, *Molloy*, e uma outra palavra que não aparece em Ulisses, mas que é dita por Joyce – tiro isso da manga, ou, melhor, das cartas de Joyce, mas, no final das contas, foi ele que escreveu essas cartas. Nelas, nos fornece (*Œuvres*, t.II, p.911)[35] o nome de alguma coisa que supostamente entra no funcionamento de "Circe", a saber, essa planta, o alho dourado, que Hermes deu a Ulisses para que ele se safasse de uma fria em "Circe"; e ela se chama *moly*. O curioso é que, entre as duas, entre *moly* e *Molly* há uma diferença que é da ordem da fonação. O que se "foniza" em *Ulisses* é *Molly*, com uma simples vogal, e *moly*, com um ditongo – um *dipthtongue* como se escrevia antigamente, e o ditonga (*di-tongue?*[36]) produz consonância; ao mesmo tempo em que o ditongo se transforma em uma vogal simples, há uma duplicação consonântica, uma duplicação da consonante, que aparece em *Ulisses* sob a forma *Molly*...

Joyce diz duas ou três coisas curiosas acerca de *moly*. O dr. Lacan vai analisar uma delas, creio; contento-me em assinalar a outra. É, diz Joyce, "o dom de Hermes, deus das vias públicas, e é a influência invisível (prece, acaso, agilidade, presença de espírito, poder de recuperação) que protege em caso de acidente"[37]. Portanto, é uma coisa que confirma Bloom em seu papel de prudência. Ele é o Prudente. É aquele que finalmente responde de modo suficiente à definição que achamos em uma nota no Lalande (bastante decepcionante sobre essa questão da prudência, sem dúvida porque é são Tomás que fala dela). Uma notinha sem nome do autor diz o seguinte: "*Prudência* – a habilidade na escolha dos meios para obter, por si mesmo, o maior bem-estar." É justamente desse jeito que nos agüentamos, parece dizer Bloom.

A segunda coisa que gostaria de sublinhar é que se trata constantemente da certeza e da maneira como se pode fundá-la.

A certeza reaparece justamente a propósito do famoso Virag, a propósito de quem eu não disse tudo... Eu me detive na famosa citação na qual se falava, na qual O'Molloy contava o que dizia respeito a Virag:

Seu nome era Virag, nome do pai que se suicidou tomando veneno. Ele o mudou por votação, o pai o fez.

— Esse é o novo Messias da Irlanda! – diz o cidadão. – Ilha dos santos e sábios.

— Bem, eles ainda estão esperando seu redentor – diz Martin. – Como nós, em suma.

— Sim – diz J.J. –, e a cada macho que nasce eles pensam que pode ser seu Messias. E todo judeu fica num completo estado de excitação, creio, até que saiba se é um pai ou uma mãe. (*Œuvres*, t.II, p.380)[38]

Aponto simplesmente o que aparece talvez para além do humor que constitui um dos funcionamentos desse texto do Ciclope. Um humor de botequim, mas um humor bem certeiro. Um humor que, aliás, teria de ser rearticulado a outros problemas tocantes ao antissemitismo em Joyce, mas não tenho tempo de fazer isso aqui. Identificação imaginária, que coloca uma outra questão: a problemática do Messias e, através dela, a problemática da sucessão. O problema da fala do rei que funda a legitimidade, uma fala que permite, mesmo se o ventre da mãe mentiu, se jogar a seus pés por uma legitimação. Legitimação quer dizer possibilidade de portar a marca do rei, a coroa, *stephanos*, ou ainda de portar essa outra marca que aparece em "Circe", com Virag, o avô que cai pela chaminé, com a etiqueta "basiliko-grammata"[39] com o *grama* do rei. Essa problemática da legitimidade que se revela problemática da legitimação assume aqui talvez o aspecto de dimensão imaginária e de sua recuperação.

Parece-me que Joyce utiliza a certeza, pondo-a em cena em suas relações com os efeitos de voz. Mesmo se uma fala, uma fala paterna é contestada no que diz, ele parece sugerir que alguma coisa se passa na personação, no que está atrás da personação, talvez do lado da fonação, e, por exemplo, nessa alguma coisa que "merece viver" na melodia. Talvez justamente por causa dessa alguma coisa que tem efeitos, sobre a mãe, através da melodia. *Fantasmal mirth*, a já evocada alegria fantasística da mãe, diga respeito muito precisamente à pantomima e ao velho Royce (Rei-Joyce) que ali cantava. Alguma coisa passa através da melodia; e não somente a melodia como sentimental; certamente, a cultura irlandesa, na virada do século, está toda impregnada de melodias, sobretudo as de Thomas Moore, que, em *Finnegans Wake*, Joyce chama de *Moore's maladies*, e era nisso que o pai de Joyce, John Joyce, triunfava. Mas, nessa arte da voz, da fonação, uma outra coisa é passada e colocada para o filho.

Em suma, se a certeza quanto ao que ele fabrica tem a ver com o espelho, com esses efeitos de espelho que seria preciso enumerar, tem a ver também com os efeitos de voz do significante. Gostaria de lembrar que a idéia para "Os mortos", conto com que Joyce fecha *Dublinenses*, em um momento crucial de sua produção poética, em um momento em que as coisas são de certa maneira desbloqueadas, essa idéia lhe apareceu quando seu irmão lhe falou de uma interpretação particular de uma melodia de Moore que colocava em jogo assombrações e seu diálogo com os vivos; Stanislaus lhe havia dito: aquele que cantou isso o cantou de um modo interessante, justamente de um modo que dizia alguma coisa. E um dos pontos centrais desse conto é o momento em que a mulher do herói é medusada, congelada como o outro Moisés; ao escutar um cantor rouco cantar uma melodia (*Œuvres*, t.I, p.297-8)[40]. E que efeito isso teve sobre o herói? Isso, diz ele, simboliza uma mulher para ele. Ele a vê nesse momento no alto da escada, na obscuridade, e se diz: o que será que uma mulher na obscuridade simboliza? Ele a descreve em termos vagamente realistas, mas diz ao mesmo tempo: o que isso simboliza? Simboliza uma certa escuta, entre outras coisas.

Joyce quis enunciar, em uma ciência estética, as regras dessa certeza, dos problemas da certeza e de seus fundamentos com relação aos efeitos de voz sobre o significante. Mas logo notou que nada estava menos ligado à ciência que isso, e que a questão era, justamente, de um *savoir-faire* ligado a uma prática do significante. O que tenho aqui comigo muito presente, o que se impõe a mim através e mais além do que Aristóteles disse sobre a *praxis* na *Poética* e que tinha atraído a atenção de Joyce é a definição de Lacan: "uma ação orquestrada pelo homem que o coloca sob medida para tratar o real pelo simbólico", essa questão da medida é percebida de modo muito preciso em "Circe", no momento em que Bloom, ao entrar no Bordel, é percebido por Stephen, que se vira; e trata-se também, como por acaso, de uma citação do Apocalipse (Cf. *Œuvres*, t.II, p.559, nota 1)[41]. Sem dúvida, é melhor que eu pare por aqui, antes que meu discurso se torne muito apocalíptico.

Notas

1. *Ulisses*, p.478. (N.T.)
2. Ibid., p.88. (N.T.)
3. Neste caso, levamos em conta a opção da tradução francesa (*prudent*). (N.T.)
4. *Ulisses*, p.88. (N.T.)

5. No original, essa observação de Jacques Aubert aparece logo depois da palavra "travesti", que não se encontra presente nessa mesma parte da tradução brasileira de *Ulisses.* Entretanto, falta à tradução francesa citada no original do Seminário 23 a expressão "personificadora masculina", presente na versão brasileira aqui utilizada e que se refere à expressão *male impersonator* evocada por Jacques Aubert em seu comentário. (N.T.)

6. *Ulisses,* p.88. Os comentários entre colchetes são de Jacques Aubert. (N.T.)

7. Tradução da versão francesa de *Ulisses* citada por Jacques Aubert: "*Est-ce pour ça qu' Ophélie s' est suicidée?*". (N.T.)

8. Problema resolvido na versão brasileira aqui utilizada (N.T.)

9. *Ulisses,* p.88. Os comentários entre colchetes são de Jacques Aubert. (N.T.)

10. *Um retrato...,* p.239. (N.T.)

11. Ibid., p.371. Nesta passagem, a fim de manter a clareza do texto, acompanhamos aqui a tradução de Jacques Aubert: os termos "pervertido" e "por votação" foram respectivamente substituídos por "renegado" e "por decreto". (N.T.)

12. O *deed poll* é um documento que apenas uma pessoa assina, visando, por exemplo, mudar oficialmente de nome, enquanto *indenture* é um contrato entre duas partes. (N.T.)

13. Ibid., p.371. (N.T.)

14. Ibid., p.88. (N.T.)

15. Idem. (N.T.)

16. Ibid., p.478. (N.T.)

17. Ibid., p.73, onde o termo *mud,* na passagem assinalada por Jacques Aubert, é traduzido por "mãe": "— Em que ela está tomando parte, mãe [*mud*]? – Na pantomima, querida." (N.T.)

18. *Um retrato...,* p.73. (N.T.)

19. *Ulisses,* p.479. (N.T.)

20. Ibid., p.11. (N.T.)

21. Ibid., p.479. (N.T.)

22. Para a tradução dessa passagem em português, a referência foi o original em inglês: *Stephen Hero.* Londres: Triad Grafon, 1986, p.188. (N.T.)

23. Em francês, no original inglês ("a vilanela da tentadora"). (N.T.)

24. *Stephen Hero,* op.cit., p.34. (N.T.)

25. *Um retrato...,* p.219-20. (N.T.)

26. *Ulisses,* p.232. (N.T.)

27. Ibid., p.142. (N.T.)

28. Ibid., p.157. Os comentários entre colchetes são de Jacques Aubert. (N.T.)

29. Ibid., p.157-8. Os comentários entre colchetes são de Jacques Aubert. (N.T.)

30. *Ulisses* p.158.

31. *Um retrato...,* p.93-4.

32. *Dublinenses,* p.199-200.

33. Ibid., p.203.

34. *Um retrato...,* p.30-1, 163, onde *Lantern Jaws* e *Fox Campbell* foram traduzidos respectivamente por "Boca de Lanterna" é "Campbell Vulpino".

35. Trata-se de uma carta de Joyce a seu amigo Frank Budgen, datada de 20 de setembro de 1920. Ver Richard Ellmann. *Selected Letters of James Joyce.* Londres: Faber and Faber, 1992 (reimpr.), p.271-2. (N.T.)

36. *Tongue,* em inglês, significa "língua". (N.T.)

37. *Selected Letters of James Joyce*, op.cit., p.271-2. (N.T.)

38. *Ulisses*, p.271. (N.T.)

39. Ibid., p.542. Na edição da Oxford World's Classics, essa etiqueta é designada como *basilicogrammate* (p.481), idem na versão francesa da Bibliothèque de la Pléiade/Gallimard, que acrescenta uma nota indicando as raízes gregas do termo, que significam "rei" e "escritura". (Cf. *Œuvres*, t.II, p.564 e, para a nota, p.1693). A versão brasileira aqui utilizada optou por se valer das raízes gregas do termo, traduzindo-o diretamente como "escriba real". (N.T.)

40. *Dublinenses*, p. 208-9. (N.T.)

41. *Ulisses*, p.537. Trata-se de uma fala de Stephen: "um tempo, tempos, e a metade do tempo". Para a menção ao Apocalipse, ver, na Bíblia, cap.XII, versículo 14, do Novo Testamento. (N.T.)

Notas de leitura

Jacques Aubert

A edição inglesa de *Ulisses* aqui utilizada é a da série Oxford World's Classic; sua tradução francesa, salvo indicação contrária, a da Gallimard, 2004. As traduções de outros textos referem-se às *Œuvres*, publicadas na coleção Bibliothèque de la Pléiade, tomos I e II.[1]

I

Joyce, no primeiro capítulo de *Ulisses*, almejava *hellenise*: *God, Kinch* [apelido dado a Stephen Dedalus por seu colega Buck Mulligan], *if you and I could only work together we might do something for the island. Hellenise it* (ver *Ulysses*, Oxford World's Classics, p.7; nova trad. Gallimard, 2004, p.16; ed. bras., p.9): "Meu Deus, Kinch, se você e eu pudéssemos ao menos trabalhar juntos nós poderíamos fazer alguma coisa pela ilha. Helenizá-la.". Mulligan divaga sobre esse mesmo tema desde o começo (ed. fr., p.12-3; ed. bras., p.5-6). Foi apenas em Trieste, a partir de 1905, que Joyce começou a estudar grego, e a se misturar também, com alegria, ao povo grego, no qual redescobria um pouco do povo de Dublin (ver Mando Araventinou, "Joyce et ses amis grecs", *James Joyce*, L'Herne, 1985, p.58-64).

Como disse em *Tel Quel*... Philippe Sollers: Philippe Sollers, "Joyce et cie", *Tel Quel*, Paris, n.64, p.20, inverno 1975.

Finnegans wake: Londres, Faber and Faber, 1939 (ed. bras.: *Finnegans Wake/Finnicius Revém*. Trad. Donaldo Schüler. São Paulo: Ateliê Editorial, 1999, 5 vols., 1999-2003). Existe uma tradução francesa integral por Philippe Lavergne, Gallimard, 1982, uma notável adaptação parcial de André du Bouchet, Gallimard, 1962, e diversas traduções parciais, publicadas sobretudo na revista *Tel Quel* (n.54, assinadas por Philippe Sollers e Stephen Heath; é digna de menção, no n.55, a tradução italiana, feita pelo próprio Joyce, de "Anna Lívia Plurabelle" e sua apresentação por Jacqueline Risset).[2]

INAUGURAR JOYCE A TÍTULO DE UM SIMPÓSIO: trata-se do V Simpósio Internacional James Joyce, que aconteceu em Paris entre os dias 16 e 20 de junho de 1975. Os anais foram reunidos e apresentados por Jacques Aubert e Maria Jolas, e publicados em co-edição pelas editoras do CNRS e da Universidade Lille-III, com o título *Joyce y Paris (1902-1920/1940-1975)*, 1979, em 2 volumes; nesses anais, foi publicada pela primeira vez a intervenção de Jacques Lacan reproduzida, em anexo, neste Seminário.

ADAM... ERA UMA *MADAM*: *Madam, I am Adam. And Able was I ere I saw Elba* (ed. ingl., p.132; ed. fr., p.175; ed. bras., p.132: "Madam, eu sou Adam. E Abel era eu antes de ser Elba."). O palíndromo é lançado por Lenehan, o farsante de grupo, que já pode ser encontrado em *Dublinenses*. O trocadilho *Abel/able* será retomado em *Finnegans Wake*, 287.11: *I can but are you able?*, onde estão intricados de maneira mais sutil o significante e sua voz (ed. bras.: vol.4, p.287.11 ou 171: "Se eu caim, você abela?").

VOCÊS SABEM QUE JOYCE BABAVA POR ESSE SANT'HOMEM: o jovem Joyce pretendia compor um tratado de estética a partir de alguns textos de são Tomás de Aquino. Ver *Œuvres*, t.I, p.735s, 1003; ed. bras., p.207s).[3]

O TRABALHO DE JACQUES AUBERT: o trabalho em questão é *Introduction à l'esthétique de James Joyce*, Didier, 1973, inteiramente revisado em uma tradução inglesa intitulada *The Aesthetics of James Joyce*, The Johns Hopkins University Press, 1992.

O *FREEMAN'S JOURNAL*: *What Arthur Griffith said about the headpiece over the* Freeman *leader: a homerule sun rising up in the northwest from the laneway behind the bank of Ireland* (ed. ingl., p.55; ed. fr., p.76; ed. bras., p.67: *O que Arthur Griffith disse sobre o cabeçalho a respeito do líder do* Freeman*: um governo próprio se erguendo a noroeste vindo da alameda atrás do banco da Irlanda*). Ver também na edição francesa, t.II, p.62, nota 13. *Home Rule*, "Autonomia", que, ao ser entendida como "Governo do Lar", faz pensar no casal Bloom; era ainda o lema dos irlandeses que lutavam por autonomia nos anos 1880-1900.

O HERÉTICO: desde seus primeiros escritos, Joyce mostra-se fascinado por essa posição do herético, encarnada, a seu ver, por Giordano Bruno. Ver, por exemplo, "La philosophie de Giordano Bruno" e *Retrato de um artista quando jovem*, p.245 (ed. fr., t.I, p.776 e 990).[4] E em *Ulysses*, por exemplo, p.20-1, 199 (ed. fr., p.33, 262; ed. bras., p.22-4, 232-3). Em cada caso é levantada, com a questão da Igreja, a da posição do Pai na Trindade.

UM PAI... MAIS OU MENOS *FENIANO*: o pai de Joyce era menos feniano (referente ao violento movimento nacionalista do meio do século XIX) do que preguiçoso [*feignant*].[5]

OS UNIVERSITÁRIOS: Richard Ellmann (*James Joyce*, Oxford University Press, ed. rev., 1982, p.703) relata esta resposta de Joyce a Jacob Schwartz, que lhe perguntava: *Why have you written the book this way? – To keep the critics busy for three hundred years.* E a que ele deu a Max Eastman: *The demand that I make my reader is that he should devote his whole life to reading my works* (ed. bras.: *James Joyce*. Trad. Lya Luft. São Paulo: Globo, 1989, p.865: "'Para manter os críticos ocupados por trezentos anos'"; "'A exigência que faço para meu leitor... é que ele devote sua vida inteira a ler meus livros'").

STEPHEN HERO: *a new edition*, Nova York, New Directions, 1963; trad. francesa: *Stephen le Héros*, in *Œuvres*, t.I, p.321-533.

A EDIÇÃO QUE SE DEVE TER: Jacques Lacan faz alusão aqui à edição recomendada no anúncio do Seminário: *A Portrait of the Artist as a Young Man. Text, Criticism and Notes*, ed. Chester G. Anderson, Nova York, The Viking Critical Library, 1968. O texto tem a mesma paginação da edição corrente do mesmo editor, que utilizamos aqui.

BEEBE OU *BIBI?*: Jacques Lacan se interroga aqui sobre a pronúncia do nome do autor Maurice Beebe, que tem um artigo reproduzido na edição em questão intitulado "The artist as hero".

HUGH KENNER: seu artigo tem por título "The *Portrait* in perspective", extraído de seu livro *Dublin's Joyce*, Bloomington, Indiana University Press, 1956.

UMPIRE: alusão ao debate que, no segundo episódio de *Ulysses*, p.29-30 (ed. fr., p.42-4; ed. bras., p.33-5), coloca em cena Stephen Dedalus e o diretor de sua escola, sr. Deasy, anglo-irlandês fiel ao Império Britânico e árbitro (*umpire*) entre seus alunos. A observação de Jacques Lacan ganha todo seu valor a partir da página precedente, em que ouvimos Stephen se interrogar, a propósito do aluno do qual ele é então professor, sobre o corpo dessa criança e sobre o da criança que ele foi. A posição de Joyce em relação ao seu país está claramente ligada à administração dos corpos irlandeses pelas forças conjuntas da Igreja católica e do puritanismo anglo-saxão, unidas de modo espetacular contra o herói de seus anos de juventude, Parnell, que advogava a autonomia da Irlanda. Daí a importância da partida, em outubro de 1904, com uma mulher, Nora Barnacle, e mais tarde a recusa de retornar, dramatizada em *Exilados*, que volta ao questionamento do desejo da mulher, da relação sexual e do ciúme. Ver, igualmente, em *Portrait* a aventura relatada por Davin, p.182-3 (ed. fr., p.709-10; ed. bras., p.184-5).

A CONSCIÊNCIA INCRIADA DE MINHA RAÇA: *I go to encounter for the millionth time the reality of experience and to forge in the smithy of my soul the uncreated conscience of my race* (ed. ing., p.252-3; ed. fr., t.I, p.780-1; ed. bras., p.249: "Eu vou encontrar pela milionésima vez a realidade da experiência e forjar na forja da minha alma a consciência incriada da minha raça.")

II

SENTIMENTAL: *The sentimentalist is he who would enjoy without incurring the immense debtorship for a thing done* (cf. o telegrama de ruptura de Stephen com Buck Mulligan: ed. ing., p.191; ed. fr., p.251; ed. bras., p.223: "O sentimentalista é aquele que gozaria sem incorrer em imenso endividamento por um ato praticado.").

COMO UMA ARTE PODE PRETENDER DE MANEIRA DIVINATÓRIA: alusão, sem dúvida, àquelas passagens de *Portrait*, p.224-6 (ed. fr., t.I, p.751-3; ed. bras., p.222-4), em que Stephen Dedalus se apresenta, não sem uma certa distância, às voltas com augúrios; ele vai se lembrar disso em *Ulysses*, p.209 (ed. fr., p.273; ed. bras., p.241-2); ver igualmente p.534 (ed. fr., p.713; ed. bras., p.599). Em *Ulysses*, a questão está claramente ligada à indagação, singularmente poética, de um sujeito a partir de sua sombra: *Why not endless till the farthest star? Darkly they are there behind this light, darkness shining in the brightness, delta of Cassiopeia, worlds. Me sits there with his augur's rod of ash, in borrowed sandals, by day beside a livid sea, unbeheld, in violet night walking beneath a reign of uncouth stars. I throw this ended shadow from me, manshape ineluctable, call it black. Endless, would it be, form of my form?* (ed. ing., p.48; ed. bras., p.56: "Por que não infindável até a estrela a mais distante? Elas estão ali sombrias por trás desta luz, escuridão brilhando na claridade, delta de Cassiopéia, mundos. Eu estar sentado ali com minha bengala como varinha de condão, de sandálias emprestadas, de dia, despercebido, ao lado de um mar lívido, na noite violeta caminhando sob o domínio de estrelas misteriosas. Eu me desfaço desta minha sombra circunscrita, forma humana inelutável e a chamo de volta. Interminável, seria minha, forma de minha forma?").

IV

UM LIVRO, DE UM CERTO ROBERT M. ADAMS: *Surface and Symbol. The Consistency of James Joyce's "Ulysses"*, Nova York, Oxford University Press, 1962. Adams insiste, por diversas vezes (por exemplo, na página 33), na importância do enigma em *Ulisses*. Ele utiliza de bom grado o termo *symptomatic*, em uma acepção bastante vaga (p.25 e nota da p.59).

TRINITY COLLEGE, SE BEM ME LEMBRO: de fato, Stephen ensina em uma escola particular próxima de Dublin, em Dalkey. Ele não ensinou nem no Trinity College, nem no University College onde, tal como Joyce, é possível supor que tenha feito seus estudos superiores, nem mesmo no Belvedere College, estabelecimento jesuíta de ensino secundário que ele freqüentou quando era adolescente. O lapso de Jacques Lacan se esclarece, com certeza, pelo seu interesse pelo trinitário, notadamente a propósito da psicose de Newton, ele sim, professor do Trinity ("Televisão", em *Outros escritos*, p.534): assim, dois casos acabam sendo aproximados, a questão da Trindade aparecendo em bom lugar no *Ulisses*, em estreita relação com a heresia. Para esse tema, ver Jean-Louis Houdebine e Philippe Sollers, "La trinité de Joyce, I et II", *Tel Quel*, n.83, primavera 1980.

UM QUE SE CHAMA FÉVRIER: James G. Février, *Histoire de l'écriture*, nova edição, Payot, 1959.

STEPHEN, CUJO NOME TAMBÉM COMEÇA POR *S*: pode-se também observar que *Ulisses* começa e acaba com um S: *Stately*... Yes.[6]

A BELEZA SEGUNDO HOGARTH: alusão à "linha da beleza" de Hogarth, à qual Joyce retorna várias vezes em seus primeiros textos, particularmente no *Retrato*, quando evoca seu condiscípulo Davin, típico jovem camponês nacionalista: *His nurse had taught him Irish and shaped his rude imagination by the broken light of Irish myth. He stood towards this myth upon which no individual mind had ever drawn out a line of beauty and to its unwieldy tales that divided themselves as they moved down the cycles in the same attitude as towards the Roman catholic religion* (ed. ing., p.181; ed. fr., t.I, p.708; ed. bras., p.183: "Sua babá lhe ensinara a língua irlandesa e moldara sua tosca imaginação segundo as luzes intermitentes do mito irlandês. Ele mantinha em relação a esse mito do qual nenhum espírito individual jamais extraíra um traço de beleza e em relação a seus contos canhestros que se dividiam à medida que se moviam pelos ciclos abaixo com a mesma atitude adotada para com a religião católica romana, a atitude de um servo parvo e leal.")[7] Joyce marca bem a distância que separa o artista das produções do inconsciente coletivo com efeitos colonizantes.

A ÚLTIMA FRASE DO *PORTRAIT*: *Old father, old artificer, stand me now and ever in good stead* (ed. ing., p.253, ed. fr., t.I, p.781, na qual "artesão" não me agradou muito; minha tendência é "artífice"; ed. bras., p.249: "Velho pai, velho artífice. Valha-me agora e sempre"). Ver também a alusão de Lacan mais acima, p.67.

MUITO POUCO PARA MIM: ver *Ulysses*, p.648-9 (ed. fr., p.861-2; ed. bras., p.720-1).

[BLOOM E SHAKESPEARE]: trata-se de um enigma de *Ulysses*, assinalado por Adams, op. cit., p.95-9, com notável importância de ordem estrutural. Na página 269 (ed. bras., p.311), no "monólogo interior" de Bloom reaparecem duas linhas que estavam na página 193, no discurso de Stephen, que repete isso na página 615 (ed. bras., respectivamente, p.227 e 685): *Do and do. Thing done. In a rosery of Fetter lane of Gerard, herbalist, he walks, greyedauburn. An azured harebell like her veins. Lids of Juno's eyes, violets. He walks. One life is all. One body. Do. But do. Afar, in a reek of lust and squalor, hands are laid in whiteness* (ed. francesa, p.255, onde *do* é traduzido como "agir", mas podemos escutar aí um imperativo; ed. bras., p.227: "Fazer e fazer. Coisa feita. No roseiral em Fetter Lane de Gerard, o herbanário, ele caminha, ruivoacinzentado. Uma campânula de flores azul-celeste como as veias dela. Pálpebras dos olhos de Juno, violetas. Ele caminha. Uma vida é tudo. Um corpo. Agir. Mas aja. Longe, numa atmosfera infecta de luxúria e sordidez, mãos postas sobre a brancura."). Esses fragmentos e sua aparente discordância, que coloca a questão da relação identificatória entre Bloom e Stephen, são ainda mais notáveis porque enodam os significantes da identidade com o corpo, e sobretudo com o ato. Além disso, a intertextualidade marca a questão da dívida: *Thing done* ("coisa feita", "ato praticado") é um eco do telegrama enviado por Stephen a Buck Mulligan: *The sentimentalist is the who would enjoy without incurring the immense debtorship for a thing done* (ed. ing., p.191; ed. fr., p.251; ed. bras., p.223: "O sentimentalista é aquele que gozaria sem incorrer em imenso endividamento por um ato praticado".).

BLEPHEN E STOOM: ver *Ulysses*, p.635 (ed. fr., p.846; ed. bras., p.707), e Adams, p.95.

EXILADOS: ver *Œuvres*, t.I, p.805-90 e 1762-98 (ed. bras.: *Exilados*. Trad. Alípio Correia de Franca Neto. São Paulo: Iluminuras, 2003).

UM *BOOK OF HIMSELF*: o nó está exatamente onde Jacques Lacan sugere? Ver passagem de *Ulysses* em que o bibliotecário da National Library cita Mallarmé comentando *Hamlet*: *He says – il se promène, lisant au livre de lui-même – don't you know, reading the book of himself* (ed. ing., p.179; ed. fr., p.237; ed. bras., p.211: "Ele diz: *il se promène, lisant au livre de lui-même* – você não sabe? – *lendo o livro de si mesmo.*")[8].

UM CERTO SCHECHNER: Mark Schechner, *Joyce in Nighttown. A Psychoanalytic Inquiry into "Ulysses"*, Berkeley-Los Angeles, University of California Press, 1974.

THE COCK CREW: esse *crew* é comumente traduzido por "cantou". Essa adivinha encontra-se no episódio 2, "Nestor", de *Ulysses*, p.27 (ed. fr., p.39-40; ed. bras., p.31). Algumas linhas antes, Stephen dá o início de um outro enigma, que segue a evocação da sombra de Jesus, e de seus enigmas, "tecida cada vez mais no tear da igreja": *Riddle me, riddle me, randy ro./ My father gave me seeds to sow* (ed. ing., p.26; ed. bras., p.31: "Adivinhe, adivinhe, adivinho!/ Ganhei grãos pra semear do paizinho.") A solução, omitida por Joyce, é digna de nota: *The seed was black and the ground was white./ Riddle me that and I'll give you a pipe./ Answer: writing a letter.*[9]

THE FOX BURYING: Os termos exatos da resposta à adivinha são: *The fox burying his grandmother under a hollybush* (ed. ing., p.27; ed. fr., p.40; ed. bras., p.31: "A raposa enterrando sua avó debaixo de um azevinho".).

SE É UM PAI OU UMA MÃE: *Every male that's born they think it may be their Messiah. And every Jew is in a tall state of excitement, I belive, till he knows if he's a father or a mother* (ed. ing., p.323; ed. fr., p.418; ed. bras., p.371: "E a cada macho que nasce eles pensam que pode ser seu Messias. E todo judeu fica num completo estado de excitação, creio, até que saiba se é um pai ou uma mãe".).

CRÊ CARREGÁ-LA EM SEU VENTRE: não encontro passagem que vá nesse sentido. Joyce utiliza muito mais essa idéia a propósito de suas obras. Em compensação, vê Nora grávida dele: cf., por exemplo, as cartas a Nora do dia 5 de setembro[10] ("Oxalá eu pudesse aninhar-me no teu útero como uma criança") ou do dia 24 de dezembro de 1909 ("Leva-me para o sombrio santuário de teu útero".). Cf. James Joyce, *Cartas a Nora Barnacle.* Trad. Mary Pedrosa. São Paulo: Massao Ohno, p.38 e 77.

INCONCEIVABLY PRIVATE JOKES: retomado de Adams, op. cit., p.200.

EFTSOONERIES: *eftsoons*, palavra obsoleta, formada com *after* e *soon*, significando "de novo", ou também "pouco depois". *Eftsoon* é encontrada em *Finnegans Wake*, p.473.18 (ed. bras., vol.5, p.473.18 ou 164, em que *eftsoon* é traduzido como "bem cedo"). Aqui, Jacques Lacan aponta, muito mais que o estilo de Joyce, a leitura a que ele impele: um estilo de leitura em uma linha metonímica, ainda que sua escrita não pudesse ser definida desse modo, diferentemente daquela, por exemplo, de Wolfson.[11]

V

SCRIBBLEDEHOBBLE: o título completo é *Scribbledehobble. The Ur-Workbook for "Finnegans Wake"*, org. Thomas E. Conolly, Evanston (Ill.), Northwestern University Press, 1961.[12] O dr. Lacan, de modo manifesto, confunde esse universitário com Cyril Connolly (1903-74), editor da revista literária *Horizon* (1940-50), que publicou autores dos anos 1930 e do pós-guerra, ingleses, mas também franceses e americanos. Cyril Connolly é sem dúvida mais conhecido como autor de *The Unquiet Grave. A Word Cycle by Palinurus* (1944, reed. 1961), viagem na cabeça de um escritor assombrado pelo fantasma errante de Palinuro, o piloto de Enéias: podemos nos perguntar se não é por ter essa figura de Um-pai no pano de fundo, também proveniente de Tróia, embora a seu modo, que Jacques Lacan, no momento em que se interessa pela história de Ulisses, encontra esse Connolly. Ver, igualmente, em *Œuvres*, t.II, a nota 3 da página 7 sobre Conolly Norman, que parece ter sido o primeiro psiquiatra irlandês a ter contato com a obra de Freud.

CARTAS... IMPUBLICÁVEIS: de fato, a maior parte dessas cartas (com exceção daquelas dos dias 8 e 9 de dezembro de 1909, às quais Jacques Lacan ainda assim teve acesso mesmo antes das *Selected Letters* de 1975), efetivamente ausentes do tomo I (1957), tinha sido publicada na edição dos t.II e III (1966). Cf. *Cartas a Nora Barnacle*, op.cit.

TWEEDLEDUM... DEE: Joyce utiliza esses nomes nas cartas do dia 24 de junho de 1921 a Harriet S. Weaver, *Œuvres*, t.II, p.937: "Um monte de gente em Zurique se persuadiu de que eu estava ficando gradualmente louco e realmente se dedicou a me induzir a entrar numa clínica onde um certo dr. Jung (o suíço *Tweedledum*, que não é para ser confundido com o vienense *Tweedledee*, dr. Freud) se diverte à custa (no amplo sentido da palavra) de senhoras e senhores que são perturbados por coisas que não saem de suas cabeças."

CRANLY O INTERPELA: *Portrait*, p.243 (ed. fr., t.I, p.770-1; ed. bras., p.239-40).

EM STEPHEN HERO, *POR EXEMPLO, HÁ VESTÍGIOS*: ver *Œuvres*, t.I, *Portrait de l'artiste* (1904), p.313s, onde Joyce joga com a "maneira enigmática", as fantasias de heroísmo, de "egoísmo", de redenção, e depois com o deslizamento rumo à saída poética oferecida pelo franciscanismo. E, acima, a nota sobre "um *book of himself* " (IV).

CHURCH DIPLOMATIC: ver *Œuvres*, t.I, p.315, 476, 601, e as passagens que evocam os jesuítas e sua duplicidade, como nas p.714, 718 (para referência às páginas 601, 714 e 718 do original, ver ed. bras., p.78, 188, 192).

CHAMADO: ver *Œuvres*, t.I, p.697-700, e 780, referente à entrada do dia 16 de abril (ed. bras., p.170-3 e 248-9).

VI

LUCIA... *TELEPATA EMISSOR*: ver Richard Ellmann. *James Joyce*, op.cit., p.677 (carta a Harriet S. Weaver do dia 21 de outubro de 1934), p.682, 684 (ed. bras., p.835, 840, 842-3).

FALHA PRIMEIRA: a falha, e sua retomada no tema da queda/Queda, é encenada ao longo de todo o *Finnegans Wake*.

VIII

SRA. BLAVATSKY: Clive Hart (em *Structure and Motif in "Finnegans Wake"*, Evanston [Ill.], Northwestern University Press, p.1962, p.49, 56-7 et passim) dá muita importância às teses de sra. Blavatsky, assim como às de Jung.

FINNEGANS WAKE... UM PESADELO: *History, Stephen said, is a nightmare from which I am trying to awake* (ed. ing., p.34; ed. fr, p.48; ed. bras., p.39: "A história – disse Stephen – é um pesadelo do qual estou tentando despertar".). Lembremos de que A-mulher pluralizada de *Finnegans Wake*, Anna Livia Plurabelle, é correntemente designada por sua sigla ALP, ou seja, em alemão, "pesadelo", e isso quando não se torna expressamente a *cunyngnest couchmare* (p.576.28, ed. bras., vol.5, p.576.28 ou 406: "camastuta pesadela".).

X

ONDE SOBRE O MONTE NEBO A LEI NOS FOI DADA: não vejo como Joyce pôde algum dia escrever essa frase, mesmo para atribuir uma lorota para fulano ou beltrano (no *Deuteronômio* 32, 49, trata-se, em realidade, do lugar da morte de Moisés diante de Canaã). O ritmo leva a pensar vagamente em uma canção de estudantes (paródica?).

CORK: o caso é relatado por Richard Ellmann em sua biografia sobre *James Joyce*, op.cit., p.551 (ed. bras., p.680).

A TABELA DE CORRESPONDÊNCIAS: as duas tabelas mais corriqueiramente acessíveis, que Joyce confiou a seu amigo Carlo Linati e, mais tarde, a Herbert Gorman, seu primeiro biógrafo, são detalhadas episódio por episódio, no final de cada notícia, na edição *Œuvres*, t.II (ed. bras., p.XVII).

UMA SURRA: esse incidente aparece no *Portrait*, capítulo II (ed. fr., t.I, p.605-11; ed. bras., p.84-7).

O MASOQUISMO... COM RELAÇÃO A BLOOM: ver, por exemplo, certas passagens do episódio "Circe" em *Ulisses* (ed. fr., t.II; ed. bras., p.577-82 etc.) e, certamente, as cartas para Nora, como a do dia 13 de dezembro de 1909 (ed. fr., t.II, p.1282; ed. bras, p.66-7).

A EPIFANIA: as "epifanias" de Joyce encontram-se no tomo I das *Œuvres*, p.87-105, e na *Notice* que lhes corresponde, p.1453-70.

JOYCE, O SINTOMA

AOS 17 ANOS: essa idade está errada, considerando que Joyce só chegou a Paris em 1920, quando Lacan tinha 19 anos. Em contrapartida, a frase seguinte leva a pensar que ele assistiu no dia 7 de dezembro de 1921, "quando tinha 20 anos", na Livraria de Adrienne Monnier, à primeira leitura de fragmentos de *Ulisses*, em inglês, mas também em francês (ver *Œuvres*, t.I, p.1030) [Lacan me disse ter efetivamente assistido a essa leitura – J.-A.M.].

FREUDENED: *Finnegans Wake*, p.115.22-23: *when they were young and easily freudened* (ed. bras., vol.3, p.115.22-23 ou 34: "quando elas eram yung áveis e focilmente freudadas).

A MORDIDA DO CHISTE: *Ulysses*, nova trad. fr., p.27: *re-mords de l'inextimité* (ed. bras., p.19: "remorso de consciência").[13]

MAIS DE UMA VEZ EM *FINNEGANS* SURGE ESSA REFERÊNCIA SOBRE A IMPORTÂNCIA DE SE CHAMAR ERNEST: observação surpreendente. *The importance of being earnest* ("A importância de ser sério"), em que Oscar Wilde joga com Ernest/*earnest* ("sério") aparece apenas em *Finnegans Wake* (p.233.19; ed. bras., vol.3, p.233.19 ou p.4), em que *De profundis* é a obra mais citada de Oscar Wilde. Não é impossível que Jacques Lacan tenha conhecido o trabalho da sra. H. Travers-Smith, *Psychic Messages from Oscar Wilde*, publicado em 1924, que ataca *Ulisses* com ferocidade, e é considerado a fonte das páginas 534 a 538 de *Finnegans Wake* (ed. bras., vol.5, p.534-8 ou 302-11).

SR. ATHERTON: James S. Atherton, *The Books at the Wake. A Study of Literary Allusions in James Joyce's "Finnegans Wake"*, Nova York, Viking, 1960, ed. revisada em 1974.

WORK QUE FICOU 17 ANOS *IN PROGRESS*: Joyce começa seu livro na primavera de 1923; o primeiro exemplar lhe foi remetido no dia 30 de janeiro de 1930, visando ao seu aniversário (dia 2 de fevereiro), mas o livro só foi efetivamente lançado no dia 4 de maio em Londres e Nova York.

Letter, litter: ver Jacques Lacan, "Lituraterre", in *Littérature*, n.3, outubro 1971 (ed. bras., "Lituraterra", in *Outros escritos*, Rio de Janeiro, Zahar, 2003, p.15-25).

Who ails tongue coddeau: *Finnegans Wake*, p.15.18 (ed. bras., vol.1, p.15.18 ou p.54.).

Mesmo gênero de flagelo: ver *Ulysses*, p.20 (ed. fr, p.32; ed. bras., p.22).

Spiritualism: de fato, *spiritualism* significa tanto "espiritismo" quanto "espiritualismo".

Notas

1. Adotamos como critério citar as edições brasileiras aqui utilizadas – as mesmas apontadas na nota de rodapé da p.167, informando entre parênteses a tradução por elas adotada, após a menção às páginas das edições inglesa e francesa. (N.T.)

2. O Brasil, bem antes da tradução completa de *Finnegans Wake* realizada por Donaldo Schüler, já podia contar com o pioneirismo dos "irmãos Campos", que traduziram alguns fragmentos desse último trabalho de Joyce. Cf. Augusto e Haroldo de Campos. *Panaroma do Finnegans Wake*. São Paulo: Perspectiva, 1971; Augusto de Campos. *À margem da margem*. São Paulo: Companhia das Letras, 1989, p.35-48. (N.T.)

3. A página 1003 citada por Jacques Aubert refere-se às anotações sobre estética feitas por Joyce e, mais especificamente, ao texto "Caderneta de Pola", ainda inédito no Brasil. O original em inglês pode ser encontrado na internet (*The Pola Notebook*): http://digital.library.wisc.edu/1711.dl/JoyceColl.ScholesWorkshop (N.T.)

4. A página 990 citada por Jacques Aubert refere-se a um texto de Joyce intitulado "A filosofia de Giordano Bruno", ainda inédito no Brasil. (N.T.)

5. Com essa nota, Jacques Aubert esclarece que *Fenian* ("feniano") soa homofonicamente como *feignant* ("preguiçoso") e que Lacan, ao apresentar o pai de Joyce nesses termos, tira proveito dessa homofonia. (N.T.)

6. No original em inglês, essas são as duas palavras com que *Ulisses* respectivamente começa e termina. Na tradução brasileira aqui utilizada, essa insistência do *S* não se mantém, pois *Stately* foi traduzido por "Majestoso" e *Yes* por "Sim", p.4 e 815, o que não acontece na de Antônio Houaiss (São Paulo: Abril Cultural, 1980, p.9 e 852), que traduz *Stately* por "Sobranceiro" e *Yes* por "Sims". (N.T.)

7. Na edição brasileira aqui utilizada, a expressão "linha de beleza" (evocada por Lacan como *ligne de beauté* e por Joyce como *line of beauty*) é traduzida por "traço de beleza". (N.T.)

8. Tendo em vista o original inglês, essa passagem do *Ulisses* foi ligeiramente modificada com relação à tradução realizada por Bernardina da Silveira Pinheiro. (N.T.)

9. Citada por Jacques Aubert em inglês, essa resposta pode ser traduzida por: "A semente era preta e o solo era branco/ Adivinhe o que é e lhe darei um apito./ Resposta: uma carta escrita." (N.T.)

10. No original, Jacques Aubert comete um engano quanto à data dessa carta de Joyce a Nora. Trata-se do dia 5 de setembro e não do dia apontado na edição francesa do Seminário 23 como 3 de setembro. (N.T.)

11. Trata-se da escrita praticada por Louis Wolfson, "um estudante de línguas esquizofrênico", como ele próprio se denomina. Cf. Louis Wolfson. *Le schizo et les langues*. Paris: Gallimard, 1970. (N.T.)

12. É possível consultar esse livro na internet: http://www.questia.com/library/book/scribbledehobble-the-ur-workbook-for-finnegans-wake-by-james-joyce-thomas-e-connolly.jsp (N.T.)

13. Para Lacan, em *agenbite of inwit*, a presença do *wit* implica uma dimensão diversa daquela da "consciência" e, nesse aspecto, a tradução dessa expressão realizada por Bernardina da Silveira Pinheiro não deixa de ser criticável; entretanto, se a referência passa a ser a nova tradução francesa proposta por Jacques Aubert, uma possibilidade seria "re-mordo do inextimado", na qual o termo *inextimé*, tal como o termo lacaniano *extimité* comporta uma referência ao "íntimo" e ao "exterior", bem como ao que se impõe como "não agradável", "não estimado". Por esse viés, a tradução proposta por Jacques Aubert traz a marca do que é próprio ao inconsciente. (N.T.)

Nota passo a passo

Jacques-Alain Miller

§1. *Um apólogo*

Philippe Sollers! Lacan pergunta por ele na abertura do *Sinthoma*, p.11: ele está nesse auditório? Ah, sim, ele está aqui. Ele estará aqui, assíduo, o ano inteiro.

Participará também da "Apresentação de Jacques Aubert", mencionada à p.122 (ela foi organizada no Hôtel-Dieu, pelo Departamento de Psicanálise da Universidade Paris-VIII; a conferência de Jacques Aubert, após ter sido publicada no quarto número do boletim *Analytica*, pela editora Navarin, foi reproduzido em *Joyce avec Lacan*, do mesmo editor, p.69-84, com o título "Galeries pour un portrait". Verá, também, mas em uma sessão diferente daquela de Lacan, o filme evocado na mesma página, *O império dos sentidos* (*Ai no corrida*, de Nagisa Oshima, 1976).

Em uma conversa que voltou a se dar nesses dias para acompanhar o lançamento do *Sinthoma* (e que Ph. Sollers, por telefone, no dia 17 de janeiro de 2005 concordou que eu citasse), o escritor recentemente evocou uma noite dos anos 1970. É a seguinte:

Lacan, sentado no chão, esforça-se para se levantar, cambaleante – Sollers, que "dá um jeito para que ele fique de pé" – Sylvia, a esposa, que lhe dispara: "Mas deixe-o aí, agora ele é grande!"

"Preciso comentar?", pergunta Sollers em sua conversa. "Não... 'ele é grande agora': não vale a pena ajudá-lo a andar... A gente não diz isso! A gente não diz isso buscando um acordo... enfim, buscando o subentendido erótico com alguém mais jovem. É chocante. Para mim, ... Lacan não é uma criança."

A cena é sensacional. Mas, caro Philippe, me desculpe, podemos entendê-la de um modo um pouco diferente.

O que diz Sylvia? Que é você, Philippe, que toma Lacan por uma criança. Sim, você, ao se precipitar para socorrê-lo. É dele que ela zomba? Não será muito mais você, o devotado, que ela põe no devido lugar?

É ela que lhe indica que Lacan não é mais uma criança, ou que ele não o é mais do que "todohomem", escrito em uma palavra, tal como Lacan o fazia.

Quem fala? Vejamos: é "a verdadeira mulher", aquela que se define por não ser uma mãe e que, em vez de "colocar de pé", daria muito mais uma rasteira. Em suma, a mãe de Lacan é você, Philippe. Ela, Sylvia, é Medéia (ver, abaixo, §15).

Eros está por aí, sem dúvida, mas qual? A esposa tem alguma idéia a esse respeito. Diante de seu nariz, um jovem importuno vive atrás de seu marido: "*Noli tangere*", diz ela.

Não digo que você errou ao pressentir na frase de Sylvia um convite que lhe era endereçado, mas como não ver que essa frase só toma seu sentido erótico pelo gesto solícito que a precede e com o qual você segura o velho homem titubeante? Sylvia, em suma, lhe diz: "Deixe cair, homenzinho, e passe, portanto, a se interessar por uma mulher *mais do que por ele.*"

Sem dúvida, não menos que a você, a injunção se endereça a Lacan.

Ah! Você não era o único, Philippe, a ficar rodeando Lacan, a querer ajudá-lo em sua idade já avançada, a "dar um jeito para que ele ficasse de pé". Havia Jacques Aubert, havia eu, Jacques-Alain, havia a cambada capturada "na transferência". Você acredita que nós que, como você, tínhamos uma queda pelos grandes homens, éramos olhados com benevolência pela mulher que o acompanhava na vida?

Você, que professa sua admiração por Bataille, indigna-se que Sylvia lhe tenha dito com uma voz desencantada: "Ah, você se interessa por Georges?" e, você, virtuosamente, faz a seguinte objeção: "Para mim, Bataille não era 'Georges'." Sim, mas, veja você, para ela, era. O problema todo está aí.

Sylvia, à sua maneira, era uma herética. A seus olhos, você não passava de um idolatrazinho, tal como eu. Ela, por sua vez, estilhaçava, ou minava, nossos ídolos de pés de barro. Ela não subia no escabelo (ver, abaixo, §5).

Você sabia que, numa certa manhã, ela me disse: "Ah, Jacques-Alain, estou muito cansada. Passei a noite queimando todas as cartas de Georges"?

Nós não teríamos feito isso, não é mesmo, Philippe? (Ver, de novo, o §15). Mas Bataille não foi nosso homem-devastação (ver, aqui mesmo, p.98).

Sollers ajuda Lacan, Sylvia coloca Sollers em seu devido lugar. É que ela é plenamente essa "ajuda contra" criada por Deus para Adão na pessoa da mulher (Gênesis, 2, 18), e que é por duas vezes considerada em *O sinthoma* (a *Bíblia de Jerusalém*, otimista, traduz, ao contrário, por "uma auxiliar que lhe corresponda"). Graças à "extrema agudeza quanto à unicidade" que lhe atribuía Lacan (ver *A ética da psicanálise*, p.355 ou p.343, ed. fr.), ela havia percebido o sonho de idílio do hábil homem que, 30 anos mais tarde, rindo, diria de Lacan: "Penso que a transferência foi recíproca, e com vantagem para mim."

Essa transferência, Philippe, está nesse gesto de *suportar*, que constitui o par Sollers e Lacan. Sylvia, então, coloca-se como terceiro. Há agora um trio, e ele é borromeano, caso decifrado por *O sinthoma*.

Sollers, com toda sua transferência recíproca, é o imaginário. Sua "todohombridade" lhe faz crer que Lacan, levantando-se graças à mão que lhe é estendida, é imaginário como ele. "Não, ele não tem necessidade de você para isso, ele é grande por si só", diz Sylvia, "e simbólico" (ver §6, *in fine*). Ela, por sua vez, é o real (ver *A angústia*, cap.XIV, p.201-16; ed. fr. p.213-28), a menos que não seja o sinthoma (aqui mesmo, p.98) que o impede de se safar.

Por fim, deponho de bom grado as armas, Philippe. Não quero ter razão contra você.

Sem você, não teríamos esse sublime *vaudeville*. Foi preciso, para que essa cena aparecesse, transpor as portas guardadas pelo Demônio do pudor. Talvez isso custasse menos a você que a mim – que tive também de fazê-lo, para segui-lo na zona incandescente onde queimam as cartas de Bataille e as de Gide, e por onde você avança, intrépido, afrontando as *mille e tre* mais uma, para segurar a mão do Comendador a fim de que ele não caia.

Não há apólogo melhor para *O sinthoma*. Lacan recorria a Joyce para dar um passo além do ponto onde Freud se deteve. Naquela noite, o que você fez não foi uma mímica disso? A literatura voa para socorrer a psicanálise *que quebra a cara*.

Sylvia só podia se interpor, como efeito de restrição.

§2. Efeitos de restrição

Lacan tinha intenção de intitular seu Seminário *4, 5, 6*, e o anunciou dessa forma (p.12).

Com efeito, ele tinha retomado no dia 13 de maio, na última sessão de seu Seminário *RSI*, o nó borromeano de quatro rodinhas (o real, o simbólico, o imaginário, mais o sintoma), já abordado no dia 14 de janeiro do mesmo ano, e sustentara que, "ao nos engajarmos nesse quatro, encontramos uma via particular que só vai até seis". A conferência que ele dá na abertura do Simpósio Joyce, em junho de 1975, o desviará desse projeto.

Qual podia ser, portanto, essa "via particular"? Minha hipótese é que se tratava de explorar as possibilidades combinatórias evidenciadas nos quadros encontrados nas páginas 21 e 22 do *Sinthoma*.

O primeiro, já evocado no dia 13 de maio, estabelece uma dupla correlação 1-2/3-4, evidenciada pelo nó da mesma página, e de modo que ela permitiria obter com as quatro rodinhas denominadas como efeitos de restrição que, como podemos notar, são os mesmos daqueles da sintaxe *alfa*, *beta*, *gama*, *delta* do "Seminário sobre 'A carta roubada'" (*Escritos*, a ser citado a partir daqui como *E.*, p.53-55; ed. fr. p.49-50): ao fixarmos o termo de um par em um lugar entre quatro possíveis, as restrições aparecem na inscrição dos termos do outro par em outros lugares.

O segundo quadro enumera três configurações obtidas a partir dos três termos R, S, I, submetidos a "uma revolução não permutativa na posição deles", como acontece, em "Radiofonia", com quatro termos $, S_1, S_2, *a* (*Outros Escritos*, citado desde então como *O.E.*, p.447; ed. fr.p.447), o termo "sinthoma" permanecendo fixo.

Não é difícil conceber um terceiro quadro no qual, permanecendo fixo Σ, a permutação dos termos R, S, e I é, desta vez, autorizada. Obtemos, nesse caso, seis configurações:

R	S	I
S	I	R
I	R	S
R	I	S
S	R	I
I	S	R
	Σ	

Minha hipótese é, portanto, que Lacan previa privilegiar o estudo dos três nós, fazendo aqui esse acréscimo quanto aos três primeiros que já figuravam no segundo quadro, e que o Seminário *RSI* visava. Os nós 4, 5, 6 seriam RIS, SRI e ISR, mais a quarta rodinha Σ. Imagino que, em um segundo tempo, a exploração dessa única via não teria fornecido os resultados que Lacan esperava. Seguir a pista de Joyce lhe teria parecido mais fecundo.

§3. Borrões sobre o nó

Para que Lacan se interessasse pelo nó borromeano, foi preciso que ele o recebesse *via* seu amigo G.T. Guilbauld, o matemático.

No dia 8 de fevereiro de 1972, Lacan preparava seu Seminário do dia seguinte em torno da frase, de sua lavra, *eu te peço para recusar o que te ofereço, porque não é isso*, quando a Fortuna, na pessoa da chamada V*P*, colocou em suas mãos o nó borromeano: "Uma coisa estranha me aconteceu enquanto me interrogava ontem à noite, diz ele no dia 9 de fevereiro de 1972, a partir da minha geometria da tétrade, sobre o modo como ia apresentar isso hoje para vocês: foi-me dado como uma aliança, jantando com uma pessoa encantadora que freqüenta os cursos do sr. Guilbaud, alguma coisa que agora posso lhes mostrar. Ontem à noite, me dei conta de que não é nada menos, parece, que o brasão dos Borromeus" (Seminário 19, cap.V [inédito]).

George Théodule Guilbaud foi, depois da guerra, quem introduziu na França a teoria dos jogos, de von Neumann e Morgenstern (ver seu célebre artigo na revista *Économie Appliquée* n.2, abr-jun 1949), e Lacan se interessa por isso; seu artigo "Les problèmes du partage" (*ibid.* n.1, abr-jun, 1951) é utilizado por Lacan no Seminário 16, a propósito da aposta de Pascal; Guilbaud estará "no cerne do desenvolvimento da pesquisa operacional na França" (ver sua entrevista publicada em *Les Annales des Mines* n.67, mar 2002).

Há muito tempo o nó figurava nos livros populares de curiosidades matemáticas, como *Mathematics and the Imagination*, de Edward Karner e James Newman (Bell, reimpresso desde 1949), do qual Lacan possuía um exemplar. O nó, na página 287, é apresentado como o emblema de uma "cervejaria muito conhecida", e o comentário se contenta em assinalar a "estranha relação" das três rodinhas. Quando Lacan mostra a Quine os recursos do nó, o eminente filósofo não vê nisso mais do que uma divertida curiosidade, "*a little topological curiosity that was engaging in its way*" (ver, abaixo, §9).

É a ocasião de lembrar que, como assinala Alexei Sossinsky no início de uma exposição semipopular (*Noeud. Genèse d'une théorie mathématique.* Paris: Seuil, 1999, p.11), os nós, "não sei por quê", foram por muito tempo ignorados pelos matemáticos, que só passaram a se dedicar a eles no século XX; até meados dos anos 1980, essa teoria, exceto quanto a um pequeno círculo de especialistas, não despertava o interesse de muitos matemáticos.

Convém acrescentar que os físicos precederam os matemáticos nesse contexto. William Thomson, Lord Kelvin, o inventor do zero absoluto (-273,15ºC) e da escala de temperatura que leva seu nome, imagina modelos nodais da estrutura molecular, e dirige uma atenção particular ao nó de trevo; uma teosofia caricata foi desenvolvida sobre isso, e eu não poderia deixar de partilhar com o leitor do *Sinthoma* o riso provocado pelo site *Kelvin is Lord* (www.zapatopi.net/lordkelvin.html).

Tendo sido meu interesse despertado por Lacan, adquiri por volta de 1973 e lhe passei *Introduction to Knot Theory* (R.H. Crowell e R.H. Fox, Blaisdell, 1963). Pode ter sido Pierre Soury que lhe falou dos artigos ou, pelo menos, dos nós, de Listing e de Milnor que são retomados no Seminário. Soury era um jovem matemático, que faleceu muito novo, com uma personalidade sedutora, e que se apaixona, juntamente com seu amigo Michel Thomé (ver em especial p.44s), pelos nós de Lacan; este encontrará neles uma competência e uma disponibilidade que ele procurava em vão suscitar na maior parte de seus ouvintes e dos psicanalistas de sua Escola.

Durante sua passagem por Nova York, por ocasião de sua viagem transatlântica, entre a primeira e a segunda sessão do presente Seminário, Lacan encontra-se com Dalí (p.105), e tenta fazê-lo se interessar pelo nó borromeano, mas em vão, como já havia acontecido com Heidegger, a quem ele visitou com essa finalidade, durante *RSI*, em Freiburg-in-Brisgau. Segundo o testemunho que ele dá a esse respeito na volta, o alemão não havia dito uma palavra e lhe mostrara o monte de manuscritos de seus cursos que aguardavam publicação.

O nó, que apareceu no Seminário 19, ressurge em *Mais, ainda*, no cap.X, p.160-86; ed. fr. p.107-23. Ele está no centro da conferência feita em Roma em 1974 (a ser lançada na série "Paradoxos de Lacan"); devido a seu título, "A terceira...", ela se inscreve na série dos discursos romanos de Lacan, depois de "Função e campo da fala e da linguagem em psicanálise" em 1953 (*E.*, p.238-324; ed. fr. p.237-322) e de "A psicanálise. Razão de um fracasso", em 1968 (*O.E.*, p.238-324; ed. fr. p.341-49). Enfim, o Seminário de 1974-1975, *RSI*, que precede imediatamente *O sinthoma*, tem como objeto o próprio nó, e a tríade do real, do simbólico e do imaginário, inspirada em Lévi-Strauss, e que marca o início do ensino propriamente dito de Lacan (ver o opúsculo *Nomes-do-Pai*. Rio de Janeiro: Zahar, 2005).

A série encetada por *RSI*, e que encontra seu ápice em *O sinthoma*, constitui um retorno de Lacan aos fundamentos da sua própria tentativa, e um questionamento da psicanálise numa profundidade sem igual, e amplamente não percebida, em razão do cuidado de Lacan para furtar ao ouvinte o alcance de seu discurso e de suas virtualidades explosivas. Daí seu desejo não realizado de limitar sua elaboração a um círculo bem pequeno. Não podemos deixar de pensar que esse último ensino de Lacan era do registro daquilo que as Escolas antigas reservavam ao ensino esotérico.

Uma noção aristocrática da "subjetividade criadora" é antiga em Lacan, mas sequer em *O sinthoma* ele vai ceder à tentação de apostar em uma elite. Vejam essa passagem de "Função e campo...", de 1953: "levar em conta o pequeno número de sujeitos que sustentam essa criação [simbólica] seria ceder a uma perspectiva romântica" (*E.*, p.284; ed. fr. p.284). Ou, ainda, em 1973: "quanto mais somos santos, mais rimos, esse é meu princípio, ou até mesmo a saída do discurso do capitalista – o que não constituirá um progresso, se for apenas para alguns" (*O.E.*, p.519; ed. fr. p.520).

As sempiternas deplorações de Lacan em *O sinthoma* quanto ao número excessivo de seus ouvintes deixam claramente entender que a doutrina que ele expunha aos quatro ventos tinha vocação para ser mantida secreta. Dar forma pública a um ensino esotérico obriga a velá-lo ao mesmo tempo em que ele é desvelado. É preciso de certo modo se calar ainda que falando, como preconiza Baltasar Gracián, e usar de todos os procedimentos que são evocados por Leo Strauss em *La persécution et l'art d'écrire*. Daí, o "meio-dizer" críptico de Lacan, evidenciado especialmente em *O sinthoma* (ver, abaixo, §15).

É assim que, diferente de Freud, mas instruído pelas desventuras de sua sucessão apostólica, Lacan se abstém de eleger um círculo de supostos fiéis, e de esposar esse povo eleito, como Veneza o mar, distribuindo-lhes anéis (sobre o Comitê secreto, chamado de Comitê dos

Sete Anéis, ver, *E.*, p.476-7; ed. fr. p.473-4). A única "aliança no dedo" de Lacan é o nó (ver acima). O dano dos pretendentes é bastante marcado pela fiel animosidade que eles devotaram a seu genro.

Não resta dúvida de que Lacan partilhava os mesmos sentimentos que atribuía a Freud quanto aos psicanalistas: "Não é difícil mostrar o desprezo que Freud sentiu por certos homens todas as vezes que seu espírito chegou a confrontá-los com esse encargo [o exigido pela técnica psicanalítica], tido por ele como acima das possibilidades destes. Mas tal desprezo, naquele momento, era consolidado pelos abandonos repetidos em que ele havia aquilatado a inadequação mental e moral de seus primeiros adeptos. Adeptos cujo espírito e caráter – o que é por demais evidente – ultrapassavam de longe tanto os melhores quanto a multidão dos que desde então se espalharam pelo mundo com sua doutrina" (*E.*, p.459; ed. fr. p.457-8; sobre o tema do desprezo, que Lacan atribui a Marx e Lênin, a Freud e a ele mesmo, ver *Mais, ainda*, p.131-2; ed. fr. p.89-90).

É difícil negar que essa severa avaliação não se veja invalidada pelo acolhimento dispensado, por uma parte nada negligenciável do que foi a comunidade psicanalítica francesa, no primeiro trimestre do ano de 2003, a uma empreitada que visa abertamente o definhamento da psicanálise. Ao mesmo tempo, viram-se então os "cadetes da Gasconha" da intelectualidade se alinharem, como se o gesto generoso, ínfimo e íntimo de Sollers em relação a Lacan, numa noite dos anos 1970, estivesse destinado a se repetir na história (ver Ph. Sollers, "L'avenir de la psychanalyse", *L'Infini*, Gallimard, n.67, verão 2004, p.55-9; Bernard-Henri Lévy, "Pour une charte de la psychanalyse" e "La cause de Freud", *Récidives*, Grasset, 2004, p.114-31; e as numerosas contribuições publicadas em *Le Nouvel Âne*, Navarin, n.1 a 4, 2003-04). "Para que me meter?", pôde-se escutar do lado da gentalha aterrada, "eles não são analistas".

O nó abre uma série infinita no sentido ascendente, uma vez que sempre podemos tomar novas "rodinhas de barbante" na relação borromeana. Mas esta só começa na terceira.

É possível destacar que, nisso, a série borromeana é análoga à série chamada de Fibonacci na qual, por muito tempo, se deteve no Seminário 16: a lei geral de formação da série (cada número é formado pela adição dos dois precedentes) só começa a ser aplicada, evidentemente, no seu terceiro termo:

1 1 2 3 5 8 13 21 34...

§4. Aristóteles e o não-todo

Lacan foi atraído pelos quantificadores aristotélicos (p.14-5) a partir do artigo que os *Cahiers pour l'Analyse*, revista do Círculo de Epistemologia da École Normale Supérieur, pediram ao filósofo Jacques Brunschwig, e que apareceu encabeçando o número 10 (Seuil, 1969), dedicado à formalização ("La proposition particulière et les preuves de non-concluance chez Aristote", p.3-26). Ele já o havia utilizado em seu escrito "O aturdito", a propósito da sexuação feminina (*O.E.*, p.465-70; ed. fr. p.465-9, com referência a Aristóteles, p.469-70; ed. fr. p.469); ver, igualmente, na mesma coletânea, "Televisão", p.537-8; ed. fr. p.539-40).

Interpretando a delicada passagem-chave do início dos *Primeiros Analíticos,* I, I, 24ª, 18-20, Brunschwig distingue a particular negativa que ele chama de mínima (algum A pelo menos não é B, não estando excluído que nenhum o seja), da particular negativa denominada máxima (algum A pelo menos e no máximo não é B) e assinala que Aristóteles interpreta sempre a particular no sentido mínimo, e rejeita o outro.

Em que a primeira é mínima e a outra, máxima? Na medida em que a primeira não exclui a possibilidade de uma relação universal entre A e B (que seria: nenhum A é B), enquanto que a segunda o exclui. No segundo caso, não se pode dizer todo A, nem nenhum A. Não há verdade universal de A.

Lacan fica com o sentido máximo da particular negativa, ao contrário de Aristóteles, dotando seu *não-todo* com isso. Ele o afeta com o lado feminino da sexuação: não há "todas as mulheres", não há universal feminino, não há *a* mulher.

Mas o não-todo é ainda mais retorcido do que isso. Lacan não fica com a oposição máxima/mínima sem a recompor com suas mãos, tal como ele faz, por exemplo, com o par metáfora/metonímia tomado de Jakobson.

A quantificação aristotélica inscreve-se em um universo do discurso que é finito. Que ele seja máximo ou mínimo, seu não-todo, portanto, lida apenas com a falta e a incompletude: todos estão aí? Há alguns que estão alhures? O não-todo de Lacan, ao contrário, se dá em um universo infinito, e ele é construído sobre o modelo intuicionista de uma seqüência de escolhas: a ênfase é colocada na impossibilidade de dizer a universalidade do predicado. Se não está posta desde o início a lei da formação da série, segundo a qual todos os A são B, será impossível sempre – por mais longe que essa série vá, e mesmo se é verificado, a cada momento, que não é encontrado nenhum A que não seja B – concluir para todos. A seqüência é, como tal, *lawless*, sem lei.

Esse atributo singular é reconhecido por Lacan quanto ao real que ele inventa (ver p.132-3). Não é sua única heresia.

§5. Sublimação = escabelo

Haeresis, p.16: Lacan evoca a palavra latina devido à consonância de "*héresie*" ["heresia"] com a pronúncia [francesa] das três letras RSI; a raiz da palavra é grega, *hairesis*, "escolha" e, daí, "opinião particular".

De que escolha se trata aqui? Faço o possível para torná-la mais clara no texto estabelecido. A escolha é entre o que Lacan designa divertidamente por *o sinthoma masdaquino* e por *o sinthoma que rola* [*sinthome masdaquin/sinthome qui roule*]. São, respectivamente, o "sinthoma" ortodoxo e o "sinthoma" herético.

A heresia, com efeito, não é a única a ser sinthoma. A escolha preconizada por Lacan em *O sinthoma*, aquela da perspectiva dita aqui herética, comporta, com efeito, que a ortodoxia (o normal) é apenas um regime particular do sinthoma, da mesma forma que uma seqüência *lawfull*, da norma, regular, não é diferente de uma seqüência *lawless* da qual se tem a lei de formação no início (o Nome-do-Pai) para evitar todo suspense e toda surpresa (que tédio!).

O *sinthoma que rola* é o sinthoma desnudado em sua estrutura e em seu real, o *masdaquino* é o sinthoma elevado ao semblante, o que se tornou manequim, e velado por sublimações disponíveis na loja de acessórios: o ser e seu esplendor, o verdadeiro, o bom, o belo, etc.

O recurso de elevação próprio à sublimação como operação ascensional era sempre nomeado por Lacan com o conhecido termo hegeliano de *Aufhebung*. Ele lhe dá em seu escrito "Joyce, o Sintoma" o nome mais expressivo de "escabelo" (*O.E.*, p.560-6; ed. fr. p.565-70).

O escabelo enfatiza o corpo. Do mesmo modo, Lacan designa o sinthoma como "acontecimento de corpo" (*ibid.* p.565; ed. fr. p.569), enquanto definia o sinthoma freudiano como "verdade" (*E.*, p.234-5; ed. fr. p.234-5). Joyce, "herético", partidário do *sinthoma-que-rola-como-eu-te-impulsiono*, "faz decair o sinthoma de seu *masdiaquinismo*" (p.15). Mas isso não o impede de querer se içar com seu sinthoma sobre "o SKbelo" da obra de arte.

A mesma orientação leva Lacan a fazer compreender, na p.132-3, que o real do reto é o torto, que o torto prevalece sobre o reto, que o reto é apenas uma espécie do torto. Devo lembrar que a ortodoxia é etimologicamente a opinião reta? Que o antônimo de *gay* em inglês é *straight*, que quer dizer "reto", "conforme" ou "na linha"?

A passagem do reto ao torto, do *mos geometricus* euclidiano à topologia nodal não deixa de evocar a passagem kepleriana "do imaginário da forma dita perfeita, como sendo a do círculo, para a articulação do cônico, da elipse" ("Radiofonia", in *O.E.*, p.430; ed. fr., p.431).

Einstein e Lênin são associados em favor desse tema. O físico evidencia, se podemos assim dizer, a curvatura real do raio de luz que, no entanto, parece reto. Quanto ao revolucionário, defendendo contra o economista Martynov as teses de *Que faire?*, publicado em março de 1902, enuncia na conclusão de seu "Discurso sobre a questão do programa do Partido", pronunciado no dia 22 de julho (4 de agosto) de 1903 no II Congresso do POSDR: "Todos sabemos agora que os economistas entortaram a barra em um sentido. Para ajeitá-la, é preciso entortá-la no outro sentido, e foi isso que fiz. Estou convencido de que a social-democracia russa ajeitará sempre com energia a barra torta devido a todas as variedades de oportunismo, e que, em seguida, nossa barra será sempre a mais reta e a mais utilizável" (*Œuvres*, Paris-Moscou, t.6, 1966, p.515; ed. bras., *Que fazer?* São Paulo: Hucitec, 1997).

Lênin retornou a esse ponto depois, em 1907, em seu "Prefácio à coletânea *Em doze anos*" (ibid., t.13, 1967, p.109-10): "... usei uma expressão que devia ser sempre citada a partir daí, aquela da barra torta. *Que fazer?*, eu dizia, ajeita a barra entortada pelos economistas, e é precisamente porque ajeitamos energicamente os desvios que nossa 'barra' será sempre bem reta."

Penso, nesse contexto, que Lacan sempre praticou o método leninista ao qual ele se refere nessa passagem do *Sinthoma*, e que numerosas teses sustentadas por ele na psicanálise são para serem lidas sob essa luz: ele ajeita a barra entortada pelos "ortodoxos" a fim de que ela fique reta.

Se Lacan fala, p.132, de um "bastão" e não de uma barra, podemos supor que é contaminado pelo exemplo cartesiano, na *Dióptrica*, da ilusão do bastão na água. Não quis corrigir esse erro no texto estabelecido.

O par inédito Einstein e Lênin torna-se trio quando, por ocasião da última questão (p.134-5), surge um objeto que provocou grande fascínio naquela época, o charuto torto de Lacan. Tratava-se de um suave havana, chamado *culebra.* A loja Davidoff em Genebra (onde se deu o Congresso de 1903, como é estranho, que coincidência!) os vendia atados em três.

Saber agradar Lacan era levar um desses para ele. Esse prazer o ajudava a "ficar de pé", diria Sollers, enquanto alguns esperavam que ele sufocasse com seu nó (trata-se, em particular, da pessoa evocada no final do §16).

§6. De Schreber a Joyce

Uma pessoa com quem freqüentemente Lacan podia contar nos anos 1970 era Nicole Sels, mencionada na p.17. Ela secretariava a École Freudienne de Paris, fundada e dirigida por ele, e dava provas de uma grande agilidade bibliográfica; colaborou, sobretudo, na tradução das *Mémoires d'un névropathe,* do presidente Schreber, lançadas na coleção "Champ Freudien", pela Seuil [ed. bras.: *Memórias de um doente dos nervos.* Rio de Janeiro: Paz e Terra, 6ª ed. 2006].

O texto das *Memórias,* e sua leitura por Lacan no Seminário 3, assim como em "De uma questão preliminar a todo tratamento possível da psicose" (*E.*, p.537-90; ed. fr. p.531-83) são o pano de fundo do *Sinthoma.* É assim que o "*deixar cair* a relação com o corpo próprio", p.146, refere-se à derrelição designada no delírio do presidente Schreber pelo *liegen lassen* [deixar largado], que Lacan isola como fundamental em sua psicose, e que ele traduz por *laisser en plan* (ver "De uma questão preliminar...", in *E.*, p.566 e 570; ed. fr. p.560 e 563).

Uma outra das modalidades do *deixar cair* é reencontrada na estrutura da passagem ao ato: o *(se) deixar cair* do sujeito, que traduz o *niederkommen lassen* do caso freudiano da jovem homossexual (*A angústia,* p.122-30; ed. fr. p.129-37). A defenestração melancólica é sua ilustração clínica mais impressionante.

Quem, o que cai no *deixar cair*? Não é o puro sujeito do significante, que é insubstancial, não pesa, não está submetido à gravidade. É o sujeito no que seu ser é alojado no objeto pequeno *a.* O corpo está necessariamente em jogo.

§7. De um corpo à la Cantor

A p.19 retoma brevemente a leitura por Lacan da definição cantoriana do conjunto, dos primeiros axiomas da teoria, e de suas primeiras conseqüências. Não posso deixar de começar expondo suas bases elementares.

Seja a relação primitiva R*, não definida, de pertinência a um conjunto. Se *x* pertence ao conjunto A, isto é, se é um elemento desse conjunto, isto é, está contido nele, escreve-se: $x \varepsilon$ A. Um conjunto A que contém dois elementos, *a* e *b*, escreve-se: {a, b}.

O axioma de extensão (notado aqui como M*) estabelece que um conjunto é definido por seus elementos: dois conjuntos são iguais se e somente se eles têm os mesmos elementos. Baseada nesse axioma, é definida uma segunda relação, R**, desta vez entre conjuntos, que é a relação de inclusão. Para dois conjuntos A e B, se todos os elementos do primeiro são também elementos do segundo, A é dito subconjunto de B, ou incluído em B. Escreve-se: $A \subset B$ ou, reflexivamente: $B \supset A$.

As duas relações, pertinência e inclusão, são totalmente distintas.

Trata-se agora de assegurar a existência de um conjunto contendo precisamente os elementos que correspondem a tal definição.

Não basta dizer que para toda definição D de um elemento corresponde um conjunto E cujos elementos são exatamente os elementos *x* que correspondem a D. Um tal axioma faria nascer o paradoxo de Russell, por menos que D seja: $x \varepsilon x$. Devemos nos assegurar previamente de que os elementos *x*, tais como definidos por D, são elementos, se assim posso dizer, *conjuntáveis*, e é por isso que o axioma garantirá que eles já estão *conjuntados*.

Em outras palavras, somente deixaremos que os *x* se tornem membros de E se, antes, nos assegurarmos de que eles já são membros de um conjunto A qualquer, que não tem outra virtude, nem outra definição, além de ser suposto (mas não posto) como já existente. Asseguramo-nos, assim, da normalidade dos elementos *x* postulando a entrada em E, e, como conseqüência, a do próprio E. Todo conjunto E assim formado será um subconjunto de um conjunto A.

Esse gasto significante é o preço que se paga para contornar a maldição russelliana, e colocar ao alcance do universo do discurso elementos anormais e conjuntos paradoxais. O objetivo é que isso dê voltas no discurso, se assim posso me exprimir (ver, abaixo, §8).

Chamamos de "condição P (*x*)" uma definição de *x* (ou seja, em termos mais técnicos, uma frase P em que a letra *x* apareça pelo menos uma vez no estado dito livre, isto é, colocada fora dos quantificadores particular e universal, "existe um *x*" ou "para todo *x*").

Introduzimos agora o axioma dito de especificação (M**), que estabelece que, para todo conjunto A e para toda condição P (*x*), corresponde um conjunto B cujos elementos são exatamente os elementos *x* de A que satisfazem P (*x*).

A primeira conseqüência desse axioma é assegurar a inocuidade do fenômeno russelliano. Vocês podem muito bem formar, se isso lhes convém, um conjunto R cujos membros não estão incluídos neles mesmos, isto é, que satisfaçam a condição $x \notin x$ (de augusta memória, os catálogos que não fazem parte deles mesmos), uma vez que R não estará contido em A: R $\notin$ A (a demonstração fica a cargo do leitor).

Como A é qualquer um, R é assim "o ausente de todo conjunto", se me permitem um toque mallarmaico.

Daí o dito, digno de Parmênides a menos que seja de Heráclito, devido a Halmos: "*Nothing contains everything*", que Lacan retomou na forma "Nada não é tudo" (Halmos diz, igualmente: "*There is no universe*"; ver Paul Halmos, *Naïve Set Theory*, Van Nostrand, 1960, p.6-7; ed. bras. *Teoria ingênua dos conjuntos*. Rio de Janeiro: Ciência Moderna, 2001).

Correlativamente aparece "o presente em todo conjunto", se posso dizer assim, que é o conjunto vazio, notado como $\varnothing$.

Para que ele exista, basta que exista pelo menos um conjunto, o que exige situá-lo e, para esse feito, mudar de dimensão (de *mensão* do dito), pois nossas definições e axiomas não dizem nada do que é, dizem somente como isso se chama e com que se parece, de modo que um conjunto poderia até não existir mais que o unicórnio.

Portanto, *criacionemos* [*créationnons*]: existe um conjunto.

Está tudo consumado. Em função de M**, existe um conjunto sem nenhum elemento, dito conjunto vazio. Em função de M*, existe apenas um único conjunto vazio. Em função da definição R**, esse conjunto vazio é um subconjunto de todo conjunto: $\varnothing \subset$ A. Em virtude da mesma definição, todo conjunto é um subconjunto dele mesmo: A $\subset$ A.

Chegamos com isso à leitura lacaniana de toda essa pequena maquinaria.

Primeiro tempo. Seja um objeto, o mais simples, apenas um 1. Será mesmo uma cifra? É uma marca una sobre o papel, um *um* qualquer, mas conjuntável, capaz de ser elemento de um conjunto, mas não ainda conjuntado. Há apenas isso, 1.

Segundo tempo. Coloque-o em um conjunto: {1}.

Terceiro tempo. Forme o conjunto de seus subconjuntos. Qual será ele? Em virtude da máquina precedentemente construída, é um conjunto de dois elementos: {{1}, ∅}. Como, no caso de um conjunto com um elemento, não é difícil confundir o conjunto e esse elemento, que será escrito: {1, ∅}.

É desse conjunto que se trata na p.19 do *Sinthoma*.

Eis que do 1 vocês criaram o 2. Vocês tinham apenas um único *um*, o primeiro *um* completamente sozinho, depois o *um* conjuntado do segundo tempo, e eis que veio a se colocar ao seu lado, como por milagre, um *um-a-mais* (Lacan *dixit*) que é o conjunto vazio, ∅.

É por isso que Lacan diz que o conjunto, o saco cantoriano, merece "ser conotado como uma mistura de 1 e de zero", o que exprime que o conjunto vazio tem zero elemento, mas isso não o impede de ser, como conjunto, um *um*. Um saco vazio continua sendo *um* saco.

Não, não é um milagre. Não há aqui criação *ex nihilo*. O coelho foi colocado na cartola. O que encontramos na forma do conjunto vazio é o que nós mesmos acrescentamos ao *um-todo-só* na forma do conjunto em que nós o inscrevemos no segundo tempo.

Lacan, aliás, já tinha concluído (ver *O.E*, "Radiofonia", p.410; ed. fr. p.409) que o conjunto vazio é o Outro como lugar de toda inscrição significante, e que sua primeira forma, pode-se dizer assim, é o corpo, como esvaziado de seu gozo. Ele esclarece isso aqui, p.19, sugerindo que o próprio conceito (*Begriff*) do conjunto poderia ter sido imaginado a partir do corpo, e de sua unidade bem particular que é a do *um-a-mais*. É o que distingue o corpo lacaniano do corpo aristotélico.

O corpo é para Aristóteles, aponta Lacan em *Mais, ainda*, o modelo do um. Mas esse um é o indivíduo, isto é, o *um-todo-só*. E cabe a Lacan se interrogar então sobre a origem verdadeira do significante Um (p.196-7; ed. fr. p.130-1). A resposta está aqui, nessa página do *Sinthoma*, que sugere que o corpo poderia ser o modelo, ou seja, a origem imaginária, não do *um-todo-só*, que é significante, marca, traço, corte, mas do *um-a-mais* que é o conjunto vazio. Trata-se de dizer, simplesmente, que o corpo existe como saco de pele, vazio, fora e ao lado de seus órgãos.

Acabo de escrever a palavra que permite captar do que se trata: fundar o lugar exato onde é conveniente inscrever a elucubração, central em *O anti-Édipo* (G. Deleuze e F. Guattari, Minuit, 1972; ed.

bras. Rio de Janeiro: Imago, 1976), de um "corpo sem órgãos". O corpo sem órgãos é o corpo-saco. Sua ex-sistência aos elementos que ele contém, sua consistência de continente é a do conjunto vazio na fórmula: $\{1, \varnothing\}$.

É o que faz compreender Lacan encadeando-se ao par cantoriano (são os dois elementos 1 e $\varnothing$). Mas o conjunto que os inclui está aqui como terceiro. Daí o texto: "a teoria de Cantor deve retomar o par. Mas, então, o conjunto é terceiro."

Lacan convida-nos a reconhecer no *um-todo-só* inicial o S_1, o significante do mestre/senhor, e no do segundo tempo, inscrito no conjunto, o S_2. O primeiro é traço unário, o segundo é símbolo. Se o primeiro indica o conjunto vazio, o segundo "indica que ele é par", o próprio par, 1, $\varnothing$, do qual ele é elemento.

Mas haveria ainda muitas coisas a dizer sobre essa página bastante densa. Mas isso basta, me parece, para tornar sensível ao leitor o tipo de atenção que a inteligência de Lacan requer, sobretudo em seu último ensino, repleto de tantas coisas ditas e apressado por ter tantas coisas a dizer, cuja enunciação atua em várias direções, e cujo enunciado toma várias faces por vez.

As referências mais pertinentes nem sempre são as mais explicativas, e nenhum índice de nomes próprios poderá detectá-las. Seria preciso um índice dos não-ditos, pensamentos de fundo, alusões crípticas, ressonâncias e outros *invisibilia*. Em todo caso, tentarei isso um dia a título de exemplo.

Assim, podemos perguntar, por exemplo: por que, portanto, esse desenvolvimento centrado em Adão e Eva no início do *Sinthoma*? Resposta: devido às primeiras palavras de *Finnegans Wake*, ou seja: *riverrun, past Eve and Adam's...*

Ainda chegará o dia em que haverá na Universidade lacanianos como há joycianos, onde "ser lacaniano" vai querer dizer o que quer dizer "ser joyciano", ou seja, ser amante do texto, não resta dúvida de que eles terão muito o que fazer. Esse dia chegará, sem dúvida, mas será preciso esperá-lo, apressá-lo? Eles vão girar em círculos muito cedo.

§8. Hegel e a polícia

Hegel, mencionado na p.25, consagra à polícia os parágrafos 231 a 249 dos *Princípios da filosofia do direito*. O parágrafo final começa com a frase: "A polícia, a princípio, tem por tarefa realizar e manter o universal, que está contido na particularidade da sociedade civil, sob a forma de uma ordem exterior e de disposições destinadas a proteger e assegurar a massa dos objetivos e interesses particulares que têm nesse universal sua existência estável."

É o que, indo ao essencial, Lacan traduz por: "Para a polícia, trata-se simplesmente de que o dar voltas se perpetue", dando uma forma familiar e coloquial à noção pomposa de "existência estável no universal" (tradução [francesa] de Robert Derathé, Vrin, 1975, p.254).

Portanto, o que seria a existência móvel no particular? Seria, por exemplo, a viagem.

§9. Lacan e seus americanos

Ao longo de sua viagem aos Estados Unidos, mencionada no início do segundo capítulo, p.27, Lacan dá várias conferências cujo resumo foi publicado na revista *Scilicet* (Seuil, n.5-6, 1975). Quine dedica um parágrafo de suas Memórias a esse encontro com Lacan no MIT, onde sua intervenção teve também a participação de Jakobson e Octavio Paz (*The Time of My Life*, The MIT Press, 1985, p.416-17). Está prevista a reprodução das "conferências americanas" na série "Paradoxos" da coleção Campo Freudiano.

"Quine não é nada bobo!", diz Lacan, p.40. Efetivamente, uma vez que causou impressão tão boa em Lacan. É que era capaz de uma grande cortesia: lembro-me de tê-lo visto outrora impávido diante das injúrias que lhe lançaram conjuntamente Jean Dieudonné e Georges Kreisel em um colóquio da ENS. Soube esconder de Lacan não ter compreendido nada, nem de sua conversação, nem de sua conversa, a ponto de ficar aliviado de não ter sido colocado ao lado dele por ocasião do jantar dado em homenagem ao mestre, "*rage of the Paris* cafés".

No MIT, Lacan encontra-se com Chomsky, p.31. Alertado por Jakobson, Lacan foi um dos primeiros na França, se não o primeiro, a falar de *Syntatic Structures* (Mouton, 1964) mal o livro foi publicado, e do exemplo que se tornou famoso, *colourless green ideas*... (na abertura de seu Seminário 12, 1964-65). Quando ele se encontra com Chomsky durante sua viagem, as teses do grande lingüista sobre a linguagem como *mental organ* ainda não estão difundidas como o serão alguns anos mais tarde em *Rules and Representations* (Columbia, 1980). Pode-se destacar que o tradutor de *Aspects of the Theory of Syntax* (The

MIT Press, 1965) para as Éditions du Seuil saiu do Seminário (Jean-Claude Milner).

Da mesma maneira, a primeira coletânea do lógico americano Charles Sander Peirce (p.13, e também p.117) publicada em francês foi traduzida na Seuil por alguém próximo ao Seminário. Lacan adotava seus *Collected Papers*, que lhes foram apresentados por Jakobson. Tomou emprestado seu quadrante lógico da quantificação, utilizado pela primeira vez no Seminário 9. Deve-lhe também sua definição do signo (um signo representa alguma coisa para alguém), que foi transposta, por Lacan, para a definição paradoxal do significante (um significante representa o sujeito para outro significante).

A remissão de um significante a outro introduz no "mundo" uma falsificação generalizada (o que explica, por exemplo, que encontremos um certo Fals nesse extraordinário romance picaresco, *Femmes*, Gallimard, 1983, tão lacaniano, especialmente por seu título; ver §4).

§10. Crítica da autenticidade

Qual é o "pedacinho" sobre *echt* (que é traduzido por "autêntico", "verdadeiro") em que Lacan pensa, p.83?

Pode-se ver muito bem o que poderia tê-lo detido no parágrafo 60 de *Ser e tempo*, "A estrutura existencial do poder-ser autêntico atestado na consciência" (cito a tradução de Emmanuel Martineau, nas edições bem nomeadas como Authentica, 1985; François Vezin diz "poder-ser próprio atestado na consciência moral", no volume da Gallimard, 1986), em particular a frase sobre a modificação do desvelamento do "mundo" pela "abertura *echt*" (Martineau, p.213; Vezin, p.356).

É claro que é Heidegger o "um alemão" da p.83. Não saberia dizer se eu tinha passado para Lacan o panfleto anti-heideggeriano de Adorno, o *Jargon de l'autenticité* (1964), que eu lera em sua tradução inglesa publicada em 1973 (agora traduzido em francês pela Payot).

A derrisão joyciana da *claritas* aquiniana, p.15 (e, aqui mesmo, no §5), a crítica da evidência, p.106-9, a do "verdadeiro *intensional*" e da distinção entre verdadeiro e real, p.149, vão no mesmo sentido que a objeção levantada aqui contra a autenticidade heideggeriana.

Em Lacan, a modificação, não do desvelamento do "mundo", mas do modo como o objeto *a* corta depende da invenção de significantes novos, como veremos.

§11. O lapso do nó

O tema do erro nodal, ou "lapso do nó", p.89, e de sua "reparação", é central em *O sinthoma*; ele encontra-se no capítulo final.

O que Lacan chama de erro tem, no capítulo VI, p.89-90, a função de uma transformação que tem a propriedade de desenodar o nó de trevo, fazendo dele uma simples rodinha de barbante. A esse propósito, pode-se notar que é precisamente o estudo de transformações desse gênero que, em 1990, permitiu que um matemático russo de São Petersburgo, Victor Vassiliev, da escola de Arnold, fizesse a teoria matemática dos nós avançar.

O princípio do tratamento matemático da questão é o seguinte: o tal erro é definido como uma singularidade (uma catástrofe no sentido de Thom) que se produz quando uma parte do nó atravessa uma outra em um "ponto duplo": o nó torna-se, nesse instante, singular, para logo depois voltar a ser comum, mas, eventualmente, diferente do nó inicial.

O exemplo mais simples é fornecido precisamente pela transformação exposta por Lacan: passando por uma catástrofe, o nó de trevo se transforma em um nó singular com um ponto "duplo", para logo se tornar um nó "trivial", notado como *o* (a rodinha de barbante). A passagem por um ponto duplo é a tradução matemática do gesto de cortar e juntar uma ponta do barbante com a outra.

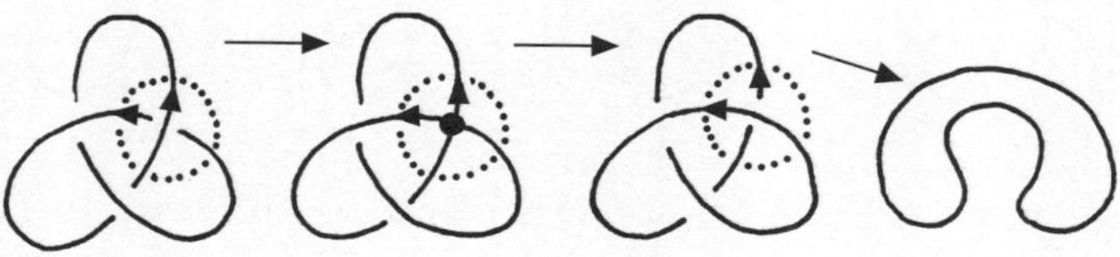

A originalidade de Vassiliev consistiu em considerar os nós como os pontos de um conjunto mais amplo e mais estruturado. Em sua teoria, os nós comuns constituem um subconjunto notado como Σ_0, enquanto os outros formam o discriminante infinito Σ, recortado em estratos Σ_1, Σ_2, Σ_3... constituídos por nós singulares em 1, 2, 3... pontos duplos.

Vassiliev, naturalmente, escolheu para designar o estrato o símbolo *sigma*. A coincidência – é apenas isso, suplico que não se coloque nenhum sentido aí – é estranha para o leitor do Seminário, uma vez que essa é também a letra com que Lacan denota o sinthoma.

As invariantes de Vassiliev permitem distinguir um nó a partir do caminho que o conduz ao O, através dos estratos, em função do número de pontos duplos que o separam do estado trivial. Cada invariante é uma função que corresponde à relação seguinte para cada ponto duplo de todo nó singular:

A teoria torna-se não trivial apenas a partir das invariantes de ordem 2. Para distinguir o nó de trevo do nó trivial, basta essa invariante, notada v_0. Para o nó trivial, ela é igual a zero: $v_0 = 0$. Essa mesma invariante atribui ao nó de trevo o valor 1, segundo o cálculo que a figura seguinte ilustra, onde reconhecemos as propriedades exploradas por Lacan no capítulo VI:

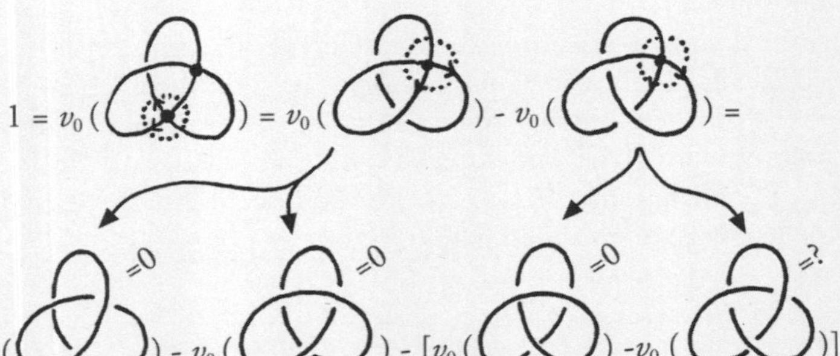

Segui nesta nota o que se encontra exposto nas páginas 119-129 do trabalho de Sossinsky citado acima, no §3, de onde são também provenientes as três figuras. A leitura do trabalho não deixará de ser interessante para o leitor do *Sinthome*; recomendo igualmente consultar *The KnotPlot Site*, o mais belo site consagrado aos nós (http://www.pims.math.ca/knotplot/KnotPlot.html).

Seria uma loucura imaginar que o matemático deva o que quer que seja ao psicanalista, mas parece que este último estava efetivamente ligado aos nós por um efeito de singularidade (já isolado por Lord Kelvin, ver §3), que devia se revelar, 15 anos mais tarde, como a via de acesso para um importante avanço na teoria matemática. Nada mais, nada menos.

A história dos nós certamente dará um lugar a Lacan devido à sua obstinada experimentação durante vários anos. O fato de que ela tenha sido muito pouco formalizada não é um obstáculo. Assim, na mesma época, um advogado nova-iorquino, que manipulava cordas no chão de sua sala, tal como acontecia com Lacan em seu consultório da rue de Lille ou no chão de Guitrancourt, descobriu que dois dos nós repertoriados na tábua de Tait-Little (1899) eram um único, última duplicação desse gênero que foi descoberta. O artigo em que ele relata seu achado foi publicado nos *Proceedings of the American Mathematical Society*, vol.45, n.2, ago 1974, p.262-6.

Ao vê-lo brincar, p.90, com a idéia de "nó de Lacan", não há dúvida alguma de que Lacan teria ficado contentíssimo em fazer um achado comparável ao de Kenneth A. Perko Jr.

§12. O círculo de Popílio

O episódio do círculo de Popílio, evocado à p.105, é um *topos* da história romana, popularizado na Idade Clássica pela *Histoire ancienne* de Charles Rollin (1730-38). Nesse livro, na edição de 1740, ele está ilustrado com uma estampa de J.-P. Le Bas, *Antíoco fechado em um círculo por Popílio.*

A fonte é o livro XLV (12.5) de Tito Lívio; é encontrado também no *Resumo*, de Justino, das *Histórias filípicas* de Trogo Pompeu (XXXIV, 3, 1-4), do qual cito a tradução recente (*Corpus latinorum sciptorum*, internet, 2003) por Marie-Pierre Aranud-Lindet:

> Assim, o legado de Popílio é enviado a Antíoco para lhe ordenar que se mantivesse longe do Egito, ou então que saísse dali, caso já tivesse entrado. Como o tinha encontrado no Egito e o rei se preparava para abraçá-lo – Antíoco, efetivamente, tinha cultivado a amizade de L. Popílio, entre outros, quando era refém em Roma –, Popílio ordena deixar de lado a amizade privada enquanto as ordens da pátria se interpõem entre eles; como, depois de ter levado ao rei e de lhe ter entregue o decreto do Senado, o via hesitar e a se reportar, quanto à questão, a seus conselheiros, Popílio, com o bastão que tinha nas mãos, fecha-o em um amplo círculo que poderia conter todos os conselheiros e lhe ordena consultá-los ali e não sair do círculo antes de dar ao Senado sua resposta: a guerra ou a paz com os romanos. Essa aspereza abala a coragem do rei a ponto de ele responder que obedeceria ao Senado.

O episódio pertence à parte mais atormentada da história dos Selêucidas, sob a influência romana anterior ao rebaixamento do reino da Síria ao status de província, período em que Corneille se inspirou para o argumento de *Rodugune* (o prefácio de Corneille e o anúncio de Georges Couton poderão ser lidos com interesse, assim como a nota genealógica da p.1293, no tomo 3 das *Œuvres complètes*, Gallimard, coleção "Bibliothèque de la Pléiade").

Convém, em primeiro lugar, não confundir o Popílio Laenas do círculo com o assassino de Cícero, que tem o mesmo nome, estigmatizado por Voltaire no *Dictionnaire philosophique* e que tem, na peça *Júlio César* de Shakespeare um pequeno papel, dado, no filme de Mankiewicz (1953), a um ator do qual teríamos muito mais a dizer. Não conheço o grau de parentesco dos dois homônimos, mas não deve ser impossível determiná-lo.

Quanto ao Antíoco "fechado em um círculo", não é outro senão o Antíoco IV Epífanes. Ora, é aquele mesmo que, impedido pelo tal "círculo de Popílio" de se lançar contra o Egito, inaugura a perseguição aos judeus. "Antíoco, o Ilustre", escreve suntuosamente Bossuet em seu *Discours sur l'histoire universelle* (ver Bibliothèque de la Pléiade, p.716), "reinava como um furioso: volta toda sua fúria contra os judeus, planeja a destruição do Templo, da lei de Moisés e de toda a nação. A autoridade dos romanos o impediu de se tornar senhor do Egito". Como é sabido, a revolta dos Macabeus o obriga a suspender suas medidas antijudaicas, e o Templo foi purificado em 164, episódio sempre rememorado com alegria na tradição judaica pela festa de Hanukkah.

O museu de Rennes conserva um desenho muito bonito de Rembrandt, *Popílio e Antíoco* (cerca de 1660): o legado, um modesto Popílio vestido com uma casula, curvado e sozinho, traça com sua vara, na areia, o círculo em torno de um suntuoso Antíoco garrido, diante dos olhos de seus cavaleiros imóveis e da massa atenta, que, ela também, forma um círculo.

Eu seria levado a crer que as referências familiares de Lacan ao círculo de Popílio (esta não é a única) são uma lembrança de algum manual escolar ou livro ilustrado de sua infância, talvez o "Rollin de la jeunesse", ou um trabalho nele inspirado. A *Histoire* de Rollin, com suas imagens de Épinal, se é que posso dizer, mantém uma grande influência durante todo o século XIX, e sua leitura ainda era recomendada em 1900 pelo eminente Rawlinson (ver o artigo de Pierre Briant "La tradition gréco-romaine sur Alexandre le Grand dans l'Europe moderne et contemporaine", jul 2002, achemenet.thotm.net).

Eu não teria deixado de despertar o interesse de Lacan para a hipótese proposta recentemente por Peter O'Neill ("Going round in circles: popular speech in Ancient Rome", *Classical Antiquity*, vol.22, n.1, 2003, p.135-66, especialmente a nota 7), segundo a qual o uso por Tito Lívio da palavra *circulus* no episódio chamado de "círculo de Popílio" era, sem dúvida, a "retroprojeção" de um termo da moda na República tardia, não no sentido geométrico, mas no sentido metafórico de "reunião" ou de "congregação" humana. A multiplicação de *circuli* de caráter informal, não autorizado, até mesmo contestatório e conspirador, marcava efetivamente o *lifestyle* da época, e não deixava de inquietar as autoridades do Senado e o conjunto do *establishment*. O círculo torna-se, ao contrário, na fábula titoliviana de Popílio, a pura materialização significante de um poder senatorial que, quanto mais ausente fisicamente, mais insiste.

Rembrandt mostra maravilhosamente a *Aufhebung* súbita que transforma o signo da debilidade de Popílio, o bastão de sua velhice, a encarnação de sua castração – em suma, sua longa vara nua – em instrumento de seu triunfo, em significante-mestre medusante, capaz de impor seu império às realidades mais presunçosas na pessoa de um rei que reina furioso, e de o impedir de perturbar o que Hegel chama de a "existência estável no universal" (§8), que Roma consagrou, e cansou de difundir pelo mundo instituindo uma espécie de polícia, assim como acontece, e acontecerá ainda – podemos supor – no que concerne a outros impérios na história.

Certamente também o círculo de Popílio é a ilustração do "girar em círculos" que constitui a essência da visão policial do mundo. Ocasião para se verificar, às avessas, a tese constante de Lacan de que, se o poder é o atributo do mestre/senhor, sua verdade íntima é a impotência (ver o capítulo VI de *O avesso da psicanálise*, intitulado "O mestre castrado", ver também, no cap. XII, p.166; ed. fr. p.202-3, salvo que aqui, diante do sinal do mestre, não é "todo mundo [que] corre", mas um que se imobiliza).

É o que torna duvidoso, a meus olhos, o "sonho megalomaníaco", a "vontade de potência generalizada", a idéia de se submeter à Universidade até mesmo a aspiração de "ser sagrado" que Sollers curiosamente atribui a Lacan no encontro evocado no §1. Lacan, tal como o conheci e o compreendo, dava muito mais uma lição de sobriedade e de lucidez quanto ao poder, a ponto de confiar a outros a negociação quanto à relação de forças com a IPA, pagando o preço que a gente sabe (sua "excomunhão").

Imputar a Lacan o desejo de ser sagrado parece dificilmente conciliável com a heresia lacaniana do escabelo (§5), quando esse desejo é suscetível de ocorrer naturalmente, por um efeito a posteriori, aos grandes escritores franceses, sejam eles infames ou idolatrados. Basta alegar aqui o "Deus Voltaire", "Jean-Jacques", o "Divino Marquês", "o Feiticeiro" e mais geralmente o culto romântico do escritor *vates* e profeta, tal como retraçado por Paul Bénichou nos admiráveis trabalhos que seguiram *Le Sacre de l'écrivain, 1750-1830* (José Corti, 1973, com o subtítulo "Essai sur l'avènement d'un pouvoir spirituel laïque dans la France moderne"). Pode-se também pensar em Joyce, o Redentor, ou, como alimento para universitários, "carne para cátedras", atrevo-me a dizer (aqui mesmo, p.17 e 78-9). O desejo de sagrado tem também seu lugar na teosofia erótica de Bataille, o de *Madame Edwarda* e da "comunidade inconfessável" (ver a referência de Lacan a Bataille em *E.*, p.589; ed. fr. p.583, passagem que provoca irritação em Sollers, como sei).

Entretanto, e para honrar a intuição sollersiana, que jamais é indiferente a meus olhos, admitirei de bom grado que a política de Lacan possa sugerir algum parentesco com a do Deus dos Judeus, tal como ele o evoca na primeira lição de *Nomes-do-Pai* (ver o opúsculo com esse título, ed. fr. p.97): sua doutrina não é a única na psicanálise, nada pretende senão ser a única a reinar no seu cantinho, na sua Escolinha. Ali, ela é "ciumenta". O próprio Lacan admitia de bom grado rindo, em nossas conversas privadas, essa analogia arriscada. Em compensação, a bela, mas a mais perigosa idéia de uma dominação universal dos espíritos cabe à ideologia romana e papista da qual ela nasceu.

Acrescentarei, para concluir esse *excursus*, que não consideraria nada exorbitante que um grande escritor católico da França contemporânea, atual legatário do glorioso "poder espiritual" literário que tomou o lugar de um sacerdote cristão cujos valores, hoje restaurados, tinham caído, então, em desuso (Bénichou, *Le Sacre...*, p.350), fosse conduzido a uma concepção particularmente exaltada de sua função e de seus dons, uma vez assumida a difícil felicidade de ser ele mesmo muito mais que ser alguém diferente. Ao contrário do que levam a crer a aparente facilidade e a felicidade proclamada do escritor, provenientes mais de uma disciplina de ferro que de uma hipotética boa natureza da Gasconha, a assunção de sua vocação não vale tão-somente para Philippe Sollers, como atesta sua observação na entrevista supracitada: "Creio verdadeiramente que é melhor ser um grande escritor do que Lacan." Que nos reportemos apenas a *Femmes*, citado acima, edição Folio, p.115ss.: podemos ler ali o testemunho transposto da decisão, aproximadamente em 1970, de Sollers "irritado, ao lhes mostrar que eu era também um pensador".

Reconhecemos agora no círculo de Popílio o conjunto vazio de agora há pouco.

Popílio só é par do presunçoso monarca oriental caso o separe de seus órgãos, consultivos e militares, e desinfle sua bolha de ar até reduzi-lo a uma bexiga vazia. É por isso que, à medida que Epífanes desaparece ou, pelo menos, que toda sua vida esmorece com ele, pois é como se fosse ser colocado no túmulo – pensemos em Saddam, reencontrado debaixo da terra –, a multidão faz um círculo. O círculo de Popílio realiza, assim, a profecia de Daniel.

O apólogo presta-se certamente a mais de uma leitura.

Seríamos tentados a desenvolver temas de um filão clássico, como *Joyce fechado em um nó por Lacan* ou, inversamente, *Lacan fechado em um nó por Joyce*, ou mesmo *Lacan fechado em Joyce por Jacques Aubert*, se esquecêssemos que tal fechamento só faz sentido no espaço métrico euclidiano (o único por onde a polícia de "A carta roubada" se desloca). Escapam-lhe as relações paradoxais, inclusive as singularidades, que a topologia autoriza e que requer, por exemplo, o *Lust-Ich* freudiano, literalmente, o *eu-prazer* acerca do qual Lacan destaca, p.150, que ele não tem exterior (ver, a esse propósito, por exemplo, *Os quatro conceitos fundamentais da psicanálise*, p.226-9; ed. fr. p.217-9, e *Mais, ainda*, p.75-8; ed. fr. p.52-3).

É assim que a trivialidade do círculo popiliano, se for reencontrada na das rodinhas separadas, que dão lugar, cada uma, a um "girar em círculo", a um fechamento particular, desaparece quando se estabelece entre elas, pelo sinthoma, a nodalidade borromeana de quatro, e, mais ainda, a nodalidade falsa (a do último capítulo).

Isso pode ser transposto para o plano clínico. Diremos, então, *à la* Vassiliev, que a chamada normalidade resulta da transformação trivializante de um nó de estrato superior. Essa é toda demonstração do *Sinthoma*. Ela é topológica. Requer o uso de espaços não-euclidianos.

§13. Outros espaços

Lacan, freqüentemente, faz referência, como nas p.81-82, ao paradoxo dos objetos simétricos, figurados na "dissertação de 1770" de Kant ("Da forma dos princípios do mundo sensível e do mundo inteligível", trad. fr. *Œuvres philosophiques*, Gallimard, col. Bibliothèque de la Pléiade, 1980, t.I, §15, p.653), e não deixa de apontar o caráter limitado, e profundamente inadequado à experiência subjetiva, da estética transcendental.

Igualmente, como na p.110, Lacan retorna com freqüência a Desargues, sua geometria projetiva, seu ponto no infinito, axiomaticamente proibido no euclidianismo. No momento do lançamento, em 1966, de *As palavras e as coisas*, ele utiliza a perspectiva de Desargues no seu Seminário 13 para analisar, a seu modo, seguindo os passos de Foucault, presente por ocasião dessa sessão, *As meninas* de Velásquez cujo comentário, que se tornou célebre, abre esse livro.

Lacan tinha conhecimento de dois livros, que marcaram uma época, de René Taton, *L'Œuvre matémathique de Desargues* e *La géometrie projective en France de Desargues a Poncelet* (PUF, 1951). Pode-se agora consultar os excelentes trabalhos de Judith V. Field, professora de história da arte no Birbeck College da Universidade de Londres, *The Geometrical Work of Girard Desargues* (Nova York-Berlim, primavera, 1987), escrito em colaboração com J.J. Gray, e *The Invention of Infinity. Mathematics and Art in the Renaissance* (Oxford, 1997). Pode-se destacar que, em seu tratado de geometria projetiva, o *brouillon projet* de 1639, Desargues chama de *tronco* uma linha reta cortada em várias outras retas (*ramos*) e de nó, o ponto onde um ramo intercepta um tronco.

Esse fato não deixaria de interessar a Lacan, uma vez que ele não deixa de sublinhar, p.118, que "A significação do falo" (*E.*, p.692, ed. fr. p.685) começa pela seguinte frase: "Sabemos que o complexo de castração inconsciente tem uma função de nó ..."

§14. De Madame du Châtelet a Madame Blavatsky

É sabido que Newton fazia com que o *people* de seu tempo f...sse.

Lacan retorna várias vezes a Newton, no seu ensino (p.119). Em *A ética da psicanálise*, p.97; ed. fr. p.93, atribui a Newton a invenção do imperativo categórico e de uma razão prática cujos motivos são desligados de todo interesse sensível, ao "efeito desorientador da física, que atingiu sua independência em relação ... ao *das Ding* humano, sob a forma da física newtoniana".

Na quarta parte de "Radiofonia" (*O.E.*, p.418-31; ed. fr. p.421-31), dedica várias páginas, seguindo os passos de Koyré, à "revolução astronômica", em que se vê um processo de pensamento em três tempos: Copérnico, Galileu e Newton. De seu ponto terminal, Newton faz do "instante de ver" um novo processo do qual os dois passos seguintes ainda estão por vir (p.420-1; ed. fr. p.422). Deixa a entender com isso que, ao se satisfazer com o recurso a Copérnico, Freud acaba limitando o alcance de sua descoberta do inconsciente. O tema newtoniano é ainda retomado em "Televisão" (*O.E.*, p.534; ed. fr. p.536).

Quanto à marquesa du Châtelet, "a divina Émilie" de Voltaire, que passou com ela 15 anos no castelo de Cirey, e lhe dedica os versos *Se quereis que eu ame ainda,/ Devolvei-me a idade dos amores...*, é tradicional pintá-la e desfeiteá-la como uma mulher sábia, ainda que ela tenha a glória de ter traduzido os *Principia* para o francês. As duas *Causeries du lundi* de Sainte-Beuve sobre "Voltaire em Cirey" (17 de junho e 18 de julho de 1850) podem ser lidas ainda com proveito, não obstante ultrapassadas por pesquisas históricas dedicadas a essa ligação tumultuada (René Vaillot, *Madame du Châtelet*, Albin Michel, 1978). As cartas que lhe inspirou sua paixão por Saint-Lambert, o *playboy* que foi amigo de Rousseau e amante de Sophie d'Houdetot, foram publicadas por Louise Colet (sim, a amante de Flaubert).

Se Lacan zomba da admiração pelo "Deus Newton", nem por isso deixa de apontar a expectativa de que um alarido desse gênero acompanhe a descoberta de um "pedaço de real", precisamente porque esta é presságio de uma mudança no andamento do mundo, de uma interrupção do famoso "girar em círculo". Foi esse o caso da descoberta freudiana.

Em suas recorrentes lamentações sobre a afluência ao seu Seminário semanal na Faculdade de Direito da rue Saint-Jacques, que estão longe de ser um jogo de sedução, Lacan de fato deplora não realizar sua ambição confessa, a de descobrir, por sua vez, um novo "pedaço de real". A presença da multidão que o rodeava lhe parece, portanto, indevida, e testemunho de certa obscenidade imaginária. Talvez, também, o acuasse por ficar ali à espera, por não sair de cena antes de ter feito um achado. Isso faria dele o Antíoco de seu público que teria a função de Popílio.

Não é que, com isso, ele almeje a solidão. Sua medida seria a de um pequeno círculo, digamos, de trabalhadores decididos. É assim que o vemos em *O sinthoma* maravilhar-se com o diálogo dos dois amigos Soury e Thomé, ou, ainda, fazer o seu genro trabalhar.

Voltaire tinha evidentemente mais dificuldade ao fazer par com a marquesa. A recente historiografia feminista quis revalorizar o trabalho desta, e é justo fazê-lo. Um artigo recente, muito bem-feito, é convincente, ao destacar como sua tradução era extremamente cuidadosa e seu constante esforço para tornar acessíveis ao público os termos técnicos e as noções abstratas. Posso dizer que me considero aqui um êmulo de Émilie? Poderá ser lido com interesse: Judith P. Zinsser, "Translating Newton's *Principia*: the Marquise du Châtelet's revision and additions for a French audience", *Notes and Records of the Royal Society*. Londres, 22(2), 2001, p.227-45.

Por outro lado, a atenção que recentemente atraiu um opúsculo a princípio clandestino e condenado pela Igreja, depois edulcorado e transformado em um *best-seller* europeu, *Il newtonianismo per le dame, ovvero dialoghe sopra la luce e i coloro*, Nápoles, 1737, de Francesco Algarotti, que ilustra a óptica newtoniana com um diálogo entre dois sexos no lago de Garde, em Fontenelle. O texto pode ser consultado no site da Universidade de Bolonha; a esse propósito, pode-se ler um artigo recente de Massimo Mazzotti no *British Journal for the History of Science* (2004), no site da Universidade de Cambridge.

Em suma, a categoria desacreditada da mulher sábia não deve fazer com que pensemos que Madame du Chatêlet e a sra. Blavatsky são a mesma coisa.

Lacan cita o nome desta última e zomba de seus "desvarios" sobre o *manvantara*, p.121 do *Sinthoma*. Por ser a vida e a obra da teósofa russa pouco familiares aos partidários de Freud e de Lacan, não julgo inútil fazer um resumo a esse respeito a partir dos "Textes théosophiques" de Paris, sem ter podido verificar a exatidão de qualquer informação, pois não tenho conhecimento de uma biografia crítica.

Helena Petrovna nasceu na Ucrânia em 1831, quando seu pai, o capitão Von Hahn, estava a serviço do czar. Desde a mais tenra infância, manifestou "estranhas atitudes parapsicológicas". Casou-se aos 18 anos com Nikifor Blavatsky, de quem ela imortalizará o nome, mas a quem abandona intacta três meses depois, fugindo a cavalo para dar a volta ao mundo (três vezes).

Helena freqüenta os peles-vermelhas, os incas, depois tem acesso ao "mundo fechado dos grandes místicos da Índia e do Tibete, bem como às confrarias secretas dos Druze", onde é "submetida várias vezes às mais severas provas iniciáticas, das quais ela sairá exaurida, mas imutável em sua determinação, a serviço da causa de seu Mestre", um indiano rajput, ao mesmo tempo que mantinha relações seguidas com Garibaldi, ao lado de quem, na batalha de Mentana (1867), será cinco vezes ferida, e abandonada como morta. Restabelecida, parte para Florença, passa pela Eslovênia, fica no Tibete, retorna para a Grécia, depois para o Cairo, Síria, Líbano, Odessa, Bucareste, aloja-se em Paris no número 11 da rue de l'Université e depois embarca para os Estados Unidos.

Lá, encontra-se com W.Q. Judge, jovem advogado de origem irlandesa (*the Irish connection*, Joyce!), que será seu fiel discípulo, funda com ele em Manhattan a Theosophical Society (1875) e escreve seu primeiro livro, *Ísis desvelada*, com 1.200 páginas e cuja primeira tiragem esgotou em dez dias. Nele, denuncia o sectarismo dos sábios, assim como o monopólio espiritual arrogado pela religião, e afirma a existência real dos mistérios iniciáticos.

Depois de se tornar cidadã americana, parte para a Índia, cria ali uma revista, torna-se "HPB" para os íntimos, instala seu quartel-general em Madras (1883), retorna a Paris para o número 45 da rue Notre-Dame-des-Champs, viaja pela Europa, janta com Nubar Pacha no Cairo, deixa Maspero espantado com a extensão do que sabe, e retorna para a Índia.

Embora seus últimos anos tenham sido ensombrecidos em função da intriga de um casal francês e de um investigador da Sociedade de Pesquisas Psíquicas que a acusaram de diversas imposturas, encontrou forças para fundar a Blavatsky Lodge, cujas *Transactions* lançam uma nova luz sobre os sonhos, para criar a revista *Lucifer*, visando "iluminar as coisas ocultas nas trevas", e sobretudo oferecer ao público sua *Doutrina secreta*, com 1.500 páginas (1888), seguida de um compêndio popular, *A chave da teosofia* (1889). Neste, reconhece no homem uma alma profunda, núcleo transpessoal de consciência que sustenta a estrutura efêmera do eu pessoal. Seria a base racional de uma verdadeira fraternidade da humanidade, permitindo uma tomada de consciência planetária.

Madame Blavatsky se apaga então por ocasião de uma forte gripe (Londres, 1891).

Entre as pessoas que foram membros da Sociedade: Edison, Camille Flammarion, o chanceler da Rússia Aksakof, Rudolf Steiner (fundador da antroposofia), W.B. Yeats (a Irlanda, sempre) e Mondrian. Entre as personalidades que se aproximaram da teosofia ou que foram por ela inspirados, além de Joyce: Kandinsky, Malevitch, Paul Klee, Scriabin, D.H. Lawrence, T.S. Eliot e Henry Miller.

Miller testemunhou o efeito de "retificação subjetiva" (cf. *E.*, p.607; ed. fr. p.601) obtido a partir da leitura da obra blavatskiana:

> Fascinei-me pelos seus olhos, tive dela uma visão tão completa quanto se ela estivesse na sala. Não sei se isso tem relação com o que se produziu em seguida, mas, em um lampejo, compreendi que era responsável por tudo que acontecia em minha existência, independentemente do acontecimento que poderia ter se produzido. Eu acusava habitualmente minha família, a sociedade, minha esposa por isso... e, naquele dia, descobri de maneira muito clara que não devia acusar ninguém além de mim mesmo. Assumo toda a responsabilidade disso sobre meus ombros, e me senti assim extraordinariamente aliviado. Agora, sou livre, e ninguém além de mim é responsável pelo que me acontece.

Em suma, ali onde estavam os outros, ali onde era "o inferno são os outros", Eu adveio.

A literatura teosófica conta com duas outras cauções de peso. Gandhi tinha encontrado Madame Blavatsky em Londres, onde teósofos lhe fizeram conhecer o *Bhagavad-gita* que ele nunca havia lido e ele considerava o ensino da russo-americana nascida von Hahn como "o hinduísmo no que ele tem de melhor". De outra parte, uma pessoa seria apresentada ao Centro teosófico de Adyar nos anos 1960, querendo mesmo conhecer o lugar todo, uma vez que um exemplar da *Doutrina secreta* tinha sempre lugar de destaque no escritório de seu tio, Albert Einstein.

Duas questões interessam mais particularmente ao leitor do *Sinthoma*. De início, o que é esse *manvantara*? Em seguida, como é que o nome *Blavatsky* e a palavra *manvantara* acabaram por se encontrar na boca de Lacan em torno da p.121?

Decerto não é fácil para um não-iniciado responder à primeira questão. Entretanto, condensando e simplificando muito os dados por vezes incoerentes reunidos de várias fontes, preparei a seguinte exposição, sem poder garantir sua perfeita ortodoxia, e sem ter eu mesmo, com isso, penetrado o sentido verossimilmente esotérico.

Convém partir do postulado fundamental da teosofia: o universo, realidade incriada e que constitui um Todo único, contém nele a potencialidade de toda forma manifesta, e é por isso que pode ser chamado de não-manifesto. Este se manifesta periodicamente como universo objetivo. Os períodos de manifestação (*manvantara*) e de não-manifestação, ou dissolução (*pralaya*), se alternam, tanto na longa como na curta duração. Uma vida de Brahma (chamado também de *mahâ-manvantara*, ou *manvantara* universal, que não deve ser confundido com o *manvantara* do qual possivelmente fala Lacan, é seguida por uma Dissolução de Brahma (ou *maha-pralaya*) de uma igual duração. O Dia (ou *kalpa*) de Brahma, onde há manifestação, é seguido por uma Noite de Brahma, dissolução de igual extensão, antes que sobrevenha um novo despertar de Brahma. Se estiverem curiosos para conhecer as durações em questão, basta se reportarem ao *Srimad-bhagavatam*: uma vida de Brahma dura 100 Anos divinos, ou seja 311.040.000.000.000 anos humanos; cada um dos Anos divinos contém 360 Dias e 360 Noites, ou seja, 4.320.000.000 anos humanos por Dia divino. Cada Dia divino compreende 14 períodos. No início de cada um, há aparição de um Manu (sim, aquele das *Leis de Manu*), nome genérico do Único e Só Soberano cuja missão é governar o conjunto do mundo terrestre durante esse período, do qual vem o seu nome.

E aqui estamos. Esse período, que está entre (*antara*) dois *Manu*, é chamado de *manvantara*, ou Idade do Mundo. Atualmente, no Dia de quatro bilhões de anos e uns quebrados, em que estamos, seis já se passaram. Vivemos, portanto, no sétimo *manvantara*, durante o qual ficamos contentes em aprender que o *Manu* é *Vaivasvata*, o filho do Deus-Sol.

A teosofia blavatskiana assegura que cada espírito passa pelo *manvantara*, isto é, manifesta-se para seu próprio enriquecimento e para enriquecimento do Todo. Por um "processo de evolução gradual", os Sábios, *mahatma* e *rishi*, que apareceram no curso de um *manvantara*, tornam-se, naturalmente, depois de sua expiração, espíritos planetários que guiam a evolução de planetas futuros. Cada um é, portanto, convidado a tirar proveito desse saber na vida quotidiana, de preferência tendo por guia um Mestre confirmado.

Certamente, isso não é impossível: o testemunho de Miller, se verificado, mostra que essa via, que pode parecer extraordinária, mesmo extravagante, é entretanto capaz de trivializar as pequenas desgraças, e instantaneamente, pois quem deixaria para Amanhã quando o Dia e a

Noite duram quatro bilhões de anos? Ou, antes, é precisamente porque essa via é fora do comum que não é inverossímil que ela possa permitir a um sujeito conseguir, pelo menos fugidiamente, alcançar o efeito de banalização em que Freud, não Lacan, não hesitava em ver o resultado a ser esperado de uma análise (comentário pessoal).

Última questão: o que esse espantoso blá-blá-blá blavatskiano está fazendo em *O sinthoma*?

É certo que ele está aqui pelo gosto que Joyce tinha pela especulação teosófica, mas não apenas por isso. Lacan, com efeito, em sua juventude freqüentou o grande iniciado francês René Guénon, de modo que as referências à iniciação salpicadas em seu ensino, por mais cáusticas que freqüentemente sejam, testemunham, todavia, os vestígios deixados por uma antiga curiosidade, e são inclusive de primeira mão – se assim posso dizer, pois, precisamente de primeira mão, nunca vimos alguma coisa nesse contexto. Em Lacan, essas referências realçam melhor o caráter recente, e milagroso, digamos, do advento do discurso científico. Sobre Guénon, ver, por exemplo: Bruno Hapel, *René Guénon et le roi du monde*, Guy Trédaniel, 2001. Aliás, poderá ser visto com interesse o fato de que Guenón considerava a doutrina de Madame Blavatsky uma elucubração, e repelia a psicanálise como claramente diabólica.

O erotismo que sempre se vinculou ao desvelamento do mistério do mundo mostra que é oportuno distinguir bem, como o faz Lacan, o símbolo do falo, notado pela maiúscula Φ, a ser lida como *grande Phi* (não confundi-lo com φ, *pequeno phi*, o falo imaginário), e o significante do grande Outro barrado, S(Ⱥ), que designa, entre outros, o lugar *nonsensical* da verdade última (ver p.123 do *Sinthoma*; a passagem à qual ele faz alusão encontra-se em *Mais, ainda*, p.41; ed. fr. p.31).

§15. Derrida e o nó

Em homenagem à memória do filósofo, que foi um dos mestres da minha juventude, desenvolverei um pouco mais a precisão requisitada pela menção, na p.140, do nome de Derrida.

Lacan estimava que Derrida havia sido negligente quanto ao reconhecimento do que a invenção da "gramatologia" e da "arqui-escrita" devia à circulação de termos derivados de seu ensino ("A psicanálise.

Razão de um fracasso", in *O.E.*, p.346; ed. fr. p.346), e que essa própria invenção era uma contrafação universitária desse ensino, um "discurso confusional" ("Lituraterra", in *O.E.*, p.19; ed. fr. p.14), embora reconhecesse por vezes, pelo menos alusivamente, que a atualidade que tinha assumido a questão da escrita na conjuntura intelectual e literária da época devia-se amplamente aos primeiros artigos de Derrida, reunidos em *A escrita e a diferença.*

Por sua vez, em um artigo que se tornou famoso ("Le facteur de la vérité", *Poétique*, Seuil, n.21, p.97-147, retomado em *La carte postale*, Aubier-Flammarion, 1980, p.439-525), Derrida dedicava-se, em 1975, a uma releitura minuciosa do "Seminário sobre 'A carta roubada'", de 1956 (*E.*, p.13-66; ed. fr. p.11-61) e do conto de Poe, lançando objeções fundamentais à doutrina da carta/letra e à "lógica do significante" em Lacan.

Não podemos deixar de reconhecer a importância histórica dessa crítica, que teve como efeito tornar Lacan "caduco" para os defensores da desconstrução, assim como distanciar os lacanianos da leitura de Derrida, cuja elaboração, no início, muitos de nós acompanhávamos com simpatia. Entretanto, eu estimava que a dívida que contraí com aquele que tinha sido para mim, durante meus anos "normalianos", um professor, um mestre, um amigo, e mesmo um confidente, como sempre o são os chamados "caïmans" da ENS,[2] me proibia de entrar nessa controvérsia sustentando contra ele as cores de Lacan, considerando que estimava não poder partilhar do desprezo patente deste por Derrida (ver, por exemplo, a passagem supracitada de "A psicanálise. Razão de um fracasso", de dezembro de 1967). Se me senti livre para evocar por vezes esse tema em meus cursos do Departamento de Psicanálise, abstive-me de todo comentário fora.

Foi nesse espírito que, em janeiro de 1987, por ocasião de uma mesa-redonda do Collège International de Philosophie, para a qual fui convidado, com Derrida e Jean-Pierre Vernant, para comentar o lançamento do segundo volume da *História da psicanálise na França*, de Élisabeth Roudinesco, presente na sala, eu recusei o convite que René Major, presidente da sessão, me lançou subitamente para responder às objeções do "Facteur". Foi ainda no mesmo espírito que, ao publicar na revista *Ornicar?* extratos do Seminário 23, recusei-me a imprimir uma passagem em que Lacan era rude com Derrida devido a seu prefácio a *Verbier de l'Homme aux Loups*, de Nicolas Abraham e Maria Torok. Entretanto, Derrida acabará me criticando severamente por essa omissão ("Pour l'amour de Lacan", conferência pronunciada no Encontro "Lacan avec les philosophes", em maio de 1992, reproduzida em Jacques Derrida, *Résistances de la psychanalyse*, Galilée, 1996, p. 57-88). O mal-entendido me pareceu irremediável, e de tal forma sobredeterminado que me explicar com ele não deixaria de amplificá-lo.

Qual era a objeção crucial de Derrida? A carta/letra seria, em Lacan, "intangível e indestrutível", "localidade indivisível" (p.111, de *Poétique*). Lacan designará para a carta/letra "um trajeto próprio e circular", tal como atestaria a frase final do escrito: "assim, o que quer dizer 'a carta roubada', ou 'não retirada' [*lettre en souffrance*], é que uma carta sempre chega a seu destino". Ora, sustenta Derrida, se a carta/letra é indestrutível, é porque ela é de fato elevada à "idealidade de um sentido" (p.127), e se ela retorna de todo desvio ao seu trajeto próprio é porque se trata, na realidade, de uma "reapropriação e readequação transcendental". Em suma, em Lacan, "o significante jamais deve se arriscar a se perder, se destruir, se dividir, de se despedaçar sem possibilidade de retorno" (p.111). A essa "lei do significante", Derrida opõe, vitoriosamente, a "disseminação", a "potência disseminadora": "uma carta sempre pode não chegar ao destino", "sua distribuição é sempre possível", "ela pode se despedaçar sem possibilidade de retorno" etc. (p.115 e 126).

A resposta mais simples à objeção derridiana impôs-se a mim depois da leitura de seu artigo na revista *Poétique*. É inexato afirmar que, como tal, a carta/letra seja em Lacan intangível, indestrutível, indivisível, ideal. Os episódios memoráveis de destruição da carta/letra, do incêndio da Biblioteca de Alexandria ao anseio de Kafka, e também o simples bom senso, tornam muito improvável que Lacan tenha sustentado tal concepção. Mas, além disso, há um texto.

Apenas um ano e meio depois da redação do "Seminário sobre 'A carta roubada'", finalizada em agosto de 1956 (*E.*, p.45; ed. fr. p.41), Lacan escrevia um artigo que a revista *Critique* publica no seu número de abril de 1958, com o título "Juventude de Gide ou a letra e o desejo" (publicado em *E.*, p.749-75; ed. fr. p.759-64). As seis últimas páginas são consagradas a uma admirável análise do "ato de Madeleine", que queimou quase todas as cartas que havia recebido de Gide logo que soube que ele havia partido para a Inglaterra com seu jovem amante, Marc Allégret.

Lacan reconhecia no ato de queimar essas cartas o mesmo ato de Medéia. Efetivamente, ao mesmo tempo em que sacrifica assim, segundo suas próprias palavras, "o que ela tinha de mais precioso", ela o arranca também de Gide que chora, nessas cartas, "seu filho", "o melhor de mim", "a mais bela correspondência que talvez jamais tive". Ele vai esperar a morte de Madeleine para escrever seu testemunho a esse respeito, com o título virgiliano de *Et nunc manet in te* (publicado em 1947, produzido em *Journal 1939-1949, souvenirs*, Gallimard, coleção "Bibliothèque de la Pléiade", 1954, p.1121-60). É só então que ele libera as páginas de seu *Diário* dedicados ao episódio e que haviam sido retiradas do volume anterior.

Lacan valoriza o fato de que essas cartas não tinham cópia, o que atesta, segundo ele, "sua natureza de fetiche", e as torna comparáveis ao que o Harpagon de Molière esconde em sua caixinha, esse objeto colocado em função no desejo e que Lacan, mais tarde, designará como "a causa do desejo" (a expressão já figura em "A significação do falo", *E.*, p.698; ed. fr. p.691, que é de maio de 1958; ela será fundada apenas no Seminário de 1962-1963, *A angústia*, e desde então será reencontrada em numerosos Seminários e escritos). Não há dúvida, embora a palavra não tenha sido pronunciada, que Lacan reconhece nessas cartas o status de objeto pequeno *a*.

Mas não há necessidade alguma de dominar esses arcanos para afirmar, com base nesse texto, que não é exato dizer que Lacan não reconheceu o caráter tangível, destrutível, divisível, não ideal, mas muito material, da carta/letra. Em compensação, não é possível explicar que um leitor tão minucioso como Derrida, tão cuidadoso com sua informação, tão pródigo em citações, que não hesita em revirar o volume dos *Escritos* para demonstrá-lo todo impregnado da doutrina falha descoberta em "O seminário sobre 'A carta roubada'" – refira-se a nada menos que 14 textos da coletânea, se contei bem, e tampouco negligencie as "publicações posteriores" (p.124), das quais duas são citadas –, não é possível explicar por que Derrida, portanto, constitui um impasse sobre o que se desdobra nas seis páginas de "Juventude de Gide". A omissão é ainda mais surpreendente porque, entre os 14 textos que recenseei, duas páginas desse escrito, p.742 e 753 [ed. fr.] figuram na p.128 do "Facteur", a propósito da função da ficção na literatura, mas sem que se mencione o título do artigo de que são extraídas.

Essas seis páginas dos *Escritos*, da 769 à 774 (ed. fr. p.758-63), são, portanto, como "a carta roubada", ou o descuido [*bévue*] do "Facteur de la vérité". Primeiro descuido, pois, quando "Le facteur de la vérité" apareceu, "Lituraterra" já tinha sido publicado há quatro anos, e esse texto tinha tudo para atrair a atenção do filósofo.

Efetivamente, ele inicialmente encabeçava o número 3 da revista *Littérature* (Larousse, 1971, p.3-10), onde figurava (p.79-85, com uma introdução de Catherine Clément) a nota sobre Dora evocada por Lacan na p.101 do *Sinthoma*, e que tinha como autora uma amiga que lhes era comum, ela mesma joyciana, Hélène Cixoux (um esclarecimento: *Le Portrait de Dora* foi lançada em 1978 pelas Éditions des Femmes).

Além disso, desde seu primeiro ensaio publicado, Derrida (revejo-o na livraria da Presses Universitaires, folheando os primeiros exemplares do livro) soube dar a Lacan e à sua tentativa de "repetir ... a totalidade do equívoco" o lugar de um "outro pólo" em relação à tentativa husserliana de obter uma língua unívoca e transparente. Tratava-se aí de uma verdadeira "escolha" (tal como diz a palavra) herética. Não se tem mais idéia da maneira como essa orientação detonava no contexto filosófico da época, e isso não foi indiferente ao fato de que, entre todos os que ensinavam então na Sorbonne, eu ter escolhido o jovem Derrida como orientador (ver em Edmund Husserl, *L'origine de la géométrie*, tradução e introdução por Jacques Derrida, PUF, 1962, as belas páginas 104-5).

Gostaria de reacender com essas linhas as guerras picrocolinas lacano-derridianas, ao passo que a situação presente, caracterizada pelo retorno das ortodoxias, poderia, ao contrário, levar seus alunos a reatar antigas alianças. Lacan e Derrida, cada um é grande em seu gênero, trata-se somente de saber qual. No final das contas, Lacan, por sua vez, começou, como ele o lembra em *O sinthoma*, p.76, por "Escritos 'inspirados': esquizografia", tudo talvez esteja aí (esse artigo é apresentado como redigido em colaboração nos *Annales Médico-psychologiques*, 1931, t.II, p.508-22; ele será coligido em um volume que se encontra em fase de preparação, na coleção Campo Freudiano).

É claro que ainda há muito a dizer para esclarecer Derrida em contraste com Lacan, e vice-versa. Pode-se, é claro, defender mais adiante a pertinência da perspectiva escolhida em "Le facteur de la vérité", mas prefiro contar para isso com os numerosos praticantes da desconstrução, tendo esse texto me distanciado de uma obra da qual eu seguia até na elaboração.

O que sei é que, em *O sinthoma*, os nós são uma escrita, e o nó é uma letra. Aliás, Lacan pensava ter inaugurado "essa questão da escrita" (p.141) pelo papel que, desde seu Seminário 9, conferia ao "traço unário" (por "traço unário", ele traduz o *einziger Zug* de Freud, que aparece no capítulo VII da *Massenpsychologie*, 5º parágrafo, última linha; ver, por exemplo, o Seminário 11, p.242; ed. fr. p.231).

§16. O enigma da enunciação

Intensão, com *s*, p.149: Lacan já tinha utilizado a distinção entre a intensão e a extensão (ver, por exemplo, a "Proposição de 9 de outubro de 1967 sobre o psicanalista da Escola" in *O.E.*, p.255; ed. fr. p.250).

Essa distinção é admitida em lógica: a extensão de uma classe são os objetos que ela contém, sua denotação; a intensão, a definição desses objetos, a(s) propriedade(s) ou atributos que permitem selecioná-los em um universo (de discurso).

A intensão pode ser puramente subjetiva, variando segundo os indivíduos. Pode ser objetiva, e designar todos os atributos, conhecidos ou não, que os objetos denotados têm em comum; *intensão*, portanto, é o equivalente de *compreensão*. Enfim, caso se refira apenas aos atributos explicitados por convenção, *intensão* equivale a *conotação*. É esta última que é concernente à lógica. Essa útil tripartição é encontrada no antigo manual de Cohen e Nagel, *An Introduction to Logic*, Routledge, 1934, reed. de 1963, p.30-3. A partir daí, as dificuldades começam.

A intensão desagradava profundamente Quine em razão dos fenômenos conhecidos como "opacidade referencial" a que ela dá lugar, em especial na citação, e do aparecimento de furos no valor de verdade (*truth-value gaps*) que complicam a dedução. Assim, o antepenúltimo capítulo de *Word and Object* (The MIT Press, 1960) intitula-se "Flight from intension". Quine recomenda e organiza metodicamente essa fuga do Egito, erradicando os "objetos intensionais", segundo o princípio, digno de Antíoco Epífanes, "*explication is elimination*" (p.260). É verdade que a linguagem é *much ado about nothing*, mas, por obrigar a falar sempre e somente do que existe, o resultado é um universo de discurso completamente policiado (*regimented*), transparente, desprovido de nomes próprios (para evitar o surgimento de unicórnios e outros seres de discurso *à la* Blavatsky ou *à la* Meinong), vazio de sentidos e de surpresas, onde se sabe sempre antes quem é quem e quem faz o quê.

O universo quiniano, de uma calma olímpica, separado, irônico, um pouco entediante, mas muito digno e gentil uma vez realizado o extermínio dos intrusos, quando prevalece um princípio de precaução e de menor esforço elevado ao extremo, e cuja *Stimmung* não está longe daquela que transparece nas Memórias do lógico (ver, acima, §9), não sobreviveu à traição de Rorty, infectado pelas mais desgrenhadas abstrações intensionais da *French Theory*, da desconstrução, e mesmo de Heidegger, que foi entretanto desmoralizado em praça pública por Carnap, e especialmente ao ataque de Kripke, saudado por Lacan desde a primeira publicação, em 1972, das conferências reunidas em um volume intitulado *Naming and Necessity*. Assinalemos, mais uma vez, que o tradutor desse trabalho para as Editions du Minuit é proveniente do Seminário (François Recanati).

Lacan indica, um pouco mais adiante, p.150, que se interessou pelo enigma. Efetivamente, uma passagem de *O avesso da psicanálise*, p.33-5; ed. fr. p.39-40, define o enigma pela enunciação, e dá como seu oposto a citação, definida pelo enunciado. O enigma é uma enunciação que é remetida ao ouvinte para que ela se torne um enunciado; a citação é um enunciado que tampa, com o nome próprio do autor, o enigma da enunciação.

Essa junção é muito esclarecedora. Permite, por exemplo, compreender rapidamente por que é que justamente o autor (em colaboração) de um *Vocabulário da psicanálise*, compilação muito bem-ordenada de citações de Freud, foi quem interpelou Lacan a propósito do verdadeiro sobre o verdadeiro (ver, aqui mesmo, p.148, e a indicação que dou nas p.92-3 (ed. fr. p.108), de *Nomes-do-Pai*, Zahar, 2005).

Dizer o verdadeiro sobre o verdadeiro supõe a eliminação da enunciação em proveito do enunciado (um predicado operatório "*x* é verdadeiro"). Mas esse verdadeiro, que é o verdadeiro intensional da p.149, permanece relativo ao universo do discurso considerado, a seus axiomas e procedimentos de validação. Ele exige apenas um acordo harmonioso dos significantes entre eles. O significante, como o asno, esfrega-se no significante, explora suas redes, meandros e labirintos, mas tudo isso acaba por girar em torno do anel do simbólico, em volta de um furo invisível, aquele da falta-a-dizer. É a via quiniana, não desprovida de sabedoria.

Ou, então, a necessidade paradoxal se impõe, como em *O sinthoma*, para inventar e nomear o real "nu", distinto do verdadeiro, ex-sistindo à "ordem simbólica", sem lei, desconectado, ao acaso.

Eis uma variação nova e radical da fórmula constante de Lacan: a verdade tem estrutura de ficção; de uma parte a outra, é fantasística, mentira, sonho que mente; é um semblante; está entre nós e o real (ver *O avesso da psicanálise*, p.166; ed. fr. p.202).

A "nota de pé de página" é uma das encarnações comuns do "verdadeiro sobre o verdadeiro". Que seja feita pelo autor ou pelo comentador, que se coloque efetivamente ao pé da página ou seja deportada para o final de um trabalho, está em posição de metalinguagem e, daí, faz um semblante de validação (ou de invalidação) da linguagem-objeto. Basta ter refletido a propósito da lição de Anthony Grafton em seu saboroso livrinho *Les origines tragiques de l'érudition. Une histoire de la note en bas de page* (Seuil, 1998), para apreender as profundas razões que puderam fazer Lacan decidir a proscrever esse procedimento da edição de seu Seminário, uma vez que o que está em jogo nessa edição é passar para o escrito uma enunciação sem embaçar seu fulgor enigmático.

Observem que, nesta nota, substituí a tragédia pela facécia, e julguem se consegui exibir o enigma da enunciação, tanto em sua facúndia como em seu arbitrário e seu mistério.

§17. O Unerkannt

O adjetivo *unerkannt*, p.145, que é traduzido por "desconhecido", "não reconhecido", "incógnito", figura, substantivado, em uma célebre frase de *A interpretação dos sonhos*, no capítulo VII, dedicado à "Psicologia dos processos do sonho" (*Gesammelte Schriften*, Internationaler Psychoanalystischer Verlag, 1925, t.II, p.446; ed. fr.; PUF, 1959, p.433; ed. bras., ESB, vol.5).[3] Freud nota a persistência de "*eine Stelle im Dunkel*" (um ponto obscuro) mesmo nos sonhos que são mais bem interpretados, e acrescenta: "*Dies ist dann der Nabel des Traumes* [o umbigo do sonho], *die Stelle, an der er dem Unerkannten aufsitz* [o ponto onde ele se liga ao não reconhecido].

Muito se elucubrou sobre esse dito "Desconhecido". Interrogado sobre esse ponto em janeiro de 1975, Lacan traduz o *Unerkannt* por "não reconhecido". Ele o identifica ao que Freud nomeia de *urverdrängt*, o recalcado primordial ou original (cf. em especial os artigos de 1915 sobre o recalcamento e o inconsciente, assim como *Inibição, sintoma, angústia*, ed. fr., PUF, 1965, cap.II, p.10); ed. bras., ESB, vol. 20, p.95-201), onde se vê "um nó no dizível" comparável ao furo na pulsão (ver o Seminário 11). A esse propósito, ele desenvolve considerações muito originais (sua intervenção, publicada nessa época em *Lettres*, da École Freudienne de Paris, é destinada a aparecer, na versão estabelecida sob meus cuidados, em um volume de "Paradoxos").

Os pensamentos do sonho não desembocam em nada, observa Freud na passagem do *Unerkannt*, eles se ramificam em todos os sentidos, tal como as redes do *Projeto para uma psicologia científica*, abordadas aqui na p.127 (tradução francesa em um volume intitulado *La naissance de la psychanalyse*, PUF, 1956, p.307-96; ed. bras. ESB, vol.1, p.395-517; as redes das quais Lacan fala são representadas na p.365; ver igualmente p.332, 333, 342 e 357). Não cessamos de achar e, entretanto, não cessamos de buscar. Achar não é o contrário de buscar. O achado não extingue a busca, mas a relança indefinidamente.

E assim acontece nessas observações desta "Nota passo a passo".

§18. A "loucusofia" [folisophie]

Lacan outrora retomava, por sua própria conta, o soberbo enunciado picassiano "Eu não procuro, acho" (p.88 ; ver Seminário 11, p.14 ou p.12 ed. fr.). Não sou o autor da observação (privada) pouco caridosa evocada na p.88: "você poderá dizer agora: eu não acho, busco". No mesmo espírito, ver p.122-3.

O que ele procurava? Um nó do qual poderia fazer o suporte privilegiado de suas elucubrações, e que as relançaria interrogando-o, assim como o vimos fazer com a rotação não permutativa de quatro símbolos escolhidos, de onde ele tira seus "quatro discursos".

Ele buscava uma ajuda do mesmo gênero em Joyce. Mas, diferentemente deste último, não sonhava em apelar ao pai (a última frase de *Um retrato*, citada na p.67, é traduzida na "Bibliothèque de la Pléiade", p.781, da seguinte forma: "Velho pai, velho artífice. Valha-me agora e sempre.").

Se o nó como suporte do sujeito segura, não há necessidade alguma do Nome-do-Pai: ele é redundante. Se o nó não segura, o Nome exerce a função de sinthoma. Na psicanálise, ele é o instrumento para resolver o gozo pelo sentido. Do mesmo modo que, na "metáfora paterna", o Nome resolve o significado *x* do desejo materno, DM, dando-lhe a significação do falo (*E.*, p.563; ed. fr. p.557).

Pode-se, portanto, servir-se do Nome-do-Pai prescindindo-se de crer nele (aqui mesmo, p.131-2). Essa frase é tema do próximo Congresso da Associação Mundial de Psicanálise, que acontecerá em Roma em 2006. A referência a *Totem e tabu*, p.147, lembra rapidamente a tese estabelecida e amplamente desenvolvida na segunda parte de *O avesso da psicanálise*, p.79-132; ed. fr. p.99-163, intitulada "Para além do complexo de Édipo". É a esse para além (que é *ipso facto* um para além do Nome-do-Pai, e de *a* mulher, versão do Pai segundo *O.E.*, p.559; ed. fr. p.563) que Lacan recorre para restituir à sexualidade feminina sua estrutura própria, que tinha sido indevidamente rebaixada por Freud às coordenadas viris (ver "O aturdito" in *O.E.*, notadamente p.462s; ed. fr. 462s.).

Mas toda a ajuda do mundo não poderia fazer calar o "sem esperança" cujo dobre ressoa em *O sintoma* como um "*Nevermore*". É o sem-esperança do "método" dos nós (p.36). É o sem-esperança da relação entre os sexos.

Lacan tinha comentado *O banquete* de Platão em seu Seminário *A transferência*, cujo capítulo VI é dedicado ao mito de Aristófanes; na seqüência, ele deu uma versão menos otimista, e com um ar fantástico, digno de um Edgar Alan Poe: o mito chamado de a "lamela", evocado aqui à p.40-1 (ver *E.*, p.859-60; ed. fr. p.845-7). Pode-se reconhecer nessa lamela o ser imaginado por Freud em seu artigo de 1915, "Trieb und Triebschicksal" (comentado no Seminário 11, nos caps. XIII e XIV; ver também "Do 'trieb' de Freud e do desejo do psicanalista", *E.*, p.865-8; ed. fr. p.851-4): um "*fast völlig hilflosen, in der Welt noch unorientierten Lebewese, welches Reize in seiner Nervensubstanz auffängt*", um organismo vivo mais ou menos sem defesa e sem orientação no mundo, que recebe estimulações em sua substância nervosa (*Gesammelte Werke*, t.10, p.212; ver também, de James Strachey, a nota 1, p.119 na ESB, vol.XIV)[4]. Lacan representa assim a *libido*. Ela seria aqui um ser suplementar, terceiro, nascido da quebra do ovo inicial. É uma imagem do objeto pequeno *a*, objeto que, ele mesmo, traduz o caráter constante da pulsão freudiana, sua "*konstante Kraft*".

A abordagem da energética pela constante numérica a ser obtida em um universo fechado é assinalada nas p.129-30 do *Sinthoma*. Esse tema entra em cena no ensino de Lacan ao longo do Seminário 12, com referência ao *Curso de física* de Richard P. Feynman (ver igualmente *A natureza da física*, pela Seuil). Ele é evocado notadamente em "Televisão" (*O.E.*, p.527; ed. fr. p.528).

Lacan, em *O sinthoma* (ver §1), assinala a "ajuda contra", o *ezer kenegdo*, aquela que Deus criou para o homem ao lhe dar uma mulher. A palavra *kenegdo* não deixou de solicitar a engenhosidade dos exegetas. A palavra é construída assim: suas raízes são *k*, "como", e *ngd*, "que é contrário a", "na frente de", "frente a", "na presença de", "esposa". No versículo em questão, *d* está escrito com um ponto, o que lhe dá o sentido de "oposto", "contrário". A tradução literal seria: "como uma presença do que é contra".

Lê-se na tradução francesa (publicada pelas edições Verdier, como outros trabalhos citados aqui) do *Aggadoth du Talmud de Babylone*, coletânea de trechos escolhidos do Talmud babilônico (feito em Salônica, em torno de 1515): "O rabi Eleazar disse: 'O que significa 'Eu lhe farei uma ajuda contra ele'? Se ele o merecer, ela o ajudará; se ele não o merecer, ela far-lhe-á oposição ... Por que se lê *kenegdo* ['que lhe corresponde'] no lugar de *kenagdo* ['contra ele']? Se ele o merecer, ela estará em harmonia com ele; senão, ela o punirá [*menagadto*]'" (p.606, §17). O *Midrach Rabba*, compilado no século V, enuncia que a ajuda *kenegdo* será "uma ajuda se o homem é merecedor, e contra ele, se ele não o for" (p.198, §3). Os *Pirqé* do rabi Eleazar, comentários midráchicos compostos em torno de 830, que deram um impulso decisivo para a formação da Cabala, e particularmente para a composição do *Zohar*, expõem o seguinte: "O rabi Judá disse: 'Não leio 'face a ele' [*kenegdo*], mas 'contra ele' [*lenagdo*]; se o homem é merecedor, ela será uma ajuda para ele; senão, será contra ele para lhe armar a guerra'" (p.78). A palavra *lenagdo* é, ela também, construída assim: *l* significa "rumo", com um movimento, *ngd* é "contra". Enfim, o *Zohar*: "Essa 'ajuda contra ele' é a *Michna* que é a serva da Presença. Se Israel [isto é, o homem] merecer, a *Michna* é uma ajuda para ele durante o exílio, funcionando do lado do permitido, do puro, do lícito. Caso contrário, a *Michna* é 'contra ele', funcionando do lado do impuro, do impróprio e do interdito" (p.157). A *Michna* é, literalmente, "a Repetição", ou "a Segunda"; escrita entre os séculos I e II, ela constitui a base do ensino legislativo do judaísmo.

Fabre d'Olivet traduz literalmente: "Farei para ele uma força auxiliar (uma sustentação, uma ajuda, uma corroboração, uma dublê) como reflexo luminoso dele." Assim como a Blavatsky, ou ainda Anne-Catherine Emmerich ("a piedosa beguina", freira estigmatizada que deixou Klemens Brentano deslumbrado), o marquês de Saint-Ives d'Alveydre, que "possuía a faculdade de se duplicar e de se projetar no astral" e foi o mestre de René Guénon, Ferdinand Ossendowski, o autor de *Bêtes, hommes et dieux* (1924), e de toda a procissão swedenborguiana dos últimos séculos, o grande iniciado cabalista mereceria ser mais bem conhecido; ver o n.138 da *Revue d'études d'Oc*, junho de 2004, consagrada a "Fabre d'Olivet, poeta occitanista, estudioso do hebraico e teósofo", sob a égide do Ceroc. Universidade Paris-Sorbonne; será lido também com proveito, de François Brousse, o eminente e prolífico teósofo neo-surrealista, nascido em Perpignan em 1913 e falecido em 1995 em Clamart, *Les secrets kabbalistiques de la Bible*, editados pela Licorne Ailée.

Há segredos assim em *O sinthoma*? Não é impossível sustentar que há. Quem vai acreditar, por exemplo, que é *verdadeiramente* por acaso que Sollers escreveu na segunda metade dos anos 1970 seu *Paradis* (lançado em 1981, o *próprio ano* da morte do mestre)? Quando sabemos que a palavra vem de *Paradêsha*, "o Rincão supremo" em sânscrito, não podemos deixar de perguntar em que medida o Seminário, visto de fora como reassegurando uma exploração racional dos nós para fins psicanalíticos, não teria sido de fato, mas somente para alguns iniciados, o centro espiritual, invisível para o vulgar, que a tradição descreve sob o nome de *Agarttha*, que é o Paraíso do ciclo esotérico presente? Para ir ao ponto essencial, Sollers não deixa entender, em seu "romance" tão singular, que ele reconhecia na pessoa do "doutor" Lacan ninguém mais do que Melquisedeque ou, melhor dizendo, *Melki-Tsedek*?

A questão está posta. Que ela seja acolhida com uma risada com a qual o interessado está acostumado, que Lacan, como Freud, tenha repelido qualquer compromisso com o ocultismo, não implica que ela possa ser confundida com um desmentido *sério*. "Porque é mais lento [para ler], paradoxalmente, isso queima etapas", explica Sollers a propósito de *Paradis*. Esse paradoxo, que *indiscutivelmente* cheira ao que é cabalístico, é também o do *Sinthoma*, no qual o "poder de ileitura" de que Lacan se gabava é levado ao ápice.

Retornemos ao sem-esperança. Ele ressoa também na sepulcral resposta sobre a China, p.133: "Eu aguardo. Mas não espero nada." Em seu Seminário de 1968-9, Lacan levantava a hipótese de que o presidente Mao visava reconfigurar as relações do sujeito e do saber (o que permitiria abrir para a classe trabalhadora, assim como para os camponeses pobres e remediados, o campo da "subjetividade criadora"; ver, acima, §3). Mas ele acrescentaria então que era necessário "aguardar para ver isso com mais clareza". Em 1972, numa admoestação privada a seu genro, naquela ocasião militante "maoísta", Lacan sustentava que o dinheiro reinava como senhor em Pequim (ver François Regnault, "Vos paroles m'ont touché...", *Ornicar?*, n.49, Navarin-Seuil, 1998, p.5-12).

Essa ausência de esperança (ver *O.E.*, p.540-1; ed. fr. p.543) não é o desespero. Ela se abre para uma sabedoria. Mas qual?

De modo algum é aquela do Livro da Sabedoria (citado à p.124). Entre os livros sapienciais da terceira parte da Bíblia, Lacan distingue este como o que funda uma sabedoria sobre a falta. Esse ponto é sensível sobretudo na primeira parte do Livro, que enumera as dores com que o justo pode ser afligido sem perder sua qualidade de justo.

Não, a sabedoria do sinthoma não é a resignação quanto à falta, nem o retorno ao zero, nem a homeostase da existência estável do universal sob a palmatória do princípio do prazer. Nem o Livro da Sabedoria, nem Hegel, nem Husserl, nem Quine, mas com certeza muito mais Joyce, como o tinha visto tão bem o jovem Derrida.

A sabedoria joyciana é mesmo muito mais uma "loucusofia" [*folisophie*] (p.124). Para cada um, ela consiste em se servir de seu sinthoma, da singularidade de sua pretensa "desvantagem psíquica", para o melhor e para o pior, sem aplainar o relevo sob um *common sense*.

Mesmo derivado da merotopologia (Nicholas Asher e Laure Vieu, "Toward a geometry of common sense: a semantics and a complete axiomatization of mereotopology", em C. Mellish (org.). *Proceeding of the 14th IJCAI*. San Mateo, Morgan Kauffmann, 1995, p.846-52), o "senso comum" permanece essencialmente escocês. O tronco da gênese sinthomal, por sua vez, é irlandês. Nada mais distante da escola ideológica francesa, pela qual Lacan constantemente testemunha profunda aversão (daí nossa alusão a Victor Cousin no §5). Essa aversão, aliás, é freqüentemente recíproca.

A Ideologia (ver o belo estudo de François Picavet, *Les idéologues. Essai sur l'histoire des idées et des théories scientifiques, philosophiques, religieuses etc., en France depuis 1789*, Paris, 1891) ainda impregna em nossos dias o que os franceses julgam ser seu "espírito cartesiano", bem distante daquele do cavaleiro aventureiro. Na progenitura da Ideologia, bem esquecida hoje na medida mesma de sua onipresença na vida intelecutal nacional, encontram-se tanto os politécnicos, pelo menos aqueles do século XIX, que "se orgulhavam de ter as soluções mais precisas e satisfatórias do que qualquer um para todas as questões políticas, religiosas e sociais" (Émile Keller), e que "se arriscavam a criar uma religião como se aprende na Escola a criar uma ponte ou uma rota" (Albert Thibaudet; essas duas últimas citações vêm do capítulo 11 de F.A. Hayek, *The Counter-Revolution of Science: Studies on the*

Abuse of Reason, Liberty Fund, 1952, reed. em 1979; o autor aponta com reprovação a "propensão [dos politécnicos] a se tornarem socialistas"), que os irônicos liberais renanianos que se perpetuam hoje no erudito cenáculo da revista *Commentaire*, cujos florões humanistas e literários são os senhores Marc Fumaroli e François Sureau.

§19. Hogarth

A ética esboçada em *O sinthoma* é complementada por uma estética.

Das especulações inspiradas e dos borrões por vezes tão laboriosos (ele é o primeiro a dizê-lo) do Lacan envelhecido, de que suas frestas nas trevas e de seus nós serpentinos que lhe foram suplícios e delícias, depreende-se um estranho efeito de beleza.

Não é a plácida beleza fibonacciana ritmada pelo número de ouro, feita para se colocar de acordo com a existência estável no universal, mas a beleza casual, sinuosa e variada que Hogarth teve o gênio de figurar com uma simples linha aérea ondulante (ver p.66-7). Tal como Popílio, ele a fecha, mas não em um círculo: em uma pirâmide translúcida.

NOTICE DE FIL EN AIGUILLE

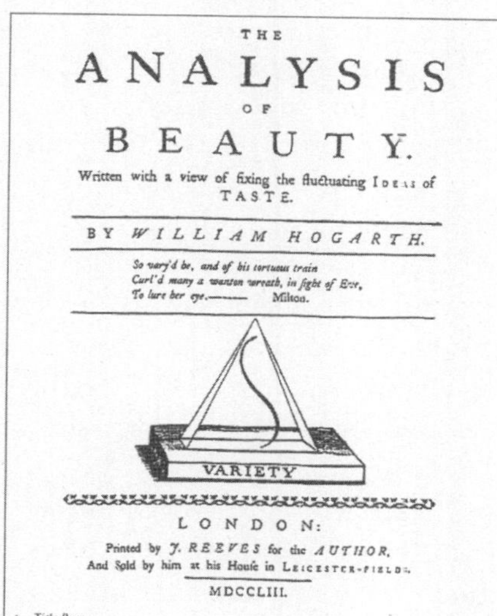

THE
ANALYSIS
OF
BEAUTY.
Written with a view of fixing the fluctuating Ideas of TASTE.

BY *WILLIAM HOGARTH.*

So vary'd he, and of his tortuous train
Curl'd many a wanton wreath, in sight of Eve,
To lure her eye.—— Milton.

LONDON:
Printed by *J. REEVES* for the *AUTHOR*,
And Sold by him at his House in Leicester-Fields.
MDCCLIII.

Title Page.

§20. Dedicatória

Ó Lacan, que não és mais apenas o nome de seu desejo luciferino – no sentido exato: que traz luz às trevas –, o fiel Acates que carregava nos ombros o peso dessa luz invoca tua sombra gloriosa para atestar:

> Sim, estou contente – contente por ter conseguido dar à tua voz o escrito mais digno de portá-la – contente por ter alegrado sua sombria sinfonia dissonante com mil árias alegres –, contente por tê-lo feito sem nada entregar ao vulgar dos arcanos intactos da carta/letra velada.

§21. "A commodius vicus of recirculation"

Apoiado em Jacques-Alain, sua bengala do além-túmulo, o doutor Lacan se mantém de pé. Assim, outrora, o queria aquele que lhe é caro.

Retornar ao início

Nota bene

Os *Escritos*, na edição de 1966, são citados como *E*; o volume dos *Outros escritos*, lançado [em francês] em 2001 [em português em 2002], é citado como *O.E;* os dois foram editados [na França] pela Seuil [e no Brasil pela Zahar], assim como todos os Seminários lançados; os Seminários ainda não editados são citados no texto que está em vias de ser estabelecido.

Philippe Sollers concordou que a editora Navarin republicasse sua conversa, citada no §1, em um opúsculo intitulado *Lacan même*, cujo lançamento está previsto para coincidir com o *Sinthoma* (distribuição pela Seuil); o historiador Dominique Colas, autor do clássico *Le léninisme. Philosophie et sociologie polique du léninisme* (PUF, 1982 e 1998), graças a uma solicitação do meu irmão Gérard, encontrou para mim as citações de Lênin do §5; o matemático M* F* releu o §11 e me apresentou a notável descoberta do advogado Perko; a historiadora Élisabeth Roudinesco, cujos trabalhos fazem parte das referências obrigatórias do período, me forneceu datas e títulos que precisei para o quinto parágrafo do §15; o psiquiatra Ives-Claude Stavy me transmitiu seu saber sobre a "ajuda *kenegdo*" (§18); um complemento me foi fornecido pelo psicanalista israelense Marco Mauas; à minha volta, contei com a amizade constante dos meus colegas da École de la Cause Freudienne e da Associação Mundial de Psicanálise, que me ajudaram mais do que eu poderia dizer.

Peço que eles recebam a expressão da minha gratidão pela ajuda que de bom grado me deram, como agradeço "de antemão o leitor que, enviando-me suas observações por intermédio do editor, aceite colaborar com a revisão de um texto que é objeto de um trabalho permanente" (citação extraída da "Notícia" de *A ética da psicanálise*, lançada [em francês] em 1986 [e em português em 1998], p.391; ed. fr. p.377]).

Desculpem as falhas do autor. "*Work in progress*", dirá por muito tempo o Joyce de *Finnegans Wake*.

Post-scriptum

Mal tinha acabado de corrigir o texto da presente "Nota", assinalaram-me, na revista *Voici* desta semana (n.898, 24-30 de janeiro de 2005, p.44-5), uma entrevista de Philippe Sollers publicada com o título "Sim, sou Deus!".

De fato, a palavra está na boca dos jornalistas: "Dizem que você é Deus no meio literário", e Sollers retruca: "Pois bem, meus filhos, sou Deus!" A existência dessa conversa humorística confirma, por si só, se necessário for, meu argumento do §12.

Acrescento, na mesma ordem de idéias, que Lacan, para oferecer ao público uma noção aproximada da figura do analista, mobiliza a santidade e não o Deus único (*O.E.*, p.518-9; ed. fr. p.520), uma vez que não há Analista tanto quanto não há *a* mulher (ver §4 e *O.E.*, p.312; ed. fr. p.308: "é do não-todo que depende o analista").

Se o analista é um santo, a questão que poderia desde então se colocar é saber se o inconsciente não seria Deus (ver o trabalho muito bem documentado de François Regnault, *Dieu est inconscient*, Navarin, 1986). Podemos, de todo modo, estar certos de que, se ele o fosse, não poderia afirmar, diferentemente de Sollers: "Sim, eu o sou."

Ele sequer saberia que existe.

27 de janeiro de 2005

Notas

1. N.T.: Na tradução utilizada aqui, realizada por Donaldo Schüler, a primeira frase não faz referência a Adão e Eva, mas ao homem e à mulher (através dos termos "Ana" e "Senhora": "rolarioanna e passa por Nossenhora d'Ohmen's", cf. livro 1, 1999, p.3.1 ou p.33. Entretanto, em um fragmento traduzido por Augusto de Campos, a referência é explícita: "riocorrente, depois de Eva e Adão" (cf. Augusto e Haroldo de Campos. Panaroma do Finnegans Wake. São Paulo: Perspectiva, 1971, p.35.

2. *Caïman*, no jargão da École Normale Supérieur (ENS), é uma espécie de professor que auxilia o professor "catedrático", repetindo, explicando e repassando aos *normaliens* ("normalianos") as lições dos mestres. (N.T.)

3. A edição das obras de Freud aqui utilizada é: *Edição Standard Brasileira das obras psicológicas completas de Sigmund Freud*, Rio de Janeiro, Imago, 1976, doravante citada como ESB. (N.T.)

4. Para uma recente e mais bem cuidada tradução deste texto no Brasil, cf. FREUD, S, "Pulsões e destinos da pulsão" (1915), in *Escritos sobre a psicologia do inconsciente*, Rio de Janeiro: Imago, 2004, vol.1, p.132-73. (N.T.)

Agradecimentos do tradutor brasileiro

Esta tradução muitas vezes se valeu de uma outra, pioneira, realizada no Brasil por Mário Almeida, colega de percurso na Escola Brasileira de Psicanálise e na Associação Mundial de Psicanálise. De início, devido à sua qualidade, chegou-se mesmo a pensar em adotá-la, mas as diferenças entre a versão de grande parte das lições do Seminário 23 divulgadas primeiramente em francês na revista *Ornicar?*, de um lado, e a versão agora publicada pela editora Seuil, de outro, determinaram a opção por uma nova tradução. Que ela seja, então, uma homenagem (*in memoriam*) a Mário Almeida e seu pioneirismo.

Minha gratidão, também, a Judith e Jacques-Alain Miller, pela confiança em meu trabalho. Sou grato, ainda, pelo acolhimento que recebi da equipe editorial da Zahar, especialmente pelo inestimável trabalho de revisão de André Telles e o acompanhamento incansável de Angelina Harari ao longo da tarefa de tradução.

Entre os mais próximos, agradeço à companhia carinhosa e à leitura atenta de Simone Souto, bem como a Ram Avraham Mandil, com quem tive oportunidade de discutir e estudar muitas vezes este Seminário. Obrigado, também, a Ednei Soares de Oliveira Júnior, que me ajudou a localizar, em livros publicados no Brasil, várias passagens de James Joyce citadas por Jacques Aubert nas "Notas de leitura".

Por fim, não sem evocar Jacques-Alain Miller em sua "*Nota bene*", desculpem as falhas da tradução – traduzir um Seminário de Lacan sobre Joyce se inscreve, mais que nunca, como um *work in progress*.

ÍNDICE DE NOMES PRÓPRIOS

1ª EDIÇÃO [2007] 11 reimpressões

ESTA OBRA FOI COMPOSTA POR TEXTOS & FORMAS EM
ADOBE GARAMOND E HELVETICA E IMPRESSA EM OFSETE PELA
GRÁFICA BARTIRA SOBRE PAPEL ALTA ALVURA DA SUZANO S.A.
PARA A EDITORA SCHWARCZ EM NOVEMBRO DE 2025

FSC
www.fsc.org
MISTO
Papel | Apoiando o manejo florestal responsável
FSC® C105484

A marca FSC® é a garantia de que a madeira utilizada na fabricação do papel deste livro provém de florestas que foram gerenciadas de maneira ambientalmente correta, socialmente justa e economicamente viável, além de outras fontes de origem controlada.